H. Sengelmann

Systematisches Lehrbuch der Idioten-Heilpflege

H. Sengelmann

Systematisches Lehrbuch der Idioten-Heilpflege

ISBN/EAN: 9783743394391

Hergestellt in Europa, USA, Kanada, Australien, Japan

Cover: Foto ©Andreas Hilbeck / pixelio.de

Weitere Bücher finden Sie auf **www.hansebooks.com**

Systematisches Lehrbuch

der

Idioten-Heilpflege

von

Pastor H. Sengelmann, Dr.

Direktor der Alsterdorfer Anstalten.

—◦◦❦◦◦—

Norden.

Diedr. Soltau's Verlag.

1885.

Allen Idiotenfreunden und besonders den
Vorstehern und Leitern von Idioten=
Anstalten, Pädagogen und Aerzten

gewidmet

vom

Verfasser.

Vorwort.

Welche Vorwürfe man uns Deutschen auch auf dem Gebiete der Idioten=Pflege und der Idioten=Erziehung machen könnte: mit Unrecht würde man uns hier des Doctrinarismus beschuldigen. Lange ehe wir im Besitze einer Doctrin waren, haben wir uns praktisch daran gemacht, den armen Idioten zu helfen. Davon zeugen die bereits vorhandenen circa 50 Anstalten, denen eine höchst dürftige Literatur gegenübersteht, bestehend in einigen Abschnitten psychiatrischer Werke, in Broschüren und Mono= graphien, Anstaltsberichten, kleineren Lehrbüchern und einer erst vor wenigen Jahren begonnenen Zeitschrift für das Idiotenwesen.

Das einzige größere systematische Lehrbuch, Georgens' und Deinhardt's Heilgymnastik, wie lehrreich es auch ist, ist doch idealistisch gehalten und der empirischen Grundlagen entbehrend.

Daß es endlich, nach 40 jähriger praktischer Arbeit, an der Zeit ist, die gewonnenen Erfahrungen systematisch zu verwerthen, wird nicht leicht in Abrede gestellt werden. Durfte ich mich aber zu dieser Arbeit berechtigt und verpflichtet erachten?

Seit mehr als zwanzig Jahren war es mein Beruf, den armen Blöden zu dienen. Es war mir vergönnt, unter meinen Augen die größte und complicirteste unserer deutschen Anstalten aus kleinen Anfängen entstehen und sich zu ihrem jetzigen Umfang entwickeln zu sehen. Ihre Leitung wurde in meine Hand gelegt.

Gewiß lag hierin ein reiches Material vor mir ausgebreitet; und sollte ich es noch literarisch verarbeiten, so gestattete das heranrückende Alter keinen Aufschub.

Freilich lag die Versuchung nahe, nur den nächstgelegenen
Wirkungskreis zum Ausgangspunkte zu nehmen. Aber die Alsterdorf kennen, werden hoffentlich mir bezeugen, daß nicht blos
die hier gewonnenen Erfahrungen verwerthet sind, sondern auch
den Beobachtungen Rechnung getragen ist, die ich in anderen
Anstalten machte und dem Verkehr mit den bewährten Leitern
anderer deutschen Anstalten verdanke, zu dem mir die Stellung zu
unserer Conferenz für Idioten-Heilpflege seit mehr als zehn
Jahren besonders Gelegenheit bot. Mein Buch giebt allerdings
Alsterdorfer Ziele, ist mir aber selbst ein Zeugniß, wie mancherlei
bisher das Können hinter dem Wissen noch zurückblieb.

Um nicht blos den Anstalts-Vorstehern, sondern auch dem
Lehr- und Pflegepersonal, ja selbst dem größeren Publikum in
Bezug auf die Hülfe zu dienen, die ich den Aermsten unter den
Armen wünsche, habe ich den verschiedenen Theilen des Buches
eine verschiedene Form gegeben. An Verstand und Herz heran-
zukommen, habe ich mir zur Aufgabe gemacht. Nur durch das
rechte Bündniß beider kann etwas zu Stande kommen. Daß
dieser Bundesschluß nur durch den Geist des praktischen Christen-
thums zu vollziehen sei, ist meine feste Ueberzeugung. Man
wird sie meinem Buche anmerken, das ich mit dem herzlichen
Wunsche in die Welt hineinschicke, daß es die Zahl derjenigen
Idiotenfreunde mehren möge, deren Losung der apostolische
Ruf ist: „Die Liebe Christi dringet uns also!"

Der Verfasser.

Inhalt.

I. Theoretischer Theil.

A. Ontologie.

B. Symptomatologie.

a. Die psychischen Symptome.

b. Die physischen Symptome.

C. Aetiologie.

II. Historischer Theil.

III. Praktischer Theil.

A. Vorfragen.

B. Die Idioten-Anstalt.

a. Die Gründung und Verwaltung.

b. Die Erhaltung.

c. Die Gestaltung.

α) Das Personal.
1. Die Zöglinge.

2. Die Angestellten.

3) Das Leben in der Anstalt.

6. Die Lokalitäten.

7. Tagesordnung.

I. Theoretischer Theil.

A. Ontologie.

§ 1.

Die Idiotie oder der Blödsinn ist eine Erscheinung des psychisch-
somatischen Menschenlebens.

1. Wir stellen diesen Satz voran, um das Feld zu bezeichnen, das wir im Folgenden betreten und auf dem wir
eine bestimmte Erscheinung näher ins Auge fassen wollen. Ehe
wir eine bestimmte Art der Menschengestaltung, eine Abart oder
Krankheitsform — wie man's nennen mag — in Erwägung
ziehen, ist es aber wohl nothwendig, den Normalzustand oder
die ideelle Anlage der Menschennatur zu kennzeichnen. Dies
um so mehr, als die letztere eine so verschiedenartige Auffassung
bereits erfahren hat. Somit enthält der ausgesprochene Satz
eine principielle Grundlage der ferneren Erörterung. Es sollte
in ihm ausgesprochen sein, daß, sowie uns das Soma (der Leib)
eine Substanz im menschlichen Wesen ist, wir auch die Psyche
(Seele) als eine besondere Substanz betrachten. Bekanntlich ist
diese Annahme jetzt nicht mehr eine allgemeine. Vogt (Köhler-
glaube und Wissenschaft, Gießen 1856) stellt das Vorhandensein
einer besonderen Seelensubstanz in Abrede, und will, was wir
als Seelenleben bezeichnen, nur als die Summe der Gehirn-
thätigkeiten angesehen wissen*). Um eine Widerlegung dieser

---

*) Vergl. auch Büchner, Kraft und Stoff, 1855. — Dagegen erklärt
Virchow (Archiv für pathol. Anatomie und Physiologie, Bd. VII, Heft 1):
„Das Selbstbewußtsein auf dem Wege einer Gegeneinanderwirkung von
Fasern und Zellen zu Stande kommen zu lassen, kurz als ein Resultat
eines blos mechanischen Hirnaktes zu betrachten, erscheint doch auch den-
jenigen neueren Forschern, welche den ausgedehntesten Gebrauch von

Ansicht kann es sich hier nicht handeln. Nur auf zwei Er=
scheinungen soll aufmerksam gemacht werden, die schon ihre
Unhaltbarkeit darthun. 1) Es giebt Thiere (Monaden), bei
denen man bisher auch mit dem besten Mikroskop noch kein
Gehirn entdeckt hat und denen dennoch eine Seele nicht abzu=
sprechen ist, und 2) auch da, wo das Gehirn am meisten ent=
wickelt ist, fallen diejenigen Funktionen, in denen wir das
Seelenleben gewahren, ihm nicht ausschließlich zu (vgl. Güntner,
das Seelenleben der Menschen. Wien und Prag 1861, pag. 3, 4.
Joh. Müller, Handbuch der Physiologie, II, pag. 507).

2. Was aber ist die Seele? — Die Frage hat nicht aus=
schließlich die Menschenseele zum Objekt. Diese ist vielmehr
nur eine Gestaltung derselben. Dennoch gehen manche Psycho=
logien (z. B. die Heinrothsche) von ihr aus. Aber wir gehen
mit Carus, Joh. Müller weiter zurück. Fassen wir nämlich
die Seele als das über der räumlichen und zeitlichen Erscheinung
der Organismen schwebende geistige Princip oder als die ihrem
Leben zu Grunde liegende und nur durch dasselbe sich dar=
bildende, göttliche Idee (C. G. Carus, Vorlesungen über Psycho=
logie, pag. 37), so begegnet uns die erste Stufe des Seelen=
lebens da, wo der geistige Zustand gewissermaßen noch ein
somnambüler ist, wie Oken sich über die Polypen, Seesterne,
Muschelthiere u. s. w. ausspricht, die, da ihnen die besonderen
Sinne und Nerven fehlen, nicht einmal die zum Leben erforder=
lichen Wahrnehmungen machen würden, wenn sie nicht durch
eine Art unbewußten Hellsehens unmittelbar die Aenderungen
in der sie umgebenden Natur empfinden. Carus zieht hierher
auch die Seelen der Gewächse, sagt aber, die Seele gehöre hier
noch ganz und gar der Gattung an und die einzelnen Thiere
und Pflanzen seien nur vorübergehende, auf= und untertauchende
Erscheinungen dieses Gattungslebens. Auf dieser Stufe fehlt
das Welt= und Selbstbewußtsein. Jenes bringt die zweite
Stufe des Seelenlebens. Wir begegnen ihm bei den höheren
Weichthieren, den gegliederten Thieren, Insekten, Fischen,
Amphibien, Vögeln und Säugethieren. Hier finden wir ein

mechanischen Erklärungen und nicht mit Unrecht machen, als ein Unding.“
Siehe auch gegen die materialistische Psychologie, Ideler, Grundriß der
Seelenheilkunde, I, pag. 138 2c.; Griesinger, die Pathologie und Therapie
der psychischen Krankheiten, 2. Aufl., pag. 6 2c.

ausgebildeteres Nervensystem, schärfere Sinne, wenn auch in verschiedenartigen Abstufungen und ersehen daraus, daß gerade die Sinne die eigentlichen Wecker und Förderer des Seelen= lebens sind. Sie setzen das Wesen, in dem sie sich befinden, in einen bewußten Verkehr mit der Außenwelt. Der Einfluß der Sinne auf das Seelenleben wird auch daran wahrnehmbar, daß, je nachdem bei einem auf dieser Stufe stehenden Wesen diese oder jene Sinneswerkzeuge besonders ausgeprägt sind, ihm ein besonderer Charakter verliehen wird. Dem Weltbewußtsein, für dessen Vermittlung die Sinne ausreichen, gegenüber bildet sich — und damit treten wir auf die dritte Stufe — das Selbstbewußtsein, in welchem (nach Heinroths Ausdruck) gleich= sam wie in einem Brennpunkt der Mensch sein ganzes Wesen, Leib und Seele, zusammenfaßt, und dieses einige, unzertrenn= liche Ganze eben Ich nennt. So tritt hier erst die Individualität ein. Der Mensch ist ein Individuum.

3. In dem Begriffe der Individualität liegt außer dem des Selbstbewußtseins der der Untheilbarkeit enthalten. Nicht die Seele ist das Individuum, sondern die Seele in ihrer Ver= einigung mit dem Leibe. Der Mensch ist ein in sich einiges Ich, das sich nur nach zwei Seiten entfaltet, nach der äußeren als Leib, nach der inneren als Seele*). Darin liegt der wesentliche Unterschied dieser Stufe des Seelenlebens von den früheren. Wenn nach Aristoteles die Seele die Entelechie eines organischen Körpers ist, so trat dieselbe bei der ersten Stufe nur als eine in der Gattung sich verwirklichende, über ihr schwebende Idee hervor, bei der zweiten bewahrheitete sich die Ansicht jener Naturforscher, die das Thierreich den ausein= ander gelegten Menschen nannten. Erst auf der dritten Stufe ist der Zusammenschluß vollzogen. Hier begegnet uns die Seele als etwas Immanentes, und zwar dergestalt, daß eigentlich von einem Sitz der Seele nicht geredet werden kann.

4. Alle gegebenen Definitionen und Darlegungen sind von praktischer Wichtigkeit. Die materialistische Anschauung des Seelenlebens, die wir ablehnten, würde auf dem Arbeitsfelde,

---

*) Auf diese Untheilbarkeit macht Aristoteles (von der Seele, 1, 4) aufmerksam, wenn er von der Erinnerung und der Liebe sagt, sie kommen nicht der Seele, sondern dem Gemeinsamen von ihr und dem Körper zu. Griesinger, pag. 8, möchte noch die Phantasie hinzufügen.

auf das wir geführt werden, nur die medicinische Heilung des Idiotismus für berechtigt erklären und die ganze Erziehung nur auf Dressur beschränken. — Die verschiedene Gestaltung des Seelen= lebens, welche auf der zweiten Stufe, wenn man sie mit der ersten vergleicht, eintritt, und der Einfluß der Sinne auf dieselbe erklärt uns manche krankhafte Erscheinungen, die auf der dritten Stufe sich finden. Der Blick auf das Thierreich, zu dem die Anschauung dieser Stufe uns nöthigt, giebt uns Vergleichungspunkte für viele Erscheinungen des Blödsinns, die auf gleichen Ursachen ruhen wie bei den Thieren, bei denen in dem noch nicht central gewordenen Nervensystem ein Mangel an Concentration der Vorstellungen sich ausspricht und die Handlung der Seele nur durch momentane Erregung bestimmt wird. — Die enge Zusammengehörigkeit und Untheilbarkeit der beiden Faktoren unserer Individualität weist uns auf die Zusammengehörigkeit der somatischen und psychischen Bildungsmittel hin, auf den Einfluß, den einerseits die geistige Einwirkung auf das leibliche Leben und den andererseits die körperliche Ausbildung (Muskelstärkung ꝛc.) auf das Seelenleben (auf die Willensenergie ꝛc.) ausübt. Ja, es wird dadurch die ganze Heilung des Uebels, mit dem wir es zu thun haben, auf die somatisch=psychische Gymnastik zurückgeführt.

Zusatz. § 1 würde uns nöthigen, schon hier uns gegen Kant auszusprechen, der den Blödsinn als Seelenlosigkeit definirt, wenn wir nicht dem psychischen Leben einen weiteren Umfang gegeben hätten. Wiefern aber Kant, wenn er nur das Seelenleben der dritten Stufe als solches gelten läßt, Recht habe, davon siehe unten.

§ 2.

Alle hier in Betracht kommenden Erscheinungen fallen nicht in das Gebiet des Irrsinns, daher wissenschaftlich nicht in das Gebiet der Irren= heilkunde, praktisch nicht in die Sphäre der Irrenheilanstalten.

1. Allerdings würde auch die Idiotie oder der Blödsinn in das Gebiet des Irrsinns fallen, wenn man das Individuum mit der Gattung vergliche. Man würde sagen können, in dem Blödsinnigen habe der Gattungsbegriff der Menschenseele sich selbst verlassen, sei von sich selber abgeirrt*). Aber wenn wir

*) Dasselbe will offenbar auch Saegert (die Heilung des Blödsinns auf intellektuellem Wege. II, pag. 131) sagen, wenn er sich so ausdrückt,

auf dieser Stufe des Seelenlebens die Seele als eine individuelle Substanz betrachten, so kann von Irrsinn nur da die Rede sein, wo sie selbst als solche bereits vorhanden war und dann die ihr vorgezeichnete Bahn verließ. Der Irrsinn setzt einen gesunden Zustand des Einzelwesens voraus*). Sich irren kann nur, wie Séguin sagt**), wer wissen kann, und das kann eben der Idiot nicht, so lange er in seinem ursprünglichen Zustande sich befindet. Der eigentliche Irrsinn ist überdies eine Erscheinung, deren Vorkommen vor dem zehnten Lebensjahre***) oder vor dem Pubertätsalter†) sehr problematisch ist††), bei der auch, selbst wenn der Irrsinn erblich ist, die Leidenschaften wesentlich mitwirken†††). Kommt es vor, daß Idioten in späteren Jahren in Irsinn verfallen, so muß man auf die Ursachen der Idiotie oder auf physische Erscheinungen, die mit ihr verbunden sind, zurückgehen und wird dann nicht selten in

---

er könne nur in so fern in das Gebiet der Seelenstörungen gerechnet werden, als die behinderte Entwicklung der Psyche von Grund auf ebenfalls eine Störung ihres normalen Lebensprozesses sei, denn I, pag. 23 hat er ausdrücklich erklärt: „Blödsinn im weitesten Sinne des Wortes ist keine Seelenkrankheit.“

*) Esquirol. Die Geisteskrankheiten, übersetzt von Dr. Bernhard, II, pag. 158: Der Verwirrte ist der Güter beraubt, deren er sich sonst erfreute, er ist ein Armer, der früher reich war; der Idiot hat immer im Unglück und Elend gelebt. Cheyne Brady (the training of Idiotic and feeble-minded children. Dublin 1865) sagt: Der Idiot und der Irrsinnige sind gewöhnlich in eine Klasse geworfen. Es konnte kein größerer Mißgriff geschehen. — Die Unterscheidung liegt nämlich auf der Hand. — Der Geisteskranke leidet an einer unnatürlichen Entwicklung des Gehirns; der Idiot an einem krankhaft entwickelten Gehirn. In dem Einen fehlt dem Geiste das eigentliche Gleichgewicht, in dem Andern hat er sich nicht selbst in der Gewalt.

**) Séguin, traitement moral hygiène et education des idiots, pag. 92.

***) Séguin, a. a. O., pag. 93.

†) Ideler, a. a. O., pag. 360. Esquirol, a. a. O., II, pag. 158.

††) Dagegen vgl. Dr. Berkhan, Das Irresein der Kinder.

†††) Ideler, a. a. O.: Erinnern wir uns, daß die Kindheit ihrem ganzen Charakter nach die Leidenschaft ausschließt, weil die Beweglichkeit und Veränderlichkeit des ganzen Gemüthes in Widerspruch steht mit dem einseitigen beharrlichen Streben der Leidenschaft, so erhellt hieraus, daß das zarte Gemüth völlig aus seiner Natur herausgetreten, gleichsam in eine bleibende Form gebannt sein müsse, um in krampfhafter Spannung seine kindischen Verirrungen bis zum völligen Wahnsinn zu übertreiben.

Epilepsie, apoplektischem Wesen ꝛc. die Begründung des ein=
getretenen Irsinns finden.

2. Zwar kommt auch in der Irrenheilkunde der Blödsinn
(Idiotia, Amentia, Imbecillitas, Anoia ꝛc.) vor; aber in einem
andern Sinne. Dieser — der sekundäre Blödsinn — ist der
endliche Ausgang vorangegangener Seelenstörungen bei Geistes=
gesunden. Der Idiot war niemals geistesgesund, oder irgend
eine schwere Gehirnkrankheit setzte schon frühzeitig seiner geistigen
Entwicklung ein Ziel; er hatte entweder nie ein gesundes
Seelenleben, oder es trat bereits in der Kindheit ein Stillstand
oder ein Rückschritt ein. Der Sekundär=Blödsinnige war geistig
gesund, wurde geisteskrank (melancholisch, tobsüchtig oder wahn=
sinnig), dann verwirrt und endlich blödsinnig*). Bei ihm finden
sich fast immer noch Reste der vorangegangenen Seelenstörung;
seine Stimmung kann noch die Spuren der primären Erkrankung
zeigen; er kann Wahnvorstellungen, Sinnestäuschungen haben,
kann sich krankhaften Trieben hingeben u. s. w., während der
Idiot derartige krankhafte Seelenzustände nie gekannt hat und
sie deshalb in seinen Zustand auch nicht hineinbringt**).
Heinroth weist der Irrenheilkunde alle Arten der von ihm so=
genannten Anoia zu, mit Ausnahme der Anoia simplex, in
welcher wir das Objekt unserer speciellen Behandlung wieder=
finden (I, pag. 341).

3. Wie man lange Zeit keine besonderen Heilanstalten für
die Geisteskranken hatte, sondern sie besten Falles in den
Hospitälern und allgemeinen Krankenhäusern unterbrachte, so
wurden auch immer sowohl in diese, als späterhin auch in die
Irrenhäuser wenigstens einzelne Idioten aufgenommen. Die
meisten derselben vereinigten wohl die Salpetrière und Bicêtre
in Paris. Seitdem besondere Idioten=Anstalten entstanden sind,
weisen die meisten Irren=Heil= und Pflege=Anstalten die Idioten
ab, und gewiß nicht mit Unrecht. Die Verschiedenheit des Zu=
standes der Idioten und Irrsinnigen fordert nämlich auch eine
verschiedene Einwirkung und Behandlung.

---

*) Ideler faßt diesen Blödsinn mit der Verwirrtheit zusammen
a. a. O. II, pag. 624.

**) Brandes, der Idiotismus, pag. 2.

§ 3.

Die Idiotie oder der Idiotismus ist derjenige Seelenzustand, in welchem aus physischen Ursachen oder unter Mitwirkung von Faktoren des physischen Lebens die normale Entwicklung der Geisteskräfte entweder unmöglich oder frühzeitig rückgängig gemacht oder gehemmt ist.

1. Das Wort Idiotie (idiotia) oder Idiotismus kommt von dem griechischen Worte ἴδιος, das entweder in dem Sinn von proprius oder privatus gebraucht wird. Die bei der Ableitung den letzteren Sinn zu Grunde legen, erklären den Idioten für einen der Geisteskräfte Beraubten; die sich an den ersteren Sinn halten, interpretiren, wie etwa der holländische Idiotenfreund Koetsveld, de mensch op zich zelven, der Mensch, der in Folge seines Zustandes für sich allein stehen muß, sich dem großen, organischen Ganzen der menschlichen Gesellschaft nicht eingliedern kann. S. Disselhof, die gegenwärtige Lage der Cretinen, Blödsinnigen und Idioten. Bonn 1857, pag. 5. C. E. van Koetsveld, Het Idiotisme, pag. 41.

2. Wir haben oben die Summe aller hier in Frage kommenden Erscheinungen unter dem einen Namen Idiotie (Idiotismus) zusammengefaßt und werden uns seiner stets als der generellen Bezeichnung bedienen. Eine allgemeine Geltung hat er in dieser Hinsicht noch nicht. Von den meisten deutschen und französischen Aerzten und pädagogischen Schriftstellern auf unserm Gebiete werden die Benennungen idiotia, idiotismus, Blödsinn, Cretinismus, imbecillité promiscue gebraucht; ebenso werden von den Engländern die hierher gehörigen Subjekte bald als feable-minded, bald als simpletons, fools, bald als imbeciles oder idiotic ohne Rücksicht auf ihre Klassificirung bezeichnet.

3. Die Feststellung des Begriffes Idiotismus (Blödsinn) hat ein medizinisches, pädagogisches und juristisches Interesse. Er beeinflußt das ärztliche und das erziehliche Verfahren und kommt wesentlich auch bei den Gerichten in Betracht. (Daher giebt auch das allgemeine Landrecht § 28, in Betreff seiner, eine Bestimmung.) Für die Feststellung des Begriffes ist jedoch von Wichtigkeit, daß den Gerichten gegenüber Dr. Neumann (Der Arzt und die Blödsinnigkeitserklärung, pag. 21 und 32) sich dahin ausspricht, daß bei der Frage nach dem Blödsinn

die Wissenschaft uns verlasse und das Reich der individuellen, subjektiven Ansicht beginne, daß überhaupt die bisher aufgestellten psychischen Krankheits-Species und Genera wenig den Anforderungen entsprechen, welche eine exakte Wissenschaft zu machen hat. Ebenso wird von Brandes (a. a. O., pag. 1) betont, daß der Begriff Idiotismus als ein pädagogischer angesehen werden müsse, in pathalogisch-anatomischer Hinsicht aber nicht festgehalten werden könne.

4. Indem wir die Idiotie für einen Seelenzustand erklärten, traten wir damit einer der vorhandenen Begriffsbestimmungen entgegen. Kant erklärt sie für Seelenlosigkeit. F. A. Carus in seiner Psychologie (Bd. II, pag. 303) nennt den Ausdruck zwar zu kühn, legt ihn aber doch seiner Schilderung zu Grunde. Dennoch zeigt diese Schilderung, daß Carus mehr an verkehrte Seelenthätigkeit, als an Seelenlosigkeit denke. In diesem Sinne — „als Unfähigkeit, Eindrücke festzuhalten und zu verarbeiten, oder als Mangel an Aufmerksamkeit und Besonnenheit oder · besser Besinnungsfähigkeit" — läßt auch Saegert (a. a. O., I, pag. 7) allein den Kant'schen Ausdruck gelten. Von anderen Definitionen erwähnen wir nur folgende: Pinel: Abolition plus ou moins solue soit des fonctions de l'entendement, soit des affections du coeur. (Traité medico-philosophique sur les maladies mentales pag. 161.) Esquirol: un état particulier, dans lequel les facultés intellectuelles ne se sont jamais développées. Belhomme: un état consti-tutionel, dans lequel les fonctions intellectuelles ne se sont jamais développées. Séguin, der diesen Definitionen den Vorwurf macht, daß in ihnen die Wirkungen der Idiotie mit der Idiotie verwechselt seien, definirt (a. a. O., pag. 107): L'idiotie est une infirmité du système nerveux, qui a pour effet radical de soustraire tout ou partie des organes et des facultés de l'enfant à l'action régulière de sa volonté, qui le livre à ses instincts et le retranche du monde moral. Saegert (a. a. O., I. pag. 23): Blödsinn im weitesten Sinne des Wortes ist also keine Seelenkrankheit, sondern ein durch mancherlei Ursachen herbeigeführter Zustand des Central-organs, der unter den gewöhnlichen Entwicklungsbedingungen die Entwicklung der Seele für eine höhere Stufe behindert und, wenn verwahrlost oder vernachlässigt, in Idiotie übergeht, oder

aber, wenn organische Einflüsse obwalten, welche das Ueber=
wiegen des vegetativen Lebens bedingen, Cretinismus zu nennen
ist. Aehnlich wie Saegert faßt Georgens (Die Erziehung und
Heilung der Idioten, pag. 18) das Wesen des Idiotismus auf
„als Mangel an Bestimmungskraft und Mangel des Aeußerungs=
und Bethätigungsvermögens, insofern es in den Central=
organen begründet ist und für die Mangelhaftigkeit der
Besinnungskraft bedingend wird." Rösch (Neue Untersuchungen
über den Cretinismus von Maffei und Rösch, I, pag. 145):
„Der Blödsinn ist der Mangel an dem jedem wohlorganisirten
Menschen von Natur zukommenden Grade der Intelligenz, d. h.
der Fähigkeit, die durch die Sinne erhaltenen Eindrücke festzu=
halten, zusammenzufassen und zu verstehen. Er besteht in einer
mangelhaften Entwickelung des Gehirns und seiner Funktion,
die Vorrichtungen des gesammten Nervensystems zu einer Ein=
heit zu verbinden, in einer Unfähigkeit des Gehirns, welche
nicht erst im späteren Leben durch Krankheit erworben ist,
sondern schon in der mangelhaften und verfehlten Entwickelung
liegt." Fr. Barthold (Der Idiotismus und seine Bekämpfung,
pag. 7): „Idiotismus ist jene Art des kindlichen Schwach=
und Blödsinns, bei welcher die Geisteskräfte sich niemals oder
doch nur äußerst mangelhaft entwickelt haben, oder in ihrer
Entwickelung frühzeitig gehemmt wurden, weil in Folge körper=
licher, organischer Mängel und Mißbildungen einzelne Seelen=
vermögen verkümmert sind oder gänzlich fehlen." Brandes
(a. a. O., pag. 1): „Unter Idiotismus (Idiotie) versteht man
jene Art des Schwach= und Blödsinns, in welchem die Geistes=
kräfte sich niemals oder doch nur sehr mangelhaft entwickelt
haben, oder wo sie in ihrer natürlichen Entwickelung frühzeitig
gehemmt, unterbrochen, oder mehr oder weniger rückgängig
gemacht worden sind."

5. Unsere Definition setzt einen Zusammenhang des physischen
und psychischen Lebens, sowohl was das äußere Auftreten dieses
Zustandes anlangt, als auch hinsichtlich der Ursächlichkeit, voraus.
Dennoch leugnen wir die physische Normalität bei abnormer
psychischer Gestaltung. Wir haben dabei anerkannte Autoritäten
auf unserer Seite. J. Clarus (in seiner Abhandlung über die
somatische Pathologie des Blödsinns) spricht es aus: „Körper=
liches und geistiges Zurückgebliebensein stehen ebenso wie Ent=

wickelung der körperlichen und geistigen Fähigkeiten im Zusammen=
hange." Georgens erklärt aus seiner pädagogischen Erfahrung
(Heilpädagogik, Bd. I, pag. 211): „Bei keinem der idiotischen
oder auch nur halbidiotischen Kinder fehlten Abnormitäten der
Organisation und Symptome der körperlichen Krankhaftigkeit."
Und (a. a. O., Bd. II, pag. 8): „Wie bei den Idioten die
durchaus normale Gestalt allerdings eine Ausnahme ist, so
haben wir in unserm Kreise keinen Fall einer vollkommenen
‚körperlichen‘ Gesundheit gehabt." Was aber die Ursächlichkeit
anlangt, so ist dieselbe in unserm § nicht ausschließlich, wie es
von vielen Aerzten geschieht, auf das somatische Gebiet gelegt.
Würde es nur einen angeborenen Idiotismus geben, so ließe
sich vielleicht denen nicht widersprechen, die nur in dem mangelhaft
konstruirten Nervensystem oder in abnormer Gehirnbeschaffenheit
die Grundlage für den abnormen Seelenzustand finden. Aber
da der Idiotismus auch als früh gehemmte und rückgängig
gemachte Entwickelung auftritt, so vermag auch durch eine
falsche Einwirkung auf das Seelenleben eine Störung der
physischen Organisation hervorgebracht zu werden. C. G. Carus
in seinen Vorlesungen über die Psychologie hat pag. 258 2c. den
Beweis geliefert. Er führt als Beispiel die Lust an Lebens=
mitteln an und erklärt die immer mit Vorstellungen von leiblicher
Ernährung beschäftigte Seele werde sich selbst unbewußt immer mehr
der bildenden pflanzenartigen Seite der Organisation zukehren, es
werden bald alle dieser Seite angehörigen Gebilde ein krankhaftes
Uebergewicht erhalten und die Masse der in das Schema der Or=
ganisation hineingezogenen Naturelemente würde sich verhältniß=
mäßig vermehren. (Stärker und breiter werden der Kinnladen,
Verstärkung des Gesichts=Untertheils durch Ablagerung von Zell=
stoff und Fett 2c.) Vgl. Joh. Müller, Von der Wechselwirkung
der Seele und des Organismus in seinem Handbuch der Physio=
logie des Menschen, Bd. II, pag. 553. — Wo nun bei der Idiotie
die Störung des Seelenlebens die primäre Ursache ist, da können
freilich in gewissen Fällen auch noch physische hinzukommende Ab=
normitäten einen zweiten Faktor für das Zustandekommen abgeben.

§ 4.

Der Idiotismus, der in gradueller Hinsicht als Schwachsinn, Blödsinn
und Cretinismus unterschieden werden kann, ist, was die psychisch=physische

Erscheinungsform anlangt, entweder erethischer (irritirter) oder apathischer (torpider) Idiotismus und wird, was die Entstehungszeit betrifft, als an= geborener (idiotismus congenitus) vom accidentiellen (id. accidentalis) und mit Rücksicht auf sein örtliches Vorkommen als sporadischer (id. sporadicus) vom endemischen (id. endemicus) unterschieden.

1. Mehr noch als bei der Definition und Benennung des Idiotismus tritt bei der Theilung des Begriffs uns die Ver= schiedenheit derer, die den Gegenstand bereits behandelten, ent= gegen. Und hier sind die Abweichungen keineswegs so indifferent wie dort, weder für die Wissenschaft, noch für die Praxis. Unser § hat denjenigen Theilungsgrund vorangestellt, nach welchem von den Meisten unterschieden zu werden pflegt. Die Grade, in welchen der Idiotismus aufzutreten pflegt, sind von jeher den Meisten zunächst in die Augen gefallen und sie haben darnach ihre Partition gebildet*). Waren es nun hierbei die einzelnen „Fälle", von denen man ausging, so ist es kein Wunder, daß die Zahl der Klassen sich sehr verschiedenartig gestalten mußte. Je mehr einzelne Nebenumstände den Werth von wesentlichen Merkmalen erlangten, je weniger das Generelle festgehalten ward, desto mehr mußte die Zahl der Klassen zu= nehmen. So finden wir bei Duncan und Millard (a. a. O., pag. 12) acht Klassen zusammengestellt. Es hat bei dieser Specialisirung das praktische Interesse vorgewaltet**) Landen= berger (13. Bericht der Winterbacher [Stettener] Idioten=Anstalt, pag. 8, Anm.) unterscheidet — ohne die Cretinen herein= zuziehen — eigentlich Blödsinnige, deren Wille nur Trieb= wille ist, Krankfinnige, nämlich Gemüthsstumpfe, Alberne, Aufgeregte, mit Willensabnormitäten Behaftete u. s. w., bei welchen die Willkür sich zwar entwickelt hat, es aber nicht zum vernünftigen Leben kommt, und endlich Schwachsinnige, welche wirklich Vernunft und Willensfreiheit haben, aber in

---

*) Griesinger, pag. 353: „Man kann mehrere Grade unterscheiden. Es ist unzweckmäßig, viele solche fein von einander abgrenzende Grade und Abstufungen aufstellen; am besten unterscheidet man einfach: die schwereren Fälle geistiger Nullität — Blödsinn, Fatuität, und die leichteren blos geistiger Schwäche — Schwachsinn, Imbecillität.

**) Ireland, On Idiocy and Imbecillity redet von Genetous I., Microcephalic I., Eclampsic I., Epileptic I., Hydrocephalic I., Paralytic I., Cretinism., Traumatic I., Inflammatory I., Idiocy by deprivation.

geringerem Grade, als der geistig gesunde Mensch). Die beiden
letzten Klassen Laudenbergers sind dieselben, welche Rösch
(a. a. O., pag. 145) Stumpfsinnige nennt. Er unterscheidet
dieselben von den Blödsinnigen, indem er sagt: „Während der
Stumpfsinn dadurch charakterisirt ist, daß die durch die Sinne
aufgenommenen Eindrücke und die durch diese erregten Vor=
stellungen nicht scharf und bestimmt genug sind, fehlt es bei
dem Blödsinn weniger an der Schärfe und Bestimmtheit der
Sinneseindrücke und Vorstellungen, als vielmehr an der gleich=
zeitigen Auffassung verschiedener Eindrücke und Vorstellungen,
und die Verknüpfung derselben zu einem Ganzen. Der Stumpf=
sinnige vermag wohl die unvollkommenen Sinneseindrücke, die
er erhalten, und die unklaren Vorstellungen, die er sich gemacht
hat, einigermaßen, wenn auch langsam und träge, zu verknüpfen
und zu einem Ganzen zu ordnen; der Blödsinnige dagegen
verbindet auch die schärfsten sinnlichen Eindrücke und die diesen
entsprechenden Vorstellungen entweder gar nicht oder so falsch,
daß die dadurch veranlaßten Aeußerungen und Handlungen
dieser Menschen oft auf Hirnbegabte einen höchst komischen
Eindruck machen. Während es dem Stumpfsinnigen oft an
der gehörigen Ausbildung der Sinnerven und Sinnesorgane
fehlt, sind die Sinne der Blödsinnigen in der Regel scharf
genug; sie sehen und hören gut u. s. w., es fehlt ihnen aber
am Centralorgan der Nerven, am Gehirn, sie verstehen nicht,
was sie sehen, hören u. s. w. Das Gehirn hat nicht seine
gehörige Ausbildung erlangt, daher sind die einzelnen Gebiete
des Nervensystems und ihre Vorrichtungen nicht zu einem
Ganzen, zu einer Einheit verbunden, darum fehlt dem Blöd=
sinnigen das Selbstbewußtsein und die vernünftige Selbst=
bestimmung, der unterscheidende Charakter der Menschenseele.“
Was übrigens den Ausdruck „Blödsinn“ anlangt, so bezeichnet
er bei Rösch nur eine Art des Cretinismus, und Cretinismus
ist bei ihm, wie die generelle Bezeichnung, so der Name für
Idiotismus in seiner höchsten Potenz (a. a. O., pag. 1, 2).
Demselben logischen Fehler begegnen wir bei Esquirol. Bei
ihm ist der allgemeine Begriff Idiotie, er zerlegt denselben aber
in Blödsinn (Imbecillité) und Idiotie im engeren Sinne. Die
graduelle Unterscheidung begegnet uns auch bei dem Amerikaner
Dr. Howe (The causes of idiocy, pag. 7). Er unterscheidet

Idioten der niedrigsten Stufe (of the lowest class), fools und simpletons. Die erste Klasse bezeichnet er wie folgt: Sie sind bloße Organismen, Massen von Fleisch und Bein in menschlicher Gestalt, in denen das Gehirn und Nervensystem keine Herrschaft über die Muskeln ausüben, die folglich keine freie Bewegung haben, ohne Sprache und ohne Kundgebung intellektueller und affektiver Fähigkeiten sind. Die Fools stellt er höher; bei ihnen findet sich eine theilweise Herrschaft des Gehirns und der Nerven über das Muskelsystem, daher theil= weise Fähigkeit zur Bewegung und animalischen Aktion, theil= weise Entwickelung der affektiven und intellektuellen Fähigkeiten, aber nur der zarteste Funke der Vernunft und sehr unvoll= kommene Sprache. Die Simpletons (Schwachsinnigen) stehen am höchsten. Bei ihnen ist die Harmonie zwischen Nerven= und Muskelsystem fast vollständig. Es kommen normale Fähig= keiten hinsichtlich der Bewegung und der animalischen Aktion vor; perceptive und affektive Begabung ist vorhanden und Vernunft genug für die individuelle Lebensgestaltung, aber nicht genug für die socialen Beziehungen. (Duncan, a. a. O., verwirft den Namen Simpleton und substituirt feeble- minded.) Soll eine Theilung nach Graden — Stahl, a. a. O., pag. 6 zweifelt an der Möglichkeit derselben — angenommen werden, wie es sich für die pädagogische Klassificirung empfiehlt, so möchte die letzterwähnte sich zur Annahme empfehlen. Die unsrige steht ihr nahe. Wenn wir Schwachsinn für die Be= ziehung derjenigen Stufe des Idiotismus nehmen, die der normalen Entwickelung am nächsten steht, so waren wir ety= mologisch dazu nicht besonders verpflichtet. Denn blöde sein heißt ursprünglich auch nichts Anderes als schwach sein. Aber der Sprachgebrauch hat einmal dahin entschieden, daß Blödsinn einen höheren Grad der Geistesschwäche bezeichnet. Demgemäß unterscheidet Brandes (a. a. O., pag. 4) den Blöd= sinn geringeren Grades (Schwachsinn, imbecillitas), und den Blödsinn höheren Grades, den eigentlichen Blödsinn (Fatuitas), schließt jedoch den Cretinismus von dem Begriff des Idiotismus aus (a. a. O., pag. 2).

2. Für die Klassifikation einzelner Fälle zum Zwecke der Heilpädagogik ist offenbar die Eintheilung nach den verschiedenen Erscheinungen des psychisch=physischen Lebens wichtiger, als die

nach den Graden, in welchen die Kraft des Idiotismus auftritt.
Aber auch wissenschaftlich ist diese Theilung von höherem Werthe,
sofern bei ihr auf die Aetiologie der Erscheinungen zurück=
gegangen werden muß. Gehen wir nun auf das Mittelglied
zwischen dem physischen und psychischen Leben, so finden wir
dies, wie Heinroth richtig bemerkt (Anthropologie, pag. 176),
in dem Temperamente. Das Temperament hat nämlich „seine
Basis", die Bedingung seines Bestehens, in der Organisation,
sein Prinzip aber oder die Bedingung seiner Erregung in dem
dem Seelenleben eingeborenen Triebe. Bis dahin geht deshalb
auch Georgens (Heilpädagogik, I, pag. 206) bei der Klassi=
fikation der idiotischen Erscheinung zurück. Er unterscheidet den
Stumpfsinn, den narrenhaften Idiotismus, den melancholischen
Idiotismus, und den Idiotismus der Beschränktheit, die dem
phlegmatischen, dem sanguinischen, dem melancholischen und dem
cholerischen Temperament entsprechen. Jedoch giebt derselbe
Verfasser (a. a. O., II, pag. 146) so mancherlei Beschränkungen
und weist in einer Weise auf die Flüssigkeit der Unterschiede
hin, daß wir das Gefühl haben, er habe sich auf einen unnöthig
die Klassifikation erschwerenden Ueberfluß von Kategorien ein=
gelassen. Vergleichen wir nun aber unsere Zweitheiligkeit, wie
auch Brandes (a. a. O., pag. 6) und Landenberger (in dem
erwähnten Bericht) sie annehmen, mit seiner Viertheiligkeit, so
wird der genauere Beobachter leicht wahrnehmen, daß auch bei
ihr von der Temperamentsverschiedenheit ausgegangen ist. Die
Viertheiligkeit kommt ja nur zu Stande, indem die vier Ver=
hältnisse ausgeprägt werden, in denen die Empfänglichkeit und
das Reaktionsvermögen zu einander gestellt werden. Reiche
Empfänglichkeit und reiches Reaktionsvermögen geben das
cholerische, geringes Vermögen der Empfänglichkeit und der
Reaktion das phlegmatische, geringe Empfänglichkeit und reiches
Reaktionsvermögen das melancholische, und endlich reiche Em=
pfänglichkeit und geringes Reaktionsvermögen das sanguinische
Temperament. Wenn wir nun bei unserer Zweitheiligkeit die
eine Form des Idiotismus die erethische genannt haben, so
finden wir in ihm das cholerische und sanguinische Temperament
vertreten, während die andere, die apathische oder torpide Form,
Erscheinungen des melancholischen und des phlegmatischen Tem=
peramentes umschließt. Rösch (a. a. O., pag. 147) unter=

scheidet „Blödsinn mit grobem, lymphatischem Habitus, Trägheit in allen Lebensverhältnissen, verkümmertem Wachsthum, Stumpfsinn, Uebelhörigkeit oder Taubstummheit verbunden, — und Blödsinn mit feinem, schwächlichem Habitus, bedeutender Reizbarkeit und Beweglichkeit, mit mehr oder weniger atrophischem Knochensystem und difformem, häufig in allen Dimensionen zu kleinem Schädel." Diese Theilung entspricht der unserigen, nur daß die dem Temperament zu Grunde liegende physische Basis in den Vordergrund tritt. Da das Lymph= oder Drüsensystem unter den organischen Systemen das am wenigsten empfängliche und reagirende, das phlegmatische Temperament begründet: so ist der von Rösch zuerst erwähnte Blödsinn kein anderer, als der von uns so genannte torpide Idiotismus. Und was die zweite Form anlangt, so liegt es in seinen Worten ausgesprochen, daß dieselbe mit den von uns als erethisch bezeichneten Idiotismus identisch sei. Jede dieser beiden Arten hat einen Habitus, an welchem sie auch äußerlich meist leicht erkennbar ist. Griesinger (a. a. O., pag. 383) zeichnet denselben, wie folgt: „Die tief= stehenden Idioten der torpiden Art zeigen oft schon einen groben, plumpen, disproportionirten Körperbau und häßliche, trotz kin= discher Unreife alte Züge. Die Trägheit ihrer Bewegungen, ihre Passivität, ihr stumpfes, immer gleiches, von nichts er= regtes Wesen nähern sich in vielen Fällen einem schlafartigen Zustande; viele haben noch einen finstern, melancholischen Zug, viele andere nur den Ausdruck absoluter Indifferenz, Gedanken= losigkeit und Geistesöde. — Die Idioten der zweiten (erethischen) Art sind selten bedeutend mißgestaltet, aber gewöhnlich hinter ihrem Alter zurückgeblieben, zuweilen proportionirt, wirklich wohlgebildet und von feinem, aber schwächlichem Habitus. Sie sind beweglich, unruhig, rasch, reizbar, dem Wechsel der Ein= drücke hingegeben, aber äußerst zerstreut, in den höheren Graden unfähig, auch nur das Geringste haften zu lassen. Man ist oft ganz erstaunt, bei dem heiteren Aussehen und scheinbar lebendigen Wesen dieser Kinder auch nicht eine Spur von Sprache und Verständniß zu finden."

3. Unter dem angeborenen Idiotismus ist eben nur derjenige zu verstehen, der gleich da wahrgenommen wird, wo bei gesunden und vollsinnigen Kindern die ersten Regungen des Seelenlebens zur Erscheinung kommen. Es ist nicht immer

zugleich an die etwa in der Zeugung und Abstammung ent=
haltene Ursächlichkeit zu denken. Denn derjenige Idiotismus,
der eben in dieser seinen Ursprung hat, kann auch als acci=
dentieller auftreten, er kann sich erst nach einigen Jahren zeigen,
wie ja auch die ererbte Syphilis, Tuberculose 2c. erst später
sich einstellen, trotzdem daß die Ursachen schon in dem Zustande
der Eltern vor der Zeugung enthalten sind. Unter dem acci=
dentiellen Idiotismus ist derjenige verstanden, der etwa in Folge
von akuten Krankheiten, die das Gehirn berührten, oder durch
mechanische Verletzungen desselben und des Schädels entstand.
Stahl (Neue Beiträge zur Physiognomik und pathologischen
Anatomie der idiotia endemica, 2. Aufl., 1851) nimmt an,
daß die Pathogenie der idiotia congenita in vielen Fällen
bereits in der Fötalperiode abgelaufen sei, wofern aber nicht,
innerhalb des ersten Lebensjahres ins Leben trete. Für das
Entstehen aber der nach schon bestandener Intelligenz durch
akute oder chronische Leiden eintretenden Idiotie nimmt er das
siebente Lebensjahr als Grenze, pag. 1, s. weiter unten § 17.
Derjenige Blödsinn, der sich aus Seelenkrankheiten des späteren
Lebens herausbildet, fällt, wie schon erwähnt wurde, nicht in
das Bereich unserer Betrachtung.

4. Endemisch ist der Idiotismus, sofern er in gewissen
Gegenden massenhaft vorkommt, veranlaßt durch örtliche Eigen=
thümlichkeiten; sporadisch, sofern die Erscheinungen desselben
vereinzelt sind und ohne den Zusammenhang gemeinsamer localer
Ursächlichkeit auftreten*).

5. Was Clarus (a. a. O., pag. 86) hinsichtlich der Grade
des Idiotismus sagt, daß sie so mannichfach seien und so
allmählich in einander gehen, daß sich bestimmte und streng von
einander unterschiedene Stufen desselben wissenschaftlich gar
nicht begründen ließen, gilt, mit Ausnahme der nach dem letzten
Theilungsprincip**) gebildeten Klassen, von allen Unterschei=

---

*) Gegen Diejenigen, z. B. Zillner, welche jede Art des Unterschiedes
zwischen endemischen und sporadischen Blödsinn leugnen, s. Griesinger, a.
a. O., pag. 389.
**) Obgleich Zillner über „Den Cretinismus in Salzburg" und
Georgens (a. a. O., I, pag. 197) auch dies Princip nicht ausnehmen.
Georgens sagt: „Die Begriffe der endemischen und sporadischen Krankheit
und Krankhaftigkeit scheinen allerdings schwer gegen einander abzugrenzen."

dungen. Da die Temperamente bei gesund entwickelten Per=
sönlichkeiten fast nie in ihrer Reinheit auftreten, so folgt dies
auch für die Unterscheidung der Idiotismusformen, die auf der
Basis der Temperamente vorgenommen ist, und da, was an=
geboren ist, nicht immer sofort nach der Geburt in die Augen
fällt, so wird in manchen Fällen selbst die sichere Unterbringung
in eine der beiden Klassen des angeborenen und accidentiellen
Idiotismus ihre Schwierigkeit haben. Nur hinsichtlich der beiden
Enden des Gebietes, auf dem sich die verschiedenen Formen des
Idiotismus bewegen, wäre vielleicht noch ein Wort zu sagen.
Wenden wir uns nach der Seite des Schwachsinns — also
des Idiotismus in der milderen Form — so müssen wir mit
Georgens (Heilpädagogik, a. a. O., II, pag. 18) sagen: „Die
gesunden Kinder, die sich zu praktischen Geschäften tauglich
erweisen und mit ihrer Umgebung vollständig zu verständigen
vermögen, aber in der Schule durchaus keine Fortschritte machen
wollen, können weder als schwachsinnig noch als idiotisch beschränkt
bezeichnet werden. Ihre Beschränktheit hat den Charakter der
geistigen Schwerfälligkeit oder Sprödigkeit, ist aber nur zu
häufig durch die Erziehung überhaupt, durch die Schule ins=
besondere, statt ‚gemildert‘ zu werden, verschlimmert worden,
ja, es läßt sich nicht leugnen, daß es eine geradezu dumm
machende quasi=pädagogische Behandlung giebt." Diese Kinder
sind es, die Stötzner bei seinen „Schulen für schwachbe=
fähigte Kinder" (Leipzig und Heidelberg 1864) im Auge
hatte. Aber er greift allerdings über sie hinaus und in den
Kreis des Idiotismus hinüber, den wir als die mildere Form
desselben bezeichneten. Das sehen wir aus folgender Zusammen=
stellung: „Das schwachsinnige (schwachbefähigte) Kind ist eben
noch nicht blödsinnig. Es steht geistig auf einer höheren Stufe.
Wohl ist sein Auffassungsvermögen gering, seine Sprache schwer=
fällig, sein Wollen und Empfinden schwach; aber es kann doch
denken, wollen und empfinden; wenn Alles auch viel langsamer
vor sich geht, als bei normal gebildeten Kindern. Bei dem
eigentlich Blödsinnigen dagegen ist die Seele gänzlich gebunden.
Mit sehenden Augen sieht er nicht, mit hörenden Ohren hört
er nicht, und deshalb gehen ihm auch alle Vorstellungen und
Begriffe ab. Seine Sprache besteht in gedankenlosem Schwatzen,
oder er stößt nur unartikulirte Laute aus. Er scheint keine

Gefahr, und die ganze körperliche wie geistige Erscheinung zeigt, daß bei diesen Unglücklichen von Unterricht und Erziehung kaum geredet werden kann, und nur ein Abrichten zu bestimmten Thätigkeiten möglich ist." Aus dem, was Stötzner vom Blödsinn sagt, geht hervor, daß er den Idiotismus als solchen nur in der gröberen Form gelten läßt. Demgemäß aber würde in der Praxis den Idioten=Anstalten nur die Masse der Bildungs und Erziehungs=Unfähigen zufallen und die Aufgabe dieser Anstalten sich dahin beschränken, daß sie zu Asylen und Bewahr= Anstalten herabsänken. Würden sie dies, so würden allerdings diejenigen, die Stötzner im Auge hat, vor ihnen zu bewahren sein, denn es ist vollkommen richtig (a. a. O., pag. 10), „der stete Umgang, das stete Zusammenleben mit Blödsinnigen muß nothwendiger Weise auf das schwachsinnige Kind einen höchst niederdrückenden Einfluß ausüben. Es wird geistig herabgezogen werden und in große Gefahr kommen, auf die tiefere Stufe herabzusinken." Bis jetzt aber hat die Praxis anders entschieden, und das immer mehr Bahn sich brechende Bestreben, die Erziehungsunfähigen, wenn auch nicht von den Idioten=Anstalten abzuweisen, doch in besonderen Pflegabtheilungen unterzubringen, beweist, daß jene Anstalten ihren Schwerpunkt eben in den Schwachsinnigen sehen. Aber greifen nicht dieselben vielleicht ebensoweit aus dem Bereich des Idiotismus heraus, wie Stötzner in ihn hineingreift? Wir antworten: Es mag sein. Wir geben auch zu, daß die Leistungen mancher Idioten=Anstalten vorzugsweise nach den Erfolgen mögen bemessen werden, die sie an solchen Kindern, welche die Elementar=Schule als Zurück= gebliebene, weniger Entwickelte bezeichnen würde, erreicht haben*). Wir stimmen (gegen Stötzner) Georgens bei (a. a. O., II, pag. 104): Ob es praktisch sei, für Kinder, welche keine eigentliche Idioten, sondern nicht=idiotisch, beschränkt, stumpfsinnig und schwachsinnig sind, eigene Anstalten zu organisiren, ist eine Frage, die wir eher zu verneinen, als zu bejahen geneigt sind, „weil die Grenzlinie gegen den Idiotismus nicht leicht und immer erst dann zu ziehen ist, wenn man die betreffenden Individuen näher kennt." Wir

---

*) Griesinger, a. a. O., pag. 384, spricht von diesen enfants arriérés und sagt: „Sie bilden die Prachtexemplare von „Heilung' in den Idioten= Anstalten."

haben uns schon hier eine Digression auf das praktische Gebiet
erlaubt, weil diejenige Stufe der gesunden Kinder, an welche
der Idiotismus sich anschließt, nicht weiter zur Berücksichtigung
gelangen wird. Indem wir von derselben zurückkehren, müssen
wir nun bemerken, daß, wie innerhalb des Gebietes der idiotischen
Erscheinungen die Grenzen flüssige sind, so auch nach der Seite
der gesunden Entwickelung hin ein scharfer Grenzpfahl nicht
aufgerichtet werden kann. (Vgl. Georgens, a. a. O., pag. 109.)
In den vorhandenen körperlichen Deformitäten einen solchen
aufzurichten, ist jedenfalls durchaus nicht zulässig. Die Ab=
grenzung nach der anderen Seite ist ebenfalls eine unbestimmte.
Hier heißt die Grenze der Cretinismus; aber die Frage ist,
ob derselbe in das Gebiet des Idiotismus hineinfallen soll,
oder ob er ein besonderes Gebiet ist, an welches der Idiotismus
hinanreicht? An den Blödsinn reiht sich der Cretinismus.
Gehört er aber mit jenem zum Idiotismus, oder fängt mit
ihm ein neues Gebiet an? Wir haben ihn in den Idiotismus
hineingelegt, sonst hätte eben die Unterscheidung zwischen
endemischem und sporadischem Idiotismus keinen Grund gehabt;
denn eben nur der Cretinismus ist endemisch. Auf unserer
Seite steht Esquirol, der ihn blos als eine Varietät der Idiotie
bezeichnet. Dem gegenüber jedoch erklärt Guggenbühl, der
Cretinismus dürfe mit der Idiotie nicht verwechselt werden*).
Séguin (a. a. O., pag. 81) stimmt dem Letzteren bei, weil,
wie er sagt, dies eine Verwechselung von Ursache und Wirkung
wäre. „Der Cretinismus," setzt er hinzu, „ist oft die Ursache
der Idiotie. Die Idiotie aber niemals Ursache des Cretinismus."
Aus dieser Unterscheidung läßt sich abnehmen, daß Séguin bei
dem Cretinismus nur an einen bestimmten Complex physischer
Erscheinungen denke. Aber nach Troxler und anderen Autoritäten
auf diesem Gebiete (Dr. Niepçe, traité du goitre et du
Cretinisme, Paris 1851) ist er immer mit einem gewissen
Grad des Blödsinns begleitet. Dieser gehört zu seinem Wesen,
und eben um deswillen gehört er unstreitig in das Reich des
Idiotismus, als „dessen höchsten Grad mit gleichzeitiger körper=
licher Entartung und den endemisch bedingten Eigenheiten" ihn

*) Griesinger, die Pathologie und Therapie der psych. Krankheiten,
pag. 353. „Jeder Cretin ist ein Idiot, aber nicht jeder Idiot ein Cretin."
Griesinger betrachtet die Guggenbühl'sche Auffassung als verwirrend.

Feuchtersleben in seinem Lehrbuch der ärztlichen Seelenkunde, Wien 1845, pag. 329, bezeichnet. Nichtsdestoweniger sind wir aber wohl aus praktischen Gründen berechtigt, ihn von einem Handbuch der allgemeinen Idioten=Heil=Pädagogik auszuschließen. Er ist eben als constitutionelle Krankheit eine zu besondere Erscheinung, als daß das von ihm Gesagte auch auf andere Erscheinungen des Idiotismus, der nur ein Symptom ver= schiedener Erkrankungen des Central=Nervensystems ist, Bezug haben könnte. Der Cretin, bei dem zwar der Kropf und der dicke Kopf nicht die wesentlichsten Merkmale sind, bei dem aber doch die physischen Deformitäten immer sich finden, bildet dem= nach den Gegensatz zu denjenigen Idioten, deren physische Ge= staltung am wenigsten von der Gesundheits=Norm abweicht. Was die Behandlung der Letzteren und ihren Erfolg betrifft, so macht Guggenbühl (Die Cretinen=Heil=Anstalt auf dem Abendberge, 1853, pag. 8) die für die Praxis wichtige Be= merkung: „Gewöhnlich glaubt man, die Idiotenkinder, welche an keiner körperlichen Deformität leiden und gesund und stark scheinen, müssen um so bildungsfähiger sein; allein die Erfahrung lehrt das gerade Gegentheil." Ich habe schon früher (Briefe über den Abendberg, Zürich 1846, S. 21) als Regel auf= gestellt: „Je regelmäßiger die körperliche Bildung ist, je weniger äußerlich krankhafte Zustände in die Erscheinung treten, um so mehr ist das Uebel rein psychisch und um so schwieriger seine Behandlung." Er macht alsdann diesen Satz an dem Beispiel zweier Brüder, die auf dem Abendberg waren, anschaulich).

6. Dieselbe Erscheinung, die uns als Monomanie auf dem Gebiete der Seelenstörungen begegnet, finden wir auf dem Gebiete des Idiotismus. Wie bei manchen Irren „eine Scheibe ihres Denkapparates gleich wie bei einer partiellen Sonnen= finsterniß in Nacht und Nebel gehüllt ist, während sie in anderen Richtungen das gesündeste Urtheil haben, selbst Erkleckliches in irgend einer Kunst oder Wissenschaft leisten, z. B. Meister in der Musik, Malerei sind (Güntner)", so giebt es auch eine partielle Idiotie. Wir verstehen darunter diejenige, bei welcher das Individuum nach verschiedenen Richtungen hin sich als schwach= oder blödsinnig erweist, während es in der einen oder anderen sich als normal entwickelt darstellt, oder sogar Ausgezeichnetes leistet. So machten Humor und Witz in früherer

Zeit viele Idioten zu fürstlichen Hofnarren. So finden sich Beispiele von besonderem Zahlen= und Namengedächtniß bei anderweitig idiotisch=organisirten Personen. Auf dem Gebiete des Cretinismus führt Guggenbühl (a. a. O., pag. 11) einen Cretin aus Chur an, der auf ein Jahrzehend hin die Geburts= und Todestage der Einwohner Churs mit seinem Lallen und durch Pantomimen exact zu bezeichnen wußte, und den Salz= burger „Zahlenfex", einen Cretin höheren Grades, der die schwierigsten Kopfrechnungen mit unglaublicher Schnelligkeit löste und selbst Mathematiker in Erstaunen setzte. So erwähnt Fodéré Beispiele, wo neben der Idiotie außergewöhnliche An= lagen zum Zeichnen und zur Musik sich fanden. Stahl (a. a. O., pag. 8 fgg.) nennt den Most Thadaedl, der in der Kirche ge= hörte Predigten unmittelbar darnach in Wirthshäusern recitirte. Morel (études clin, I, 9, 49) führt den eigenthümlichen Fall eines sprachlosen Idioten mit besonderem Talent für die Trommel an; sein Großvater war Tambour=Major, sein Vater Tambour gewesen, sein Bruder hatte stets die (unerfüllte) Sehnsucht, Tambour zu werden. Griesinger, a. a. O., pag. 377, macht die beachtenswerthe Bemerkung: „Nie finden sich diese einseitigen Fähigkeiten bei der accidentiellen Idiotie, welche bei zuvor ganz gesunden Kindern durch Gehirnkrankheiten in der Jugend ent= standen ist, sondern wohl immer nur bei hereditärer Entwickelung, bei schon vom Hause aus schief angelegten Naturen."

§ 5.

Unter den anderen Defekten des menschlichen Organismus ist die Taubstummheit der Idiotie am nächsten verwandt.

1. Meißner (Taubstummheit und Taubstummenbildung, Leipzig und Heidelberg 1856, pag. 78) spricht von der Schwierig= keit der Unterscheidung blödsinniger und taubstummer Kinder; er erwähnt die Thatsache, daß dem Leipziger Taubstummen= Institute oftmals Kinder, noch dazu mit ärztlichen Attesten, übergeben wurden, bei denen sich herausstellte, daß sie vollkommen blödsinnig waren und, weil sie des Gehörs nicht gänzlich er= mangelten, zu den Taubstummen nicht gezählt werden konnten (pag. 97). Vgl. auch pag. 103, wo Meißner eine von der Kreisregierung der Oberpfalz ausgegangene — nicht mit Un= recht hart genannte — Verordnung erwähnt, derzufolge die

betheiligten Behörden angewiesen werden, auf Untersuchung
solcher Individuen und Ausstellung der betreffenden Zeugnisse
gewissenhafte Sorgfalt zu verwenden, und zwar bei Vermeidung
der Haftung für Verpflegungs= und Rücksendungskosten der als
nicht bildungsfähig erkannten taubstummen Zöglinge. — Wenn
Taubstummheit und Idiotismus verbunden sind, so ist allerdings
in den meisten Fällen die erstere als die Grundlage und Ursache
des letzteren zu betrachten. Es liegt am Tage, daß das Fehlen
desjenigen Sinnes, der dem Geiste so reichen Denkstoff zuführt,
verbunden mit dem Mangel des hauptsächlichsten Darstellungs=
vermögens eine Erblödung der geistigen Kräfte herbeiführen
kann, selbst wenn angeborener Idiotismus nicht vorhanden ist.
Aber es kann auch sein, daß neben der Taubstummheit andere
organische Fehler sich finden, die das Vorhandensein des Blöd=
sinns bedingen. Individuen dieser Gattung sind insofern am
Schlimmsten daran, als die Taubstummen=Anstalten sie entweder
von vorn herein abweisen, oder sie jedenfalls zurückgeben, wenn
der Taubstummen=Unterricht sich an ihnen als erfolglos bewiesen
hat. Die Idioten=Anstalten, sofern sie Pflegeanstalten sind,
können sich diesen Abgewiesenen nicht entziehen. Aber wohin
mit denjenigen, die in gewissem Grade bildungsfähig sind, wenn
sie auch die Ziele des Taubstummen=Unterrichts nicht zu er=
reichen vermögen? Die Meinungen theilen sich. Einige ent=
scheiden sich dafür, bei den Taubstummen=Anstalten besondere
Klassen für idiotische Taubstumme einzurichten (so hat die Taub=
stummen=Anstalt zu Wilhelmsdorf in Württemberg eine Zweig=
anstalt für schwachsinnige Taubstumme eingerichtet). Andere
wollen sie den Idioten=Anstalten zusprechen, weil die Lehrkräfte
dieser den idiotischen Taubstummen eher entsprechen, als um=
gekehrt. Die dritte Konferenz für Idioten=Heil=Pflege entschied
sich für besondere Anstalten. Das Norwegische Schulgesetz
überweist alle idiotischen Taubstummen den Taubstummen=
Anstalten. S. dagegen Sengelmann, Norwegen, pag. 11:
„Hier befinden wir uns im entschiedenen Gegensatz zu dem
Entwurf; und warum? Die drei Arten abnormer Schulen
sind von den normalen Schulen nicht in gleicher Weise ver=
schieden. Die Blinden= und die Taubstummen=Schule unter=
scheiden sich von ihnen weniger in der Materie, als vielmehr
in der Form und Methode des Unterrichts (s. Meißner, a. a. O.,

pag. 105). Anders ist es mit den Idioten. Sie erheischen nicht blos eine andere Weise des Unterrichts als die vollsinnigen Kinder der normalen Schulen, sondern für sie kommen auch einige Lehrgegenstände mehr oder minder in Wegfall und es sind andere Ziele des Unterrichts, bescheidenere, zu verfolgen. Muß aber demgemäß die Klassifikation stattfinden, so ist — wenn es auch für den Psychiater umgekehrt der Fall sein mag — für den Pädagogen die Taubstummheit und Blindheit als Komplikation der Idiotie, nicht aber die Idiotie als Abditament jener körperlichen Gebrechen anzusehen. Mithin gehören die, wo beides, Idiotie und Taubstummheit, Idiotie und Blindheit vorkommen, nirgends anders hin als in die den Idioten bestimmte Anstalt. Diese Ansicht theilt auch der Verwaltungs= rath für Einrichtung eines Idiotenheims in Smaland. S. Berättelse och redovisning til föreningen för sinneslöa barns vård 1870, pag. 52. Den Abnorma Skolans andra Nordiska Läremöte i Stockholm 1876, pag. 119."

2. Trotzdem, daß die Taubstummheit und der Idiotismus einander so nahe stehen, liegen die Zeiten von einander sehr fern, in denen die erstere und der letztere die erste Beachtung fanden. Wieviele Decennien liegen zwischen dem Abbé de l'Epée (geb. 24. Nov. 1712 zu Versailles, † 23. Dec. 1789 zu Paris) und Heinicke (geb. 10. Apr. 1729 zu Nautschütz bei Weißen= fels, † 30. Apr. 1790 zu Leipzig), den Gründern der ersten Taubstummen=Anstalten zu Paris und Leipzig einerseits und Voisin und Guggenbühl andererseits, die in den dreißiger und vierziger Jahren dieses Säkulums zuerst die Aufmerksamkeit auf die Idioten lenkten? Daher dürfen wir uns denn auch nicht wundern, daß gegenüber den wenigen Schriften, die bisher über die Idiotie geschrieben sind, die Literatur des Taubstummen= Wesens bereits eine so große ist, daß die Büchertitel bei Meißner (a. a. O.) 53 Seiten füllen.

B. Symptomatologie.

a. Die psychischen Symptome.

§ 6.

Unter allen psychischen Symptomen der Idiotie nimmt die Unfreiheit des Willens die erste Stelle ein. Die motorische Seelenkraft des Idioten ist entweder ein instinktiver Trieb, oder Nachahmungstrieb, oder Willkür, oder Eigensinn, oder ein schwacher vernünftiger Wille.

1. Séguin sagt (a. a. O., pag. 170): Physiologiquement il (l'idiot) ne peut pas, intellectuellement il ne sait pas; psychiquement il ne veut pas; et il pourrait et il saurait, s'il voulait; mais avant tout et sourtout il ne veut pas.

2. Daß wir dasjenige Symptom der Idiotie, welches auf dem Gebiete des Willens liegt, voranstellen, hat seinen Grund darin, daß wir gerade auf diesem Gebiete die Spitze der dem Menschen gestellten Aufgabe finden. Diese Spitze ist die Freiheit. Hier wird also unter allen Abständen von der Normalentwickelung derjenige sich finden müssen, den wir als den weitesten anzusehen haben. Wir wissen freilich, daß wir uns mit dieser Ansicht im Widerspruch finden mit allen denjenigen, die auf dem Gebiete der Intelligenz den Culminationspunkt der menschlichen Bildung sehen und die deshalb auch auf diesem Felde den weitesten Abstand des Idioten von seinem Ziele erblicken. Aber ebenso sehr wissen wir uns im Einklang wie mit der antiken Philosophie so mit der christlichen Gottes= und Weltanschauung. Wie näm= lich der hellenische Mythus Pallas Athene (die Weisheit) nicht das Ursprüngliche sein, sondern aus Jupiter hervorgehen läßt, so ist der Logos im Christenthum auch nicht das Primäre,

sondern aus dem Vater geboren. Der Ausgang von der schöpferischen, der Lebenskraft fordert auch einen Abschluß nicht auf dem Gebiete des Wissens, sondern des Wollens. Wir leugnen zwar keineswegs die Reciprocität. Wir erkennen die Bewegungskraft des Wissens für das Wollen an: aber wir können jenes schon um deswillen nicht als das Primäre an= erkennen, weil — abgesehen von einer mechanisch wirkenden Inspiration — die Erlangung des Wissens eine Willensenergie voraussetzt. Auf der Bahn dieser reciproken Entwickelung wird natürlich das Ziel sein müssen, daß der Mensch zum vollen, allseitigen Bewußtsein seiner selbst gelange und von diesem aus sein Wille bestimmt werde. Die Entfernung von diesem Ziele wird also darin offenbar werden, daß entweder noch etwas außer dem Selbstbewußtsein oder etwas anderes als dieses für seinen Willen maßgebend ist und denselben in Bewegung setzt. Man könnte sagen, dies sei aber nicht blos auf dem Felde der Idiotie der Fall. Man könnte auch Nicht=Idioten anführen, die sich von instinktiven Trieben, von Nachahmungssucht, Willkür und Eigensinn leiten lassen. Da wird natürlich zur Ausscheidung dieser Fälle das Selbstbewußtsein mit in den Kreis der Be= obachtung gezogen werden müssen. Nur bei Vorhandensein des letzteren und der dasselbe bestimmenden Kräfte wird eine Ver= antwortlichkeit für den Willenszustand eintreten können. Bei dem Idioten, dem jenes fehlt, hört die Verantwortlichkeit für die Unfreiheit des Willens selbstverständlich in dem Grade auf, als ihm dasselbe abgeht. Daher wird freilich vor dem Forum des weltlichen Richters die Blödsinnigkeitserklärung sich vorzugs= weise auf Merkmale des intellektuellen Lebens stützen müssen, zumal auch der Wille ihm nur indirekt, nämlich durch die Handlung, zur Kunde kommt. So thut auch das preußische Allg. Landrecht, aber gewiß in sehr mangelhafter Weise. Es definirt Th. I, Tit. 1, § 27 Rasende und Wahnsinnige als solche, die des Gebrauchs ihrer Vernunft gänzlich beraubt sind, und § 28 Blödsinnige als diejenigen, denen das Vermögen ermangelt, die Folgen ihrer Handlungen zu überlegen. Abge= sehen davon, daß hiernach der Wahnsinn eine allgemeine, der Blödsinn eine partielle Geisteskrankheit wäre, eine Unterscheidung, die Neumann (a. a. O., pag. 5) mit Recht nicht zulassen will, können wir dem Widerspruch desselben Verfassers gegen die er=

wähnte Definition des Wahnsinns, als ob dieselbe den Menschen unter das Thier stellte, nicht beistimmen, weil das Gesetz nicht vom Fehlen der Vernunft, sondern vom fehlenden Gebrauch der Vernunft redet.

3. Der Instinkt ist in einem gewissen Sinne etwas, das dem Menschen auch bei normaler Entwickelung mit dem Thier= reich gemein bleibt, wenn wir ihn nämlich mit Schubert (Spiegel der Natur, S. 23) als die Anregung der Menschenseele zu irgend einer Handlung betrachten wollen, welche nicht aus Ueberlegung und vorbedachtem Rathe, sondern wie aus höherer Eingebung hervorgeht. Schubert führt a. a. O. hierfür Belege an in den Erzählungen von menschlichen Handlungen, die in ihren Folgen Lebensrettungen oder Bewahrungen waren, ohne daß etwas Anderes als ein unbewußter Trieb ihnen zu Grunde lag. Hier aber denken wir nur an jene unbewußten Triebe, die sich weniger im Einzel= als im Gattungsleben offenbaren und die sich vorzugsweise auf die Ernährung und auf das Geschlechtsleben beziehen. Blicken wir auf die instinktiven Triebe der ersteren Art, so finden wir hierin jene Willens= gebundenheit der Idioten begründet, die sich in ihrer Neigung, alles in den Mund zu stecken und zu verzehren, kund giebt. Man möchte in dieser Hinsicht den Instinkt derselben noch unter den des Thieres stellen. Das Thier wird vielfach durch seinen Instinkt gerade auf diejenigen Nahrungsmittel geführt, die ihm zuträglich sind. Dagegen ist bei manchen Idioten, namentlich bei solchen, bei denen einzelne Sinne, z. B. Geschmacks=, Geruchs= und Tastsinn weniger ausgebildet sind, nur der Trieb zum Essen oder Trinken die motorische Kraft, ohne daß der= selbe sich den ihm zuträglichen Nahrungsmitteln zuwendet. Sie verzehren Gras, Sand, Leder, Papier u. s. w. Ebenso ist es der geschlechtliche Trieb, der sie zur Onanie führt, manche auch, nach erlangter Pubertät, zum Aufsuchen des anderen Geschlechts. Sofern diese Triebe ihren ersten Anstoß durch Organe des physischen Lebens erhalten, wird von denselben weiter unten die Rede sein. Hier kommen sie nur als die den Willen knechtende Macht in Betracht. Insofern werden sie sich zu erkennen geben dadurch, daß etwaige Vorstellungen und Ermahnungen ihnen das Gleichgewicht nicht zu halten vermögen. Wo der instinktive Trieb die bewegende Kraft ist, wird die Annehmlichkeit, die

seine Befriedigung gewährt, höchstens nur durch eine ihm ent=
gegengesetzte Unannehmlichkeit (Strafe) paralysirt werden können,
deren Tragweite aber nur so weit reichen wird, als Kombinations=
vermögen vorhanden ist. Ebenso wird sich, ob der Instinkt
einen Laut, eine Bewegung veranlaßte — wenn nicht der Eigen=
sinn des Individuums notorisch ist — darin offenbaren, daß die
Wiederholung dieses Lautes oder dieser Bewegung auf Geheiß
nicht erfolgt. Auf instinktive Triebe ist auch die Eifersucht
mancher Idioten zurückzuführen. Die für sich selbst begehrte
Zärtlichkeit wird ihnen unangenehm, wenn sie anderen zu theil
wird. Wir kennen eine Idiotin, die sofort zu schreien beginnt,
wenn einem andern Pflegling in ihrer Umgebung Liebkosungen
gesagt werden. — Besonders ist als instinktiver Trieb auch der
Trieb des Idioten, sich äußere Gegenstände anzueignen, anzu=
sehen. In dieser Gestalt und in der zuerst erwähnten hat ihn
die Idiotin G. M. des Alsterdorfer Asyls, deren ganze Sprach=
fähigkeit sich fast nur auf die Worte: Eten (essen) und mien!
(mein!) erstreckt. Dieser Aneignungstrieb tritt auch als Sammel=
trieb auf. So beobachteten wir mehrere Idioten, die, wo sie
es nur konnten, Blechstücke, Papierschnitzel, Grashalme, Zeug=
lappen sich zusammentrugen (s. auch Stahl, a. a. O., pag. 5).
Bei anderen ist instinktiv der Zerstörungstrieb und die Pyromanie,
von der Georgens im Jahrbuch pag. 198 ein Beispiel anführt;
bei anderen wieder die Furcht. Beispiele siehe bei Georgens,
Jahrb. pag. 144, 146; Esquirol, a. a. O., II, pag. 159, 161,
167. — Ob für den Instinkt der Organismus einen bestimmten
Sitz darbiete, ist eine unentschiedene Frage. Clarus (Physiologie,
II, pag. 338) erklärt es für ebenso absurd, ein besonderes
Organ anzunehmen, wie wenn wir im Menschen eine Stelle
als besonderes Organ des Gewissens bezeichnen wollten. Da=
gegen findet Jessen (Versuch einer wissenschaftlichen Begründung
der Psychologie, 1855, pag. 355) es unzweifelhaft, daß der
Instinkt im Rückenmark seinen Sitz habe, weil derselbe namentlich
bei wirbellosen Thieren (z. B. Bienen, Ameisen, Spinnen,
Schlupfwespe), welche neben dem Rückenmark kein Gehirn haben,
vorzugsweise entwickelt sei.

4. Der Nachahmungstrieb ist trotz seiner Stärke nicht dem
instinktiven Triebe gewachsen und deshalb übt er nicht in dem
Umfange wie dieser eine unumschränkte Herrschaft über den

Willen aus. Er steht auch insofern höher als der instinktive Trieb, als schon die edleren Sinne es sind, die ihm seine Nahrung zuführen. Der Nachahmungstrieb bedarf des Gesichts- und des Gehörsinnes. Wie mächtig er aber im idiotischen Zustande wirkt, ist nicht blos auf dem niederen Standpunkte zu sehen, auf dem z. B. eine durch einen neuen Zögling eingebrachte Fratze oder Grimasse sehr bald zum Gemeingut der Anstalt wird, sondern auch an den intelligenteren Idioten, die vielfach eine Begabung haben, Andere zu kopiren, Harlekinaden wiederzugeben 2c., und nicht blos die Fähigkeit, sondern auch einen unwiderstehlichen Hang dazu besitzen. Wie nun schon im Thierreich gerade der Nachahmungstrieb die Folie bildet für die Dressur, so auch in der Idioten-Erziehung. Diejenigen Idioten, bei denen der Nachahmungstrieb über dem instinktiven Triebe steht, sind unstreitig bildungsfähiger. In ihm ist eine Handhabe für die Erziehung gegeben, die aber leicht eine verkehrte Anwendung findet und die Erziehung oft auf den Standpunkt der Dressur herabdrückt. Der durch den Nachahmungstrieb beeinflußte Wille ist noch immer ein unfreier; und wieviel der Idiot auf dem Wege der Nachahmung erlangte, dies alles läßt ihn noch immer Idiot sein und bleiben. — Wie übrigens der Nachahmungstrieb von der einen Seite die Erziehung erleichtert, so erschwert er sie auch auf einer anderen Seite. In dem Nachahmungstriebe ist es nämlich begründet, daß viele Idioten das ihnen Vorgesprochene papageienmäßig wiederholen. Auf diese Weise sind sie schwer zur Beantwortung einer Frage zu bringen oder zur Befolgung einer an sie gerichteten Ermahnung. Sie wiederholen die Frage, die Ermahnung, so oft man sie ihnen vorspricht. Ja, sie bringen oft ohne äußere Veranlassung die an sie vielleicht schon vor Jahren gerichteten Reden vor. Einer der Alsterdorfer Zöglinge wiederholt oftmals ex abrupto die Klagen, die seine Mutter über ihn führte, als er früher durch seine Unruhe den Schlaf einer kleinen Schwester störte. „Du sast nich ümmer snuben!" (du sollst nicht immer schnauben), sagt eine andere, wie die Mutter es ihr wohl früher bisweilen vorhielt. — Der von unkundigen Erziehern gemißbrauchte Nachahmungstrieb macht es oftmals der systematischen Idioten-Erziehung schwer, und die durch jene erzielten Erfolge müssen nicht selten erst ausgetrieben werden, ehe eine gedeihliche Entwickelung ihren Anfang nehmen kann. Der Nachahmungs= trieb ist bei manchen Idioten auch die Ursache von Gewohn= heiten, die sich an ihnen finden. Oft freilich, wenn die Gewohnheit bereits ausgeprägt ist, wird sich jene Ursache nicht mehr nachweisen lassen.

5. Mit der Willkür ist schon ein bedeutender Schritt vorwärts gethan. Wenn nämlich der Mensch bei der Herrschaft der instinktiven Triebe unter einer Nothwendigkeit steht, so ist er bei der vorwaltenden Willkür schon ein Kürender, d. h. ein Wählender. Aber die Wahl geschieht noch nicht nach einem festen Maßstabe, sondern er tritt mit seiner Wahl in die Sphäre des Zufalls. Von diesem hängt die Entscheidung ab. Die Wahl ist also unberechenbar; sie kann bei denselben Objekten bald so, bald so ausfallen. Das Desultorische übrigens, das in der Willkür liegt, wird ihr vorzugsweise die erethische Form der Idiotie unterworfen sein lassen, während die instinktiven Triebe bei den Idioten torpiden Charakters prävaliren. Diese Willkür ist nicht selten beim Unterrichte der Idioten zu beob= achten, wo ohne besondere körperliche und geistige Veranlassung die sonst etwa bewiesene Energie mangelt. Ebenso offenbart sich diese Willkür in dem Einflusse, den plötzliche Stimmungen, äußere Verhältnisse und Erregungen auf den Idioten ausüben. Um deswillen ist es nicht selten schwerer als bei Vollsinnigen, wo aus dem Charakter und dem gewöhnlichen Verfahren ge= urtheilt werden kann, aus mehreren Idioten den Urheber einer bestimmten Handlung herauszufinden. Wenigstens wird in dem Kreise derer, bei denen der Wille als Willkür aufzutreten pflegt, wenn nicht das Gemüth Anhaltspunkte giebt, nicht selten die Ermittelung zur Unmöglichkeit werden.

6. Der Eigensinn ist eine potenzirte Willkür oder eine einseitige Fixirung des desultorischen Wesens, das der Willkür eigen ist. Während bei den instinktiven Trieben das Subjekt sich von der Gattung nicht absondert, tritt bei dem Eigensinn die Eigenheit in den Vordergrund, d. h. aber das unfreie Ich. Denn, wie das Wort es auch andeutet, ist es eben die Sinn= lichkeit, auf welche das eigensinnige Subjekt sich stützt. Eigen= sinn ist in dieser niederen Sphäre, was da, wo der Wille ein

freier ist, sich als Charakterfestigkeit gestaltet. Aber der Eigen=
sinn offenbart sich gemeiniglich als eine Verknöcherung der
Willkür. Das eigensinnige Subjekt ist mithin ebenso unberechen=
bar, wie das von der Willkür beherrschte. Der Eigensinnige
kann in dem einen Momente seinen Eigensinn an einem Objekte
offenbaren, über das er in einem andern Momente mit Leichtigkeit
hinwegkam. Uebrigens ist der Eigensinn für die pädagogische
Diagnose oft schwer erkennbar. Es können Erschlaffungen des
idiotischen Geisteslebens nicht selten als Eigensinn aufgefaßt
werden. Ein Idiot wird in Betreff einer Handlung inquirirt;
er schweigt, er ist zu keiner Antwort zu bringen. Wenn in
zehn Fällen auch Eigensinn die Ursache sein mag, so kommen
daneben doch auch Fälle vor, wo mangelnde Intelligenz oder
die bereits erwähnte Erschlaffung die Ursache dieser Erscheinung
bilden. Aber es ist nicht in Abrede zu stellen, daß der Eigen=
sinn häufiger bei Idioten als bei Vollsinnigen vorkommt; und
das mag seinen Grund in der Nachgiebigkeit haben, die diesen
Wesen bei der Privatpflege, namentlich im elterlichen Hause
— aber auch von bequemen Pflegern in Anstalten 2c. — zu
Theil wird. Wie auch vollsinnige kränkliche Kinder durch ihre
Kränklichkeit ihre Umgebungen nicht selten zu ungeordneter und
übermäßiger Rücksichtnahme veranlassen und dadurch selbst eigen=
sinnig werden, so ist dies bei blödsinnigen Kindern noch mehr
der Fall. — Aus diesem Eigensinn gehen manche Symptome
des physischen Organismus hervor. Der Eigensinnige zeigt
Konvulsionen, zappelt mit Händen und Füßen. Es sind dies
nicht immer simulirte krampfhafte Zustände. Aber daß sie aus
dem Eigensinne hervorgingen, zeigt sich alsbald, wenn der
Pädagog diese physischen Erscheinungen zum Gegenstande seiner
Kur machen will, wenn er entweder Douchen androht oder
vornimmt. Ist der Eigensinn gebrochen, so fallen auch alsbald
diese äußeren physischen Erscheinungen weg.

7. Der schwache vernünftige Wille des Idioten unter=
scheidet sich, wie aus dieser Bezeichnung folgt, nur graduell von
dem Willen des Vollsinnigen. Er offenbart sich gemeiniglich
als Mangel an Selbstvertrauen. Der Idiot ist sich des Ver=
mögens nicht bewußt, das in ihm liegt. „Das kann ich nicht!"
ist seine Erwiderung, oft selbst dann, wenn ihm das Leichteste

zugemuthet wird. Er stellt das Vermögen, das man an ihm kennt, in Abrede, und zwar nicht aus Eigensinn, sondern aus Energielosigkeit. Er kann lesen, schreiben, eine bestimmte Auf= gabe lösen; man hat es anderweitig schon erfahren; aber zu bestimmten Zeiten wird er dem, der ihm dies zumuthet, erwidern: „Ich kann es nicht." Der Idiot hat hierin Aehnlichkeit mit jenen Irrsinnigen, deren Krankheit eben auch in Energielosigkeit wurzelt. Sofern es aber bei ihm nicht fixe Idee ist, ist auch die pädagogische Behandlung nicht ohne Aussicht auf Erfolg. Wie er diese Schwachheit seines Willens gemeiniglich schwachen, nachgiebigen Umgebungen verdankt, so ist auch eine energische, consequente Umgebung im Stande, den Willen von dieser Ge= bundenheit zu lösen. Es wird freilich seine Schwachheit in manchen natürlichen Trieben immer wieder ihre Stütze finden, Behaglichkeit und Unbehaglichkeit, Unannehmlichkeit und An= nehmlichkeit werden seinen Willen beeinflussen, aber sofern dieser Wille doch schon ein vernünftiger ist, werden mancherlei Hebel, die gegen die Intelligenz hin in Bewegung gesetzt werden, nicht ohne Erfolg bleiben. Dasselbe wird der Fall sein, wo eine gewisse Unbeholfenheit ihn hindert, sogleich dem durch bessere Erkenntniß geleiteten Willen Genüge zu leisten. Hier handelt es sich eben um die Weckung des rechten Selbstvertrauens, um ihn von der Ueberwindbarkeit jener Unbeholfenheit zu über= zeugen. Diese Stufe, von der wir reden, ist übrigens nicht blos diejenige, auf welcher viele der Idioten leichteren Grades von Haus aus stehen, sondern zugleich die Durchgangsstufe, die von allen Idioten niedrigerer Form eingenommen werden muß, sofern sie überhaupt bildungsfähig sind.

8. Die nächste Aeußerung des Willens ist der Ausdruck durch den Ton; so schon da, wo uns das Seelenleben auf seiner niederen Stufe — im Thierreich — entgegentritt. Daraus erklärt es sich denn auch, daß in demselben Maße, wie nach der obigen Ausführung der Wille des Idioten ein ab= normer ist, sich auch sein Sprachvermögen verschiedenartig gestaltet, in einer Weise, daß, wie wir die hauptsächlichsten und principiellen Symptome der Idiotie auf dem psychischen Gebiete des Willens gefunden haben, Andere, welche namentlich die physischen Erscheinungen ins Auge faßten, die Idioten nach

ihrer verschiedenen Sprachfähigkeit classificirten (Troxler*).
Sehen wir nun auf den Inhalt, der in das Gefäß der Sprache
gelegt wird, so wird derselbe von dem Erkenntnißvermögen und
von dem Gemüthe dargeboten. Wie der Mensch will, in
diesem Maße und Umfange, in dieser Art und Weise spricht
der Mensch. Was der Mensch aber spricht, das weist auf seine
Intelligenz und auf sein Gemüth hin.

§ 7.

Die Intelligenz oder das Erkenntniß- und Denkvermögen ist ein
mangelhaftes sowohl hinsichtlich der Reception als auch der Production.
In der ersteren Hinsicht zeigt der Idiot — oft in Folge mangelhafter
Sinnenbildung — eine schwache Wahrnehmung und darum eine schwankende
oder träge Aufmerksamkeit. Seine Vorstellungen sind unklar und daher
die durch sie geweckten Empfindungen nicht haftend und von keiner Tiefe,
besonders da auch sein Gedächtniß nur die Richtung auf das Aeußerliche
einzuschlagen pflegt. In der anderen Hinsicht geht ihm die Reflections-,
Abstractions- und Combinationsgabe ab. Findet sich auch Witz bei ihm,
so erhebt er sich doch nicht zum Scharfsinn. Die Einbildungskraft und
Phantasie mangeln häufig ganz.

1. Ehe die Seele zu einer Beziehung auf sich selbst kommt,
tritt sie mit der Außenwelt in Verbindung. Daher ist das
erste Bewußtsein das Weltbewußtsein. Das Erwachen desselben
hängt von der Sinnenthätigkeit ab. Die Sinne sind die Canäle,
durch welche uns die Eindrücke der Außenwelt zugeführt werden.
Aber hier ist zwischen der Sinnenthätigkeit und der Reception
der Seele wohl zu unterscheiden. Um nur Eins zu erwähnen:
Man kann sehende Augen haben und doch nicht sehen. Das
macht sich nicht blos dann bemerkbar, wenn der Wille die
sehenden Augen verschließt, sondern auch dann, wenn irgend
eine äußerliche Causalität den Menschen, ohne ihn seiner Sehkraft zu berauben, doch nicht zum Sehen kommen läßt. Wir

---

*) Dieser Classification redet Griesinger das Wort, a. a. O., pag. 376.
Er möchte eine Theilung in Solche, „die nichts zu sagen haben", und
Solche, „die kein Bedürfniß haben, zu sprechen."

erinnern an einen Kranken. Er liegt da; Vater und Mutter, oder wen er sonst lieb hat, stehen um ihn; er sieht sie stumpf, gleichgültig an. Plötzlich schießt bei demselben Anschauen etwas in ihn; das Auge bekommt Leben, die Miene wird freundlich. Da dürfen wir nicht sagen, daß er vor diesem Momente nicht gesehen habe, aber er hat nicht erkannt. In jenem Moment hat die Seelenthätigkeit begonnen; sie hat ihr Erkennen mit der Wahrnehmung begonnen. Das angeführte Beispiel mag uns zeigen, wie der äußeren Auffassung eines Gegenstandes parallel geht die Auffassung durch die Seele. Diese letztere Auffassung geht nun auch bei dem Idioten langsam von Statten. Wenn auch die Sinne bereits das Ihrige gethan haben, so verräth doch das seelenlose Auge, daß der Anfang der Perception noch nicht stattgefunden hat. Wir können diesen Mangel auch einen Mangel der Erinnerung nennen. Daß das Aeußere zu einem Innern werde (wozu die Thätigkeit der Sinne nicht ausreicht, die eben nur bis an eine gewisse Grenze ihre Eindrücke, um da von der Seele in Empfang genommen zu werden, bringen können), das hält so schwer. Daher muß auch bei manchem Gegenstande, der dem Idioten sonst schon bekannt war, immer wieder gefragt werden: Was ist das? und der Fragende muß auf ein längeres Stillschweigen rechnen*). Aus diesem Umstande erklärt sich auch die desultorische Aufmerksamkeit**). Der Unterrichtende erfährt es, daß entweder ohne äußere Ablenkung ein Aufgeben des Gegenstandes stattfindet, oder das Eintreten eines neuen die Ursache wird, daß der erstere wird Preis gegeben. Den Grund bildet die mangelhafte Wahrnehmung, die kein genügendes Interesse für den Gegenstand erzeugt. Es geht der Seele die Capacität, die Fassungskraft

---

*) Oft freilich mag dieses längere Schweigen denselben Grund haben, wie bei Georgens' Iduna (Jahrb., pag. 154), welche der dem Besinnen scheinbar gewidmeten Zeit bedurfte, um die nöthige Willenskraft zu einer Antwort zu gewinnen.

**) In höchster Potenz findet sich diese bei den verwirrten Idioten. Eine genaue Beschreibung derselben giebt Rösch, Beobachtungen über den Cretinismus, Heft II, pag. 83. Die Ursachen der Verwirrtheit hält er für somatischer Natur und sieht sie in anhaltender Hyperämie und Hypertrophie des Gehirns, wie ihm dies eine Section in Mariaberg bestätigte, wo sich in der Leiche eines solchen Kindes Hypertrophie der Rinde des Gehirns fand.

ab; sie vermag den Gegenstand weder sogleich zu erfassen, noch
dauernd zu fassen. Der Gesunde empfindet Aehnliches beim
Heranrücken des Schlafes. Hier fängt der innere Spiegel an
sich zu trüben, so daß, wenn auch Auge und Ohr noch ge=
schäftig sind, die Abspiegelungen dessen, was sie aus der Außen=
welt herzuführen, nur sehr verschwommen sich gestalten. Anderer=
seits kann freilich der Grund auch ein anderer sein. Wie bei
der Fata morgana Gegenstände mit schärferen Umrissen oder
in helleren Farben sich in den unteren Luftschichten deutlicher
abspiegeln als die matteren, so kann auch die Wahrnehmung
der Seele darum mangelhafter sich gestalten, weil die Sinne
weniger scharf auffassen und darum unvollkommene Eindrücke
hinterlassen.

2. Nachdem die Seele einen Gegenstand wahrgenommen
hat, sucht sie die einzelnen Merkmale desselben zu fixiren.
Dadurch gelangt sie zu einer Vorstellung, die in demselben
Maße vollkommen und wahr sein wird, als sie die Merkmale
mehr oder weniger vollständig und in ihrem rechten Verhältniß
zu einander auffaßt. Die Vorstellungen des Idioten werden
sich nun dadurch charakterisiren, daß er nur einige wenige
Merkmale eines Gegenstandes sich einprägt, oder daß er die
wesentlichen und unwesentlichen nicht unterscheidet. Ihm ist
auf einem Bilde ein Pharisäer gezeigt. Derselbe ist zufällig
als ein sehr feister, corpulenter Mann abgebildet. Der erste
dicke Spaziergänger, der ihm begegnet, ist ein Pharisäer. Oder
er hält sich bei der Auffassung der Merkmale an seinen be=
schränkten Ideenkreis. Demgemäß erzählt er, nachdem ihm von
Sodoms Untergang mitgetheilt ist, es habe Schwefelsticken
(Schwefelhölzer) geregnet, weil er Schwefel als Mineral nicht
kennt, sondern nur als jene Composition. Die Unklarheit der
Vorstellungen zeigt sich auch in den vielfachen Verwechselungen
von Gegenständen. Es giebt Idioten, von denen man glauben
sollte, daß sie von manchen Personen ein klares Bild in der
Seele hätten, und bringt man andere Personen mit ihnen
zusammen, so bezeichnen sie dieselben mit den Namen jener ihnen
vielleicht sehr beliebten Persönlichkeiten. Wir wollen in gewissen
Fällen solche Verwechslung gern als Irrthümer des Namen=
gedächtnisses gelten lassen; sie aber ausschließlich darin begründet
sehen würden wir nur dann können, wenn wir mit einem

normalen Vorstellungsvermögen zu thun hätten. Für Manche hat gewiß nur der Rock, der Hut 2c. die Person zu dem gemacht, was sie ihm ist. Für die Auffassung mancher Merkmale fehlt dem Idioten ganz besonders die Fähigkeit und zwar dadurch, daß sein geistiger Blick ein so beschränkter ist. Es sind dies namentlich die Zahlenverhältnisse. Wo diese hauptsächlich bei der richtigen Vorstellung von Belang sind, da wird das Bild, das sich der Seele des Idioten einprägt, durchweg ein mangel= haftes sein. Mit Raum= und Zeitverhältnissen geht es nicht besser.

3. Unsere Sprache sieht die Abspiegelung des äußeren Gegenstandes in der Seele zunächst als eine Vorstellung an. Hier wird noch zwischen der Seele und dem Bilde unterschieden. Auf diesem Punkte kann sie aber das Bild noch nicht verarbeiten. Sie will mit dem Recipirten produciren. Daher muß sie es in sich herein nehmen. Sie muß es in sich und sich in dem Spiegelbilde des Gegenstandes finden, d. h. empfinden. Der Maßstab, ob empfunden ist, ist die Lust oder Unlust, der Schmerz oder die Freude, das Wohlgefallen oder Mißfallen. Hier nun stoßen wir bei dem Idioten auf die Gleichgültigkeit. Die meisten Idioten sind von Haus aus unempfindlich gleich= gültig. Wo die Gleichgültigkeit verlassen ist, können wir instinctive Triebe als die bewegende Ursache annehmen. Aber die Vorstellung hält diesen Trieben weder das Gegengewicht, noch gleichen Schritt mit ihnen. Aus dieser Gleichgültigkeit erklärt sich der langsame Fortschritt, den auch der erfolgreichste Unterricht hervorruft. Das Wohlgefallen an dem geistig Er= faßten, das bei normaler Entwickelung wieder neue Anregung giebt, fällt hier weg. Es muß erst besonders geweckt werden. Diese Unempfindlichkeit geht bei Vielen gleichen Schritt mit jener physischen Gefühllosigkeit, von der weiter unten die Rede sein wird. Wenn wir Menschen, die bei einer Vorstellung sich sehr leicht des Zustandes bewußt werden, in welchen diese Vor= stellung sie versetzt, empfindsame nennen: so ist klar, daß wir empfindsame Seelen unter den Idioten nicht zu suchen haben. Empfindlichkeit dagegen ist eine Eigenschaft, die bei Vielen vor= kommt. Von dieser aber wird bei dem Gemüthsleben zu reden sein.

4. Was die Seele wahrnimmt und sich vorstellt, sammt

den Eindrücken, die es hervorruft, kann nur zur Verwerthung
gelangen dadurch, daß der Mensch das Gedächtnißvermögen
besitzt. Würde die Seele nicht im Stande sein, Bilder von
Gegenständen und Zuständen zu fesseln und aufzubewahren, so
würde von einer weiteren Seelenthätigkeit nicht geredet werden
können. Das Wiedererzeugen jener Producte der Sinnesthätig=
keit, welches unsere Sprache so schön mit Erinnerung bezeichnet,
ruht auf dem Gedächtnißvermögen. Die Güte des Gedächtnisses
zeigt sich darin, wenn es Vieles zu umfassen und lange zu
bewahren vermag und wenn es mit seinem Inhalte jederzeit zu
Gebote steht, so daß die Seele sich leicht zu erinnern im Stande
ist. Das gute Gedächtniß wird überdies sich nicht blos auf
Gegenstände, sondern auch auf Zustände beziehen. Fassen wir
nun den Idioten ins Auge, so steht zwar sein Zustand so wenig
mit der Gedächtnißentwickelung im Widerspruch, daß wir sogar
von Idioten mit ganz besonderer Gedächtnißkraft wissen. Aber
betrachten wir die mit einer solchen ausgerüsteten Individuen,
so werden wir auch bei ihnen von einem guten Gedächtniß
kaum reden können. Denn es ist bei ihnen eine unabhängige,
unvermittelte Geisteskraft, und das Gedächtniß entspricht erst
dann seinem Begriffe, wenn es mit den übrigen Aeußerungen
des Denkvermögens organisch verbunden ist. Auch das enorme
Gedächtniß eines Idioten ist gleich dem auf dem Tische des
Anatomen liegende vorzüglichste Organ. Wie dieses in seiner
Abtrennung nicht mehr Organ ist, so ist auch jenes todt. In
dieser Abtrennung begegnen wir dem Gedächtniß auch bei manchen
cultivirten Idioten. Sie, die keine ursprüngliche Capacität des
Gedächtnisses hatten, erlangten dieselbe durch Uebung. Aber
eben das, was sie sich aneigneten, blieb außer allem Connex
mit den übrigen Functionen des Geistes= und Gemüthslebens.
Wir hörten in einer Idioten=Anstalt einen Zögling unaufhörlich
den Katechismus herplappern, wir kennen einen Andern, bei
dem die Gedächtnißkraft an allerlei unreinen Liedern geübt ist,
die ihm vorgesungen wurden, wie man dem Dompfaffen seine
Stücke vorflötet. Beide bedienten sich des in ihrem Gedächtniß
ruhenden Schatzes in durchaus willkürlicher Weise. Der Letzt=
erwähnte wiederholt unablässig, was einst in seiner Gegenwart
gesprochen wurde, ohne Rücksicht auf Verhältnisse und Um=
gebungen. Daß dabei eben nur das Gedächtniß thätig ist, zeigt

sich darin, daß nicht einmal eine Ueberseßung des Er und Du in die erste Person stattfindet. Ein anderes Beispiel mag zeigen, wie das Gedächtniß hier eben nur dem Aeußerlichsten sich zu= wendet. Eine Idiotin sieht einen Fleck in der Wand an und murmelt dabei: „Das ist Christus!" Das war ihr nämlich wohl einst gesagt worden, wenn sie auf ein in gleicher Höhe hängendes Bild blickte. Sie erinnert sich, wie einst mit der= selben Richtung des Blickes und Haltung ihres Kopfes jene Erklärung verbunden war. Die Antwort, die vor vielen Jahren einmal auf die Frage: Wo ist Deine Mutter? gegeben war: Sie ist zu Tanz — wiederholt sie auch heute, wenn man sie nach dem Aufenthalt ihrer Mutter fragt. So wird dann das Gedächtniß in Anspruch genommen, wo eine andere Seelen= thätigkeit eintreten sollte. In gleicher Weise erinnert ein anderer Idiot sich dessen, was seine Mutter ihm vor zwei Jahren gesagt, und weil sie damals von ihrem Tode nicht gesprochen, glaubt er die Mittheilung nicht, daß seine Mutter jeßt gestorben sei. So nimmt das Gedächtniß vielfach eine schiefe und verschrobene Stellung ein. Es tritt für andere Seelenthätigkeiten ein und leistet wiederum denen seine Dienste nicht, denen es das Material darbieten sollte. Damit verwandt ist jene partielle Gedächtniß= kraft, die sich als Farben=, Namen=, Formen= und Zahlen= gedächtniß zu erkennen giebt, wo eben nach einer dieser Seiten hin die Seele im Stande ist, das Aufgenommene festzuhalten, während sie nach jeder anderen Richtung hin die empfangenen Eindrücke sofort wieder verschwinden läßt. Barthold erzählt von einem blödsinnigen israelitischen Knaben, der bei seinem Hauslehrer eine kleine deutsche Schulgrammatik und ein hebräisches Buch durch Vorsagen wörtlich auswendig gelernt hatte, dabei aber nicht schreiben und lesen konnte und ein Pferd nicht von einem Tisch zu unterscheiden vermochte (a. a. O., pag. 13).

5. Wie bei den Substanzen, die dem leiblichen Organismus zugeführt sind, die Verwerthung mit der Thätigkeit des Magens beginnt, der sie zerseßt: so nimmt die producirende Thätigkeit der Seele, nachdem die Reception vollendet ist, mit einem Zer= seßen der einzelnen Merkmale, mit einem Unterscheiden und Vergleichen ihren Anfang, das wir mit dem Namen des Reflektirens zu bezeichnen pflegen. Hier nun begegnet uns gleich eine Schwäche des Idioten. Sie hat offenbar die Ver=

schwommenheit des aufgefaßten Gegenstandes oder Zustandes zu ihrer Grundlage und Voraussetzung. Würde die Vorstellung eine schärfere sein, so hätte auch die Reflektion eine festere Basis. Derselbe Grund — aber nicht er allein — ist für die mangel= hafte Abstraktion vorhanden. Sie besteht ja darin, daß man ein Merkmal des Gegenstandes oder Zustandes von dem Ganzen ablöst und in seiner Besonderheit und Allgemeinheit auffaßt. Durch sie kommen die allgemeinen Begriffe zu Stande. Diese erzeugen sich schwer in der Seele des Idioten; noch schwerer aber die Folgerungen und Schlüsse, zu denen es der Kombinations= gabe bedarf oder desjenigen Vermögens, durch welches aus dem Mannichfaltigen eine Einheit gebildet wird. — Aus diesem Mangel an Produktivität der Seele geht zunächst die an vielen gemachte Erfahrung hervor, daß sie, wenn man sie fragt, statt Antwort zu geben einfach die Frage wiederholen; ferner, daß sie ein Gleiches thun, wenn ihnen mit Du, er oder sie ein Befehl gegeben wird. Sie wiederholen: Du sollst artig sein; er soll still sitzen, u. s. w. Oft wird man freilich die Wahrnehmung machen, daß die innerliche Transposition der zweiten oder dritten in die erste Person bereits stattgefunden hat, wenn auch noch die papageienmäßige Wiederholung in Worten stattfindet. Es wird durch die thatsächliche Erfüllung des Befehls bewiesen. Freilich wird, je mehr diese sich wiederholt, auch erst jene papageienmäßige Wiederholung und dann die in die erste Person transponirte (die bisweilen vorkommt, z. B.: ich soll artig sein; ich soll still sitzen ꝛc.) allmählich verschwinden.

6. Wenn die Kombinationsgabe vorhanden ist und mit Schnelligkeit in einzelnen Momenten zu wirken vermag, so entsteht der Witz. Er läßt sich nicht allen Idioten absprechen; sie hören aber doch um seinetwillen nicht auf Idioten zu sein. Wie nämlich manche Idioten nach einer Richtung hin, z. B. in der Fertigkeit, mechanische Arbeiten zu verfertigen, sich ausbilden können, ohne doch im Allgemeinen der Sphäre der Beschränktheit entrückt zu werden, so ist es auch mit dem Witz der Idioten. Die zu ihm erforderliche Kombinationsgabe mag folgendes Beispiel klar machen. Ein idiotischer Knabe hält einem andern aus Möllen (Eulenspiegels Geburtsorte) stammenden einen Spiegel vor und fordert ihn auf hineinzusehen mit dem Worte: „Da siehst Du Eul=in=Spiegel." Der bei den Idioten häufig

vorkommende Witz machte sie in früheren Zeiten nicht selten zu den Hofnarren der Fürsten (Esquirol, II, **pag.** 167); und daß sie es waren, die überhaupt das Haupt=Kontingent zu den komischen Personen der Vorzeit lieferten, beweisen auch die auf den Bildern derselben vorkommenden, meist nur bei Idioten sich findenden Körper=Deformitäten. — Trotz des vorkommenden Witzes wird aber Scharfsinn den Idioten nicht zuzusprechen sein, weil es bei diesem auf mehr als die Erfassung von Einzel= heiten und auf die Schnelligkeit derselben ankommt. Wenn nämlich bei der Maßbestimmung für Reflektion, Abstraktion und Kombination das gewöhnliche Vorkommen derselben bei normaler Geistesentwickelung berücksichtigt ist und der Idiot schon an diesem Maßstab nicht Stich hält, so folgt von selbst, daß das Vermögen, weniger in die Augen Fallendes zu erfassen und zu verwerthen, ihm abgesprochen werden muß.

7. Der Seele schreiben wir, sofern sie die durch die Sinne ihr zugeführten Vorstellungen von Gegenständen, auch dann, wenn diese Zuführung durch die Sinne aufhört, wiederzuerzeugen vermag, Einbildungskraft zu und nennen dies Vermögen Phantasie, wenn jene inneren Erzeugnisse sich als freie, von Sinneneindrücken unabhängige Schöpfungen darstellen. Von beiden Vermögen läßt sich, was die Idioten anlangt, nur sagen, daß sie bei ihnen häufig fehlen. Es giebt nämlich auch einzelne, in denen sie mehr oder weniger vorkommen. Die Beispiele davon haben wir — von Anderem abgesehen — in ihren Träumen, deren Bilder ohne Einfluß der Sinnenfunktionen erzeugt werden, und in ihren Lügen, die bei einzelnen ver= schmitzten Idioten nicht blos einfache Negationen der Wahrheit sind, sondern die Aussprüche selbsterzeugter Gedankenbilder und =Reihen. Das Vorhandensein dieses Vermögens läßt sich auch bei manchen Spielen wahrnehmen. Eine, namentlich durch Verwirrtheit sich charakterisirende Idiotin bestürmt uns täglich, ihr Hektors Kette anzulagen. „Ich will Kette anhaben!“ Wer ihr diesen Wunsch gewährt, macht ihr eine solche Freude, daß sie hüpft und springt. Ist es geschehen, so ist ihre Einbildungs= kraft geschäftig, den Haushund zur Darstellung zu bringen. Bei anderen Idiotinnen zeigt sich ein Gleiches in der Ueber= tragung alles auf die Kindespflege bezüglichen auf ihre Puppe, oder bei den Knaben in der Nachahmung der Pferde, der

Soldaten 2c. Ueberhaupt möchte wohl das Spiel der vorzüg=
lichste Gradmesser sein für das Vorhandensein der Einbildungs=
kraft und Phantasie bei idiotischen Kindern. Als die stumpfsten
wird man allemal diejenigen zu betrachten haben, die für kein
Spiel zu interessiren sind.

§ 8.

Was das Gemüthsleben und seine Faktoren, die Gefühle,
anlangt, so möchte zwischen dem Idioten und dem Vollsinnigen schwerlich
ein specifischer Unterschied zu statuiren sein; es wäre denn der, daß bei
gewissen Graden des Idiotismus das Gemüthsleben weniger bestimmbar
ist, und daß in den übrigen Symptomen des Idiotismus die nothwendigen
Depressoren des Gemüthslebens vorhanden sind.

1. Mit Recht bemerkt Jessen (Versuch einer wissenschaftl.
Begründung einer Psychologie, pag. 265), daß die Erkenntniß
des Gemüthes bei weitem schwieriger sei als die Erkenntniß
des Geistes. Sind nämlich das Wollen und das Denken
objektive Seelenthätigkeiten, bei denen der Mensch aus sich
herausgeht und mit der Außenwelt zu thun hat, so bildet er
nach seiner Gemüthsseite für uns einen Gegenstand der Be=
trachtung, die ihn sich ausschließlich in seiner Innenwelt bewegen
läßt. Und erst auf Umwegen erhalten wir hier die nöthige
Kunde. Ja, diese Mittheilungen haben Aehnlichkeit mit denen,
die wir von der Krankheit eines der Sprache noch nicht mächtigen
Kindes erlangen. Mangelhaft und dürftig sind diese Kund=
gebungen. Sehr häufig werden sie es dadurch noch mehr, daß
manchen Gefühlen der adäquate sprachliche Ausdruck abgeht.
Gilt dies schon da, wo andere Faktoren des Idiotismus nicht
vorhanden sind, so muß das Gemüthsleben des Idioten noch
weniger bestimmbar sein.

2. Wie die anderen Symptome des Idiotismus, sowohl
die psychischen wie die physischen, nothwendige Depressoren des
Gemüthslebens sind, ist leicht nachzuweisen. Die Faktoren des
Gemüthslebens sind die Gefühle. Gehen wir von den niedrigsten
aus. Es sind dies offenbar diejenigen Gefühle, welche die
niedrigeren Sinne zu ihren Werkzeugen haben, den Geschmack
und den Geruch. Entsprechend den Anomalien, welche in Betreff
dieser Sinne bei den Idioten vorkommen, werden auch die von
ihnen erzeugten Gefühle sein. Lust und Unlust, Behagen und

Abscheu werden sich bei Idioten, was diese Sinneseindrücke anlangt, sehr häufig in krankhafter Weise offenbaren. So giebt es unter ihnen solche, denen das Gefühl des Ekels ein gänzlich fremdes ist. — Höher stehen unstreitig diejenigen Gefühle, welche durch die in allen Organen des Leibes verbreiteten Empfindungsnerven, durch den sogenannten inneren Sinn, erzeugt und genährt werden. Auch sie werden schon um deswillen bei den Idioten mangelhaftere sein müssen, weil das Muskelsystem bei ihnen gemeiniglich ein geschwächtes ist. Daher vermissen wir durchschnittlich das Gefühl der Kraft, den Muth. Beim Treppensteigen auf dem Turnplatze wird man Gelegenheit die Fülle haben, die idiotische Aengstlichkeit wahrzunehmen. — Wir übergehen die Einwirkungen auf die Gefühle, welche von dem Blute, von seiner arteriellen oder venösen Beschaffenheit ausgehen, da bekanntlich das eine mehr heitere, das andere mehr trübere Gemüthsstimmungen begünstigt. — Die höheren Gefühle haben offenbar theilweise in der Intelligenz ihre Nahrungsquelle. Ist nun diese eine unentwickelte oder zurück= gebliebene, so werden demgemäß auch die entsprechenden Gefühle in mangelhafter Darstellung auftreten. Es wird sich freilich nicht immer bestimmen lassen, wiefern hier von einer Einwirkung der Intelligenz oder von einer sittlichen Anlage, kurz von etwas wesentlich Humanem geredet werden darf, und nicht vielmehr auf allgemein instinktive Triebfedern zu recurriren ist. Trotzdem aber ist die Anschmiegsamkeit eines großen Theils der Idioten immer als eine Aeußerung ihres Gemüthslebens auf= zufassen, wobei zwar nicht zu bestimmen ist, wieviel von ihr auf selbstbewußte Liebe oder auf ein dunkles Gefühl der eigenen, in der Vereinzelung sich geltend machenden Hülfsbedürftigkeit zu schreiben ist. Mit ihr hängt auch das Heimweh zusammen, dessen gänzliches Fehlen man wohl als eins der bewährtesten Kennzeichen vorhandener Bildungsunfähigkeit betrachten darf. Nicht minder werden Blödenerzieher die Erfahrung machen, daß Idioten, welche das Bestreben haben, sich zu isoliren, in gemüthlicher Hinsicht tiefer als Andere stehen.

Schon vorhin ist der Ausdruck sittliche Anlage gebraucht. Wir geben demselben jetzt einen weiteren Umfang. Wir ver= stehen unter ihm die Anlage des Menschen für die Verwirklichung seines vollen Begriffs, eine Disposition, die ihn für die Auf=

nahme des Ueberweltlichen befähigt. Somit umfaßt jener Aus=
druck einerseits den religiösen Sinn, andrerseits das Gewissen;
oder vielmehr Beides in höherer Einheit zusammengefaßt. Kann
nun hiervon bei Idioten die Rede sein? Ist eine religiös=
sittliche Anlage in ihnen vorhanden? Die Verneinung der
Frage würde alle Erziehung derselben als eine Unmöglichkeit
darstellen. Landenberger (Winterbacher Bericht von 1862),
der ebenso sehr jene Verneinung abweist, wie die Behauptung,
daß alle idiotischen Kinder zur Religion besonders geneigt seien,
macht doch gerade im Blicke auf die hier in Betracht kommenden
höheren Gefühle die Bemerkung, daß bei der Mehrzahl die
Gemüthsseite von der Verkümmerung weniger betroffen sei,
als die Intelligenz*). Allerdings kann aber auch nur von der
Mehrzahl geredet werden. Denn es finden sich auch Idioten,
welche, was die Intelligenz anlangt, auf einer höheren Stufe
stehen, hinsichtlich ihres Gemüthes aber ganz von den Banden
der Verschmitztheit, der Lüge, des diebischen Wesens umschlungen
sind, so daß von einer Wirksamkeit des Gewissens und eines
sittlichen Gefühles nicht die Rede sein kann. Bei ihnen wird
freilich in vielen Fällen die Depravation des Gemüthslebens
auch eine Abschwächung der Intelligenz wieder zur Folge haben,
so daß die Anfangs bildungsfähigeren Idioten unter Andere
herabsinken. Diese Idioten, bei denen der psychische Defekt
mehr auf der Seite des Gemüthslebens als auf der der In=
telligenz ruht, könnte man versucht werden, in Besserungs= oder
Rettungs=Anstalten unterzubringen, wie denn nicht zu leugnen
ist, daß in ihnen der am weitesten hinausgehende Ausläufer
der Idioten=Anstalten zu diesen Instituten hin sich findet. Den=
noch möchte, wenn die Prognose anderweitige Kennzeichen des
Idiotismus ergeben hat, solche Unterbringung in anderen als
Idioten=Anstalten nicht zu empfehlen sein, und zwar schon wegen
der Verantwortlichkeit und Zurechnungsfähigkeit, hinsichtlich
welcher doch immer zwischen dem Zögling des Rettungshauses

*) Praktisch liefert derselbe Verfasser den Beweis zu der Wahrheit
dieser Behauptung durch seine im Stettenschen Bericht von 1868 gegebene
Darstellung seines Lehrganges in der biblischen Geschichte. Wo keine
religiös=sittliche Grundlage vorhanden wäre, befände sich für einen auf der
zweiten und dritten Stufe besonders in die Tiefe gehenden religiösen
Unterricht, wie er hier skizzirt ist, kein Anknüpfungspunkt.

und dem der Idioten=Anstalt wohl zu unterscheiden ist. Die mangelhafte sittliche Anlage in ihrer Fortentwickelung ist doch bei diesen Individuen immer nur ein zufälliges Accidens, wie bei anderen das fehlende Sprachvermögen. Und wie diese Letzteren, trotzdem daß sie den Taubstummen nahe stehen, doch in Taubstummen=Anstalten nicht die entsprechende Hülfe finden würden, so würden jene Ersteren in Rettungshäusern auch nicht am Platze sein*).

b. Die physischen Symptome.

§ 9.

Wenn der Idiotismus physischerseits auf einem krankhaften Zustand der Nervencentren beruht, so wird er zu Tage treten in Anomalien der sensitiven und motorischen Nerventhätigkeiten.

1. Das Gehirn, das Rückenmark und sämmtliche Nerven werden unter dem Namen das Nervensystem zusammengefaßt. Die beiden ersteren nennt man die Mittelpunkte, Centralorgane des Nervensystems. Jeder einzelne Nerv leitet entweder die= jenigen Eindrücke, welche er von der Außenwelt aufnimmt, zum Gehirn, oder er empfängt Eindrücke vom Gehirn, um sie nach außen zu leiten. Ersteres ist die Thätigkeit der sensitiven oder Empfindungsnerven, letzteres die der motorischen oder Bewegungs= nerven; jenes ist die centripetale, dieses die centrifugale Nerven= thätigkeit.

2. Die Anomalien in den Sinnen. Man kann nicht immer den Idiotismus aus den Augen lesen. Es giebt Idioten mit klarem, klugem, man möchte sagen, seelenvollem Auge. Sie machen aber das Sprichwort, daß das Auge der Spiegel der Seele sei, zu Schanden. Läge der Schwerpunkt der Idiotie in der Intelligenz, so könnte dem nicht so sein. Im Allgemeinen freilich ist namentlich der torpide Blödsinn schon am Blicke, der die Stupidität verräth, wahrnehmbar. Nach Griesinger (pag. 380) ist unter allen Sinnen beim Idioten der des Gesichts noch der beste, und wo er leidet, scheint dies mehr auf Er= krankungen des inneren Auges, welche Amblyopie bedingen, als

---

*) Ueber die Verbindung von Idioten= und Rettungs = Anstalten s. unten.

auf Erkrankungen im Schädel zu beruhen. „Die Augen können ganz normal sein und dennoch fehlt den Kranken das richtige Wahrnehmungsvermögen; sie befinden sich auf der Stufe der kleinen Kinder, die weder Farbe noch Form, Größe oder Entfernung der Gegenstände der Außenwelt zu unterscheiden vermögen. Ein trüber, matter, gleichgültiger, starrer oder un= steter Blick ohne gehörige Fixation verräth, daß die Außenwelt für den Idioten sich noch nicht oder doch nur mangelhaft er= schlossen hat" (Brandes, a. a. O., 11). Strabismus (Schielen) ist sehr häufig. —

„Am Gehörapparate findet sich nämlich häufig Otorrhoea pyorrhica als Theilerscheinung allgemeiner Skrofulose, Per= foration des Trommelfelles in Folge bald von Abscedirung, bald von Selbstverletzungen durch Einstopfen fremder Körper, auch Caries des Felsenbeins" (Pfleger über Idiotismus und Idioten = Anstalten, Wien 1882, pag. 17). Das Gehör ist meistentheils gut; wo es anders scheint, ist der Grund oftmals in dem Nichtaufmerken vorhanden; eine nähere Untersuchung ergiebt das Vermögen, Töne aufzunehmen.

Der Geschmack ist oft so wenig entwickelt, daß mit gleichem Behagen die verschiedensten Gegenstände verschlungen werden.

Der Geruchssinn ist wohl der schwächste; sie haben keine Empfindung von den übelsten Ausdünstungen. Manche ver= mögen es, Koth zu verzehren. Die Riechkolben sind nach Griesinger (a. a. O., pag. 380) mangelhaft ausgebildet, und Rösch (Beobachtungen, pag. 13) berichtet von Sectionsbefunden, bei denen die Riechnerven nur sehr unvollkommen vorhanden waren.

„Der Tastsinn (Rösch a. a. O., pag. 12) ist nicht in dem Grade entwickelt wie die Empfindung im Allgemeinen und das Gemeingefühl, und die feineren Unterscheidungen der Oberfläche, Gestalt, Größe, Schwere der Körper wissen viele nicht zu machen." Von Anomalien des Tastsinnes kommt Abschwächung bis zur Anaesthesie häufiger vor, als eine Steigerung zur Hyperaesthesie" (Pfleger, a. a. O., pag. 18). Uebrigens ist der Tastsinn bei den blinden und taubstummen Idioten gewöhnlich entwickelter, was wohl darin, daß er mehr zum Ersatz der fehlenden Sinne in Anwendung kommt, seinen Grund hat.

Dr. Jul. Clarus (die somatische Pathologie des Blödsinns, pag. 98) glaubt beobachtet zu haben, daß von allen Sinnen das Gemeingefühl und der Tastsinn bei Blödsinnigen am meisten entwickelt sei. Er hatte seiner Zeit die ärztliche Behandlung in der Kern'schen Idioten-Anstalt und konnte nur über die dort gemachten Beobachtungen verfügen. Diese, denen nur eine kleine Anzahl von Fällen zu Grunde lag, mochten ihn veranlassen, den Blödsinnigen eine unverhältnißmäßig große Empfindlichkeit gegen Schmerzen zuzuschreiben und Friedreich zu widersprechen, der (a. a. O., pag. 122) behauptet, daß alle physisch = Kranken im hohen Grade Schmerzen ertragen können. Wer aber ein größeres Material der Beobachtung hat, wird, was Friedreich von den Irren sagt, auch bei den Idioten geltend finden. Wir haben die größte Empfindungslosigkeit bei chirurgischen Fällen wahrgenommen, können auch Wenzels, von Clarus angeführte Beobachtung nur bestätigen, daß Blödsinnige sich oft selbst heftige Schmerzen zufügen. Uebrigens hat Séguin (a. a. O., pag. 144) Recht, wenn er behauptet, daß die Empfindungs= losigkeit oft nur einzelnen· Körpertheilen eigen sei.

3. Die Anomalien in der Bewegung. Die Schlaff= heit der Muskeln verursacht bei den meisten Idioten einen schlotternden, unsichern und unschönen Gang*), ein ungelenkes und linkisches Wesen. Bei Einzelnen begegnet uns die Atrophie bestimmter Muskelgruppen, sie sind nicht im Stande, deutlich zu reden, es geht ihnen die Fähigkeit ab zu schlucken, zu sitzen, zu stehen, den Urin an sich zu halten; unfreiwillige Entleerungen treten ein: Contracturen des Ellenbogens, der Hand, des Fußes (Klumpfuß) sind nicht selten, ebenso einseitige Lähmungen, Wackelkopf, das schon erwähnte Schielen. Allgemeine Muskel= unruhe, Eklampsie, Chorea (Veitstanz) und Epilepsie sind vielfach Attribute des Idiotismus. Bei den am tiefsten Stehenden finden wir oft, daß die unteren Extremitäten steif und atrophisch sind. Vielfach vorkommende Bewegungen sind das Kratzen und Schlagen des Kopfes, das Reiben der Augen mit beiden Händen von den äußeren Winkeln nach der Nase zu unter dem Ausdruck des Wohlbehagens, das unmotivirte Lachen, das ebenso un=

---

*) Die Mehrzahl ist erst später zum Gehen gekommen, als es bei normalen Kindern der Fall ist; viele fingen erst im fünften Jahre und nach demselben das Gehen an.

motivirt in Weinen übergeht, das unausgesetzte Reiben des Hinterkopfes, das in abgelaufener Meningitis seinen Grund zu haben scheint, die Hervorbringung schriller und schnalzender Töne oder sinnloser, stets sich wiederholender Wörter.

§ 10.

Als besondere körperliche Deformitäten begegnen uns Mikro= und Makrocephalie, abnorme Bildungen des Mundes, namentlich der Zähne, zuweilen auch der Zunge, des Gaumens und der Genitalien. An Vielen ist die unter dem normalen Maße befindliche Körpergröße auffallend; auch der tympanitische Bauch ist eine bisweilen vorkommende Erscheinung.

1. Die Mikrocephalie entsteht nach Griesinger (a. a. O., pag. 369) aus der allzu frühzeitigen Schließung aller oder sehr vieler Nähte des Schädeldaches, wodurch das Wachsthum des Gehirns aufs tiefste gestört wird. Ueber die Grenze, wo die Mikrocephalie beginne, sind die Annahmen verschieden. S. Ireland, Idiocy and imbecillity. London 1877, pag. 79 fg. Wenn Vogt in der Mikrocephalie einen Rückschlag sieht, wodurch die gegenwärtige Generation auf eine frühere zurückgeht, so hat Aeby in seiner Schrift Ueber das Verhältniß der Mikrocephalie zum Atavismus, Stuttgart 1878, nach= gewiesen, daß die Mikrocephalie nichts weniger als solcher Rückschlag, sondern die Folge krankhafter Entartung sei. „Die Mikrocephalen," sagt er, „weisen auch nicht auf den Meilenstein zurück, an dem der Mensch in grauer Vorzeit vorbeigegangen. Die Kluft zwischen Mensch und Thier vermag durch sie weder überbrückt noch auch nur verengt zu werden." Zu demselben Resultat kommt Klüpfel „Beitrag zur Lehre von der Mikro= cephalie", Tübingen 1871. Er hält es für unwahrscheinlich, „daß die Vogtsche Hypothese, die er übrigens eine geistreiche nennt (pag. 44), je bewiesen werden könne (pag. 46)." Die Makrocephalen repräsentiren den Hydrocephalus (Wasserkopf). Liegt bei den Mikrocephalen der Jdiotismus in der abnormen Quantität, so bei den Makrocephalen in der abnormen Qualität des Gehirns; die Bildungsfähigkeit — bis zu einem gewissen Grade — wird mehr bei den Makro= als bei den Mikro= cephalen zu suchen sein. Wenn sie auch bei manchen Mikro= cephalen sich findet, so hat dies wohl seinen Grund darin, daß bei ihnen nicht alle Hirntheile gleichmäßig durch die verfrühte

Verknöcherung des Schädeldaches beeinträchtigt sind. Die Mikrocephalen werden wegen der entsprechenden Aehnlichkeit auch Vogelköpfe genannt. Ueber die Spitz= oder Zuckerhutköpfe und andere unter den Idioten vorkommende Schädelbildungen f. Griesinger a. a. O., pag. 370.

2. „Abnorme Bildung des Mundes und der Zähne. Die Lippen, besonders die unteren, sind gewöhnlich dick; sie können oft nicht gut geschlossen werden. Die erste Zahnung kommt spät und häufig unter heftigen Convulsionen zu Stande. Auch die Entwickelung der bleibenden Zähne kommt oft unter denselben Störungen verspätet und ihre Aufeinanderfolge ist oft unregelmäßig. Die letzten Zähne kommen bisweilen sehr spät oder gar nicht zum Durchbruch. Die Z u n g e ist oft lang oder dick, dabei unbeholfen in ihren Bewegungen. Der G a u m e n ist in vielen Fällen hoch und schmal, selten breiter als normal; Hemmungsbildungen wie labium leporinum und palatum fissum sind wiederholt bei Idioten beobachtet worden und behindern das Sprechenlernen im hohen Grade." (Pfleger a. a. O., pag. 16).

3. Die Geschlechtstheile der Idioten sind in vielen Fällen nicht vollständig entwickelt. „Kleinheit und Unvollständigkeit der Hoden, Zurückbleiben derselben im Leistenkanal, dabei Offen= bleiben des Leistenkanals, welcher Umstand zu häufigen Bildungen von Hernien Veranlassung giebt," sind oftmals vorkommende Deformitäten (Pfleger, a. a. O., pag. 16). Diesem Zustande entsprechen die Funktionen. Bei den Idioten höheren Grades liegen sie ganz darnieder (Brandes, a. a. O., pag. 11) und Griesinger (a. a. O., pag. 382) sagt mit Recht: „Die ganze Sage von dem gesteigerten Geschlechtstriebe der Idioten ist falsch." Nur auf die Halbcretinen und Imbecillen darf man Friedreichs Behauptung von der Lebendigkeit des Geschlechts= triebes anwenden (Clarus a. a. O., pag. 104), wie denn auch bei diesen nur sich die den eigentlichen Idioten abgehende Conceptionsfähigkeit findet (Griesinger a. a. O., pag. 382). Was das häufige Vorkommen der Onanie betrifft, so ist dasselbe kein Beweis für den vermehrten Geschlechtstrieb. Es mag in einzelnen Fällen in Wurmreiz — einen solchen Fall f. bei Clarus, a. a O., pag. 104 — in anderen Fällen in besonderen somatischen Verhältnissen begründet sein. Georgens (Heil=

pädagogik, Bd. II, pag. 166) sagt aus seiner Erfahrung: „In vielen Fällen, wo das Bedürfniß der Friction ein starkes und stetiges war, schien durch dieselbe nur eine ganz unbestimmte Wollustempfindung erzeugt zu werden und der Anreiz mit dem Hautjucken, das zum Kratzen veranlaßt, trotz der tieferen orga= nischen Erregung, die sich in der Erection kund giebt, so ziemlich auf gleicher Linie zu stehen." Uebrigens ist die Onanie oft keine ursprüngliche, sondern durch das Anstaltsleben angelernte. Bei dem weiblichen Geschlechte ist spätes Eintreten, unregel= mäßiges Vorkommen der Menses nicht ungewöhnlich. Bei manchen stellen sie sich auch gar nicht ein.

4. „Welchen Einfluß die Erkrankung des Central=Nerven= systems auch auf die vegetative Seite des Lebens hat, zeigt sich in der zurückgebliebenen Entwickelung und Verkümmerung des Wachsthums" (Brandes, a. a. O., pag. 8). „Die meisten der= selben sind merklich kleiner als ihre Altersgenossen, mager, haben schlechte Muskeln, namentlich dünne und schwache Arme und Beine. Insbesondere zeichnen sich die sogenannten Hirn= armen, bei denen der Kopf den normalen Umfang nicht erreicht, durch unzureichende Größe des ganzen Körpers aus" (Rösch, Beobachtungen, pag. 5). Nach Kind (Ueber das Längenwachs= thum der Idioten im „Archiv für Psychiatrie") tritt die Ab= weichung vom Wachsthum des normalen Menschen beim Idioten erst mit dem fünften Lebensjahre ein; im dreizehnten Jahr ist die durchschnittliche Differenz bei Knaben 129, im fünfzehnten bei Mädchen 113 Millimeter. S. Jreland, a. a. O., pag. 238.

§ 11.

Wenn die Athmung und die Circulation bei den Idioten wenig Abnormitäten hat, so finden sich dieselben desto mehr in anderen Funktionen, besonders aber machen sich bemerkbar Verdauungsabnormitäten, Speichel= fluß, Eßgier, Disposition der Haut zu Ausschlägen und Mangelhaftigkeit der Sprechfertigkeit.

1. Brandes, a. a. O., pag. 11; Rösch, Beobachtungen, pag. 10. Erlenmeyer, welcher das Blut mehrerer schwachsinniger Kinder chemisch untersucht hat, kommt zu dem Resultate, daß der Faserstoff in demselben in ziemlich normaler Menge vor= handen ist, das Wasser aber bei ihnen vorwiegender über die festen Theile als bei gesunden Kindern (Beobachtungen, II,

pag. 58 fg.). Clarus (a. a. O., pag. 102), der bei seinen Fällen auch constatirt, daß der Herzstoß und die Herztöne normal, ebenso im Ganzen auch der Puls, beobachtete ein eigenthümliches Verhältniß zwischen Puls und Athem. Vielleicht war dies nur eine Eigenthümlichkeit der fünf beobachteten Fälle.

2. Wenn Nahrungsmittel, die sich bei gesunden Kindern als zuträglich erweisen, bei idiotischen eine Abmagerung gestatten, so hat dies wohl mehrfache Gründe. Einmal kauen sie gewöhnlich die Speisen nicht gehörig, sodann ist die Salivation sehr mangelhaft und endlich wird der Magen oft so überladen, daß die Magensäure um so weniger zur Auflösung der Nahrungsmittel hinreicht, da sie in der Verdauung nicht gehörig zubereitet sind. (Erlenmeyer, Beobachtungen II., pag. 26). Wegen ihrer Freßgier sind sie auch Magen= und Darmkatarrhen mehr als gesunde Menschen unterworfen. Bei der Untersuchung der Faeces fand Erlenmeyer, daß bei den Idioten eine zu große Menge fester Bestandtheile, die behufs der Ernährung des Körpers in's Blut gelangen sollten, durch den After wieder ausgeschieden wird (a. a. O., pag. 68). Aus der Neigung ihres Harns zur Zersetzung der stickstoffhaltigen Substanzen und der hierdurch bedingten Ammoniak=Bildung erklärt sich der besonders üble Geruch des Harns. Erlenmeyer a. a. O., pag. 76. Rösch a. a. O., pag. 11. Aus der mangelhaften Verdauung resultirt auch der nicht selten vorkommende Geruch aus dem Munde, der bisweilen noch durch cariöse Zähne vermehrt wird. Andere von ihnen ausgehende üble Düfte werden durch Blähungen, die ungezügelt sich Luft machen, erzeugt; auch durch die Incontinenz des Urins, die Vielen eigen ist.

3. Bei Vielen ist der Speichelfluß dergestalt ein wesentliches Ingrediens ihres Zustandes geworden, daß das Aufhören desselben das sichere Kennzeichen einer herannahenden Krankheit, das Wiedereintreten ein Vorbote der Genesung ist, ähnlich wie bei Anderen die epileptischen Krämpfe sistiren, sobald eine Krankheit auftritt.

4. Die Haut, die stets eine ziemlich niedrige Temperatur hat, fühlt sich meist kühl an und hat vorherrschend eine erdfahle, schmutziggraue oder gelbe Farbe. Sie ist mehr oder weniger schlaff und dünn; ihre Ausdünstung hat meist einen widerlichen ammoniakalischen Geruch. Frostbeulen, Furunkeln und chronische

Hautausschläge, namentlich auf dem Kopfe, sowie Drüsen=
anschwellungen sind keine seltene Erscheinungen.

5. Die Beschaffenheit des Sprechvermögens ist eine so
charakteristische, daß, wie bereits oben erwähnt ist, von Manchen
dieses Vermögen zum Maßstabe für die Feststellung der ver=
schiedenen Grade des Idiotismus in Vorschlag gebracht ist.
Die niedrigste Stufe ist die der Alalie, des Sprachunvermögens.
Von ihr ist wohl zu unterscheiden die Aphasie, ein Zustand,
wo das Sprachvermögen vorübergehend pausirt. Ich habe einen
Fall der letzteren Art Jahre lang zu beobachten Gelegenheit
gehabt. Das etwa 24jährige Mädchen hatte eine wohl aus=
gebildete Sprache; wenn dieselbe in Thätigkeit war, war das
Angesicht heiter, es war Interesse für die Umgebungen und
Arbeitslust vorhanden. Wenn die Thätigkeit ruhte, hatte das
Gesicht den Ausdruck der höchsten Stupidität; das Mädchen
war zu keiner Arbeit zu bewegen. Beim Zureden hatte es
oft den Anschein, als ob immer Anstrengungen, den Bann zu
lösen, gemacht wurden. Das Wiedereintreten der Sprache nach
monate=, wohl gar jahrelanger Schweigsamkeit war stets ein
für die Umgebung unerwartetes.

Die unterste Stufe des Idiotismus hat keine Worte, weil
sie keine Gedanken hat. Hierin, nicht in Fehlern der Sprach=
organe ist die Alalie begründet. Daher ist auch die Sprach=
losigkeit kein sicheres Kennzeichen der Bildungsunfähigkeit.
Sobald Gedanken geweckt werden, stellen sich auch bei vielen
Sprachlosen Worte ein. Daß dieselben deutlich werden, dazu
ist freilich die Ausbildung der Organe nöthig, die selbstver=
ständlich schwerfällig sind und bleiben, solange sie im Zustande
der Unthätigkeit erhalten werden. — Freilich steht die Sprache
nicht bei allen Idioten im Dienste des Denkvermögens. Manche
bedienen sich ihrer papageienartig. Wieder Andere gebrauchen
zwar ihre Sprache zum Ausdruck ihrer Gefühle, ihrer Vor=
stellungen und ihres Willens. Aber sie wählen nicht die ge=
wöhnlichen Bezeichnungen. Sie haben wie kleine Kinder eigene
Wortbildungen, bei denen sie meistentheils der Bequemlichkeit
Rechnung tragen. Diese Bequemlichkeit ist auch bei denen, die
sich der normalen Wortsprache bedienen, der Grund des un=
articulirten Redens. Daß, wo die Idiotie mit Verwirrtheit
verbunden ist, auch die Sprache eine verwirrte ist, versteht sich

von selbst. — Das Verhältniß der Idioten zur Musik ist ein
verschiedenes. Neben Solchen, die den Hunden ähnlich ein
Winseln und Schreien beginnen, sobald namentlich Instrumental=
musik laut wird, giebt es passionirte Musikfreunde, die sich nicht
blos bei dem Anhören begnügen, sondern auch eine Reproduction
der gehörten Melodien mit mehr oder weniger Geschick ver=
suchen. Bei Manchen ist aber dieser musikalische Sinn so
vereinzelt, daß man sich sehr irren würde, wenn man aus ihm
den Schluß auf weitere Bildungsfähigkeit machen wollte.

§ 12.

Die Complicationen, die wir bei dem Idiotismus finden, sind theils
physischer, theils psychischer Art, paralytische Erscheinungen, Taubstumm=
heit, Blindheit, Epilepsie und diverse Psychosen.

1. Manche der Paralysen sind wohl auf die Gehirn=
affection selbst zurückzuführen; andere aber sind wohl auf eine
gleichzeitige Erkrankung (Atrophie) des Rückenmarks zu beziehen.
So Griesinger, pag. 381. Duchek „Ueber Blödsinn mit
Paralyse" (Prager Vierteljahrsschrift für die prakt. Heilkunde,
1851, Bd. I, pag. 1—57) befaßt sich nur mit dem secundären
Blödsinn.

2. Die Zahl der Fälle ist keine geringe, wo man an=
fänglich neben dem Idiotismus Taubstummheit vor sich zu
haben annimmt, bei fortgehenden Bildungsversuchen sich aber
herausstellt, daß das Sprachvermögen nur in Folge des Blöd=
sinns latent ist. Die ohne alle Anregung gebliebenen idiotischen
Kinder kamen zum Sprechen, sobald eine geistige Einwirkung
auf sie stattfand. Ebenso kommen aber auch Fälle vor, wo
ursprünglich wohl nur Taubstummheit sich fand, weil aber die=
selbe keine pädagogische Behandlung erfuhr, nach und nach sich
Blödsinn ausbildete. Hier war angeborene Idiotie nicht vor=
handen. Aber es giebt auch angeborene Idiotie, mit welcher
Taubstummheit verbunden ist. Wenn es Familien giebt, wo
die Degeneration darin besteht, daß in ihr blödsinnige Kinder
mit taubstummen abwechselnd geboren werden, so haben wir in
den taubstummen Idioten die potenzirte Degeneration. Ebenso
auch in den blinden Idioten. Es giebt nämlich ebenso Familien,
in denen schlechte Ernährung und Vernachlässigung der Kinder,
ungünstige Wohnungsverhältnisse u. s. w. idiotische Kinder mit

4*

blinden wechseln lassen, oder wo die sehend geborenen Kinder in Folge angeborener Bildungsfehler des Auges, oder durch die Ausgangszustände vorausgegangener Entzündungen desselben frühzeitig erblinden. Diese blinden und taubstummen Idioten mögen immerhin schwerer als geistig gesunde für den Blinden= und Taubstummen=Unterricht zugänglich sein, aber diese Com= plicationen machen sie keineswegs bildungsunfähig.

3. Die Epilepsie wird von verschiedenen Aerzten verschieden angesehen. Einigen ist sie eine selbständige Neurose (z. B. Falret, Des maladios mentales, pag. 476 fgg.), Anderen nur ein Krankheitssymptom. Finden wir sie bei Idioten, so mag sie in vielen Fällen aus derselben Krankheit des centralen Nervenapparates hervorgehen, die auch die Erblödung hervor= rief, und wird dann gleich nach der Geburt oder zur Zeit des Zahnens sich zeigen. In der letzteren ist es freilich oft schwierig zu entscheiden, ob man es mit Eklampsie oder Epilepsie zu thun habe. In manchen Fällen aber wird die Epilepsie das Primäre sein und die Idiotie erst aus derselben hervorgerufen. Man wird stets beobachten, daß, je näher die epileptischen Anfälle einander. rücken, um so mehr die Geisteskräfte nachtheilig beein= flußt werden, wie im Gegentheil die Erweiterung der Inter= vallen eine Hebung der psychischen Vermögen zur Folge hat. Die Epilepsie tritt übrigens in verschiedener Gestalt oft bei denselben Epileptikern auf, so daß z. B. mit den wuchtigen Anfällen leichte Zuckungen (le petit mal) wechseln. So finden sich Kranke, die stets von den Ausbrüchen ihrer Krankheit über= rascht werden, neben Anderen, denen die aura epileptica ein Vorbote ist. Bei Manchen gestalten die epileptischen Paroxysmen sich derartig, daß man in ihnen Symptome der Besessenheit hat sehen wollen. Und wie oft steigert noch diese Complication das Elend anderer Complicationen! Es giebt ja auch blinde und taubstumme Idioten, die obendrein epileptisch sind. Die Epilepsie bleibt für die bildungsfähigen die betrübteste Zugabe, weil sie die Bildungsversuche nicht blos beeinträchtigt, sondern unter Umständen schließlich auch unmöglich macht.

4. Pfleger (a. a. O., pag. 18) führt nach Köhler folgende Psychosen an: „Zustände von traurig=schmerzlicher Verstimmung mit Angstzuständen, verbunden mit Willensschwäche, Abneigung gegen den gewöhnlichen Verkehr mit Anderen, Sucht, sich zu

verstecken, ja, Trieb, sich selbst zu vernichten (Melancholie) — Maniakalische Aufregungszustände. Die davon befallenen Kinder schreien, brüllen oft Tag und Nacht, stürzen sich mit dem Kopf auf den Boden, rennen gegen Thür und Wände, zertrümmern die Fenster, kratzen und beißen Andere und benehmen sich als unbändige, gewaltthätige Individuen. — Weniger häufig tritt der Wahnsinn auf. Solche Individuen zeigen ein eigenthüm= liches Verhalten, sie scheinen bald, mit dem Gesichte gegen die Wand gerichtet, mit gespannter Aufmerksamkeit auf etwas zu lauschen und plötzlich, aus stumpfem Hinbrüten aufgescheucht (ohne äußeren Anlaß), springen sie fort, schreien oder lachen laut auf, machen manchmal mit glückseliger Miene die sonder= barsten Gestikulationen, Spinnbewegungen mit den Fingern vor ihren Augen, blicken mit offenbarem Lustgefühl lange Zeit in die Sonne, stopfen sich alle möglichen Dinge in Nase und Ohr u. s. w. — Auch Verfolgungswahn kommt vor, ebenso epileptisches Irresein.

§ 13.

Die Lebensdauer der Idioten ist im Allgemeinen eine kurze. Bei besonderer Pflege erreichen aber dennoch Einige ein höheres Alter. Selbst das siebenzigste Lebensjahr ist erreicht worden. — Die gewöhnlichsten Todes=Ursachen sind acute Lungenkatarrhe, Lungenentzündungen, Darm= katarrhe, Tuberculose, Decubitus, Wassersucht, wenn nicht die erste Gehirn= erkrankung und deren Folgen das Ende herbeiführen (Meningitis, Hirn= atrophie).

Daß Idioten das Alter von sechszig bis siebenzig Jahren erreichen, kommt meistens nur bei dem endemischen Cretinismus vor, oder wo die Idiotie im späteren Lebensalter erworben ist.

C. Aetiologie.

§ 14.

Unmöglich ist es, in jedem einzelnen idiotischen Falle die Ent=
stehungsgründe nachzuweisen; und bei denen, die im Allgemeinen als
Entstehungsgründe des Idiotismus gelten, lehrt die Erfahrung, daß sie
nicht immer mit Nothwendigkeit Idiotismus erzeugen. Es kann nur
constatirt werden, daß, wo gewisse Voraussetzungen sich finden, vielfach
Entstehung der Idiotie beobachtet ist. Diese Entstehungsgründe liegen
theils in dem idiotischen Subject selbst, theils außer ihm.

1. Die Directoren von Idioten=Anstalten machen überall
die Erfahrung, daß bei den Aufnahmen ihnen sehr oft Eltern
gegenüberstehen, die durchaus gesund und normal sind, unter
deren Angehörigen und Vorfahren sich auch keinerlei Personen
mit Störungen des Nerven= und Gemüthslebens finden; ebenso
daß die Idioten eher den kinderreichen als den kinderarmen
Familien angehören und als Ausnahmen dastehen zwischen lauter
gesunden Brüdern und Schwestern. Nach den Fällen, die Kind
untersuchte, kamen auf jede Familie 5,15 Kinder; ähnlich waren
die Beobachtungen in dem großen schottischen Larbert=Asyl, wo
(bei 204 registrirten Familien) der Prozentsatz war 6,27.

2. Wenn die nahe Verwandtschaft als Entstehungsgrund
des Idiotismus bezeichnet wird, so ist daneben nicht in Abrede
zu stellen, daß ebenso oft auch den Ehen unter Blutsverwandten
ganz normale Kinder entstammen, so wie auch ganz schwach=
sinnige Väter und Mütter nicht selten Kinder zeugen, die von
dem Defekt der Eltern ganz intakt sind. Ueberdies ist nicht
unmöglich, daß manche Defekte der Genitoren in ihrer Einzel=
heit den Zustand der Frucht ganz unbeeinflußt lassen und erst
durch die Concurrenz mit anderen Idiotie erzeugten. Kind
fand bei den Ascendenten von 923 Idioten 105 Mal Trunken=

heit; dies würde 11,38 % ergeben. Aber es stellte sich heraus, daß bei 71 noch andere Momente in Mitwirkung kamen, sodaß die Trunkenheit als alleinstehende Ursache nur bei 3,68 % übrig blieb. Darwin (bei Jreland, pag. 35), fand, daß unter allen geschlossenen Ehen Verwandtschaftsehen in England unter der Aristokratie etwa 4 %, auf dem Lande und in kleineren Städten etwa 2—3 %, in London vielleicht 1½ % sind und daß der Prozentsatz in Jrrenhäusern und Jdioten=Anstalten kein anderer. Dr. Howe (the causes etc., pag. 35), fand bei 359 Fällen 17 Verwandtschaftsehen, aber er muß hinzusetzen, daß in dem einen Falle Skrofulose, in einem andern Unmäßigkeit oder ein anderer Defekt hinzukam; zur Feststellung eines Prozentsatzes könnte er mithin nicht gelangen.

§ 15.

Was die in dem idiotischen Subjekte selbst liegenden Entstehungs= gründe anlangt, so ist beobachtet worden, daß das männliche Geschlecht mehr als das weibliche der Gefahr des Jdiotismus ausgesetzt ist; ferner, daß mechanische Verletzungen des Kopfes und des Rückenmarks, Onanie, Verwahrlosung und manche Krankheiten der ersten Kinderjahre Jdiotie im Gefolge haben. (Erworbener Jdiotismus.)

1. Husemann (l. c.) führt nach Wappäus Bevölkerungs= statistik an, daß in

Jsland	auf	66	männl.	44	weibl.
Norwegen	„	1823	„	1919	„
Dänemark	„	1066	„	929	„
Schleswig=Holstein	„	588	„	484	„
Sachsen	„	1915	„	2084	„
Jrland	„	2666	„	2240	„
Schottland	„	751	„	594	„
Hannover	„	714	„	545	„

Jdioten kommen; nur Norwegen und Sachsen machen eine Ausnahme von der Regel, daß es, obschon das weibliche Ge= schlecht im Allgemeinen der Zahl nach prävalirt, mehr männ= liche als weibliche Jdioten giebt. Mayr (a. a. O.) liefert denselben Nachweis. Bei ihm kommen auf 10 000 Personen in

Preußen . . . 14,7 männl., 12,7 weibl.
Bayern . . . 15,7 „ 14,6 „

Württemberg 15,₁₅ männl., 15,₅ weibl.
Baden . . . . 16,₇ „ 14,₈ „
Ober=Elſaß . 18,₈ „ 15,₉ „
Unter=Elſaß . 13,₂ „ 13,₃ „
Lothringen . 13,₉ „ 11,₅ „

Idioten. Im Zuſammenhange mit demſelben auch bei den Geburten von Taubſtummen vorkommenden Verhältniß und mit dem Umſtande, daß auch der Prozentſatz bei den todtgeborenen Knaben ein ungleich höherer als bei den todtgeborenen Mädchen iſt, kommt er zu der Annahme, daß das Fötalleben des Knaben größeren Gefahren als das des Mädchens ausgeſetzt ſei. Iſt dies der Fall, ſo rangiren zwar die hieraus entſtandenen Fälle nicht unter dem erworbenen Idiotismus, aber ſie gehören doch zu denen, wo die Entſtehungsgründe nicht außerhalb des Subjects, ſondern in ihm ſelber liegen.

2. Wie manches Kind fiel von dem Arm der Wärterin, ohne daß man es erfuhr, auf den Hinterkopf und trug eine Gehirnerſchütterung mit nachhaltiger Wirkung davon. Dr. Müller (6. Stettener Bericht) ſah in St. Gallen ein Mädchen, das durch eine Ohrfeige des Vaters taubſtumm wurde; es hätte auch Blödſinn davontragen können. Auch Zangen=Geburten können unter Umſtänden mit Hirnbeſchädigungen, aus denen Idiotie entſteht, verbunden ſein.

3. Die Onanie tritt direkt und indirekt als Erzeugerin des Idiotismus auf; direkt, ſofern das Kind ſie treibt und dadurch ſelbſt erblödet, indirekt, ſofern diejenigen, welche in ihrer Jugend dieſem Mißbrauche ergeben waren, nicht ſelten die Fähigkeit verlieren, geſunde Kinder zu erzeugen. Wenn ſchon in den Penſionaten normaler Kinder der Kampf mit der Onanie alle Umſicht und Energie erheiſcht, ſo iſt das in Idioten=Anſtalten noch mehr der Fall, da das Uebel, das die Idiotie erzeugte, mit eingeführt wird und ſich nun gar leicht mittheilt. Bei den Idioten iſt der Kampf gegen daſſelbe um ſo ſchwerer, als hier manche Waffen nicht zu Gebote ſtehen, welche man anwenden kann, wo es bei Vollſinnigen vorkommt.

4. Da die leibliche und geiſtige Verwahrloſung auch einen Entſtehungsgrund der Idiotie bildet, ſo iſt es leicht erklärlich, warum die Vertheilung auf die verſchiedenen Stände bei der

Idiotie das gerade Gegentheil vom Irrsinn ist. Ein Beispiel möge genügen. Mayr (pag. 52) hat

Liberale Berufe . . 14,71 % Irrsinn, 5,26 % Idiotismus.
Handel und Verkehr 8,26 „ „ 9,26 „ „
Gewerbe . . . . . 7,44 „ „ 10,13 „ „
Landwirthschaft . . . 6,55 „ „ 13,81 „ „

Die körperliche und geistige Verwahrlosung findet sich mehr bei den niederen als bei den höheren Ständen, daher sich auch die Idioten-Anstalten mehr aus den ersteren, als aus den letzteren rekrutiren. Die, während die Eltern auf die Arbeit gehen, den Tag über sich selbst überlassenen Kinder, denen die Fürsorge für die Reinlichkeit wie für die geistige Anregung fehlt, müssen schließlich in einen Zustand der Verdumpfung und Versumpfung gerathen, der sie zu nichts anderem als zu Gegenständen der Idioten-Heil-Pflege macht.

5. Zu der Verwahrlosung gehört auch die mangelhafte Ernährung, und diese wieder giebt der Skrofulose Nahrung. Ireland, Arzt an dem schottischen Larbert-Asyl, konstatirt, daß die meisten dort zu behandelnden Krankheiten auf skrofulöser Basis sich bewegen (Ausschläge, Abscesse, Ophthalmie, Otorrhoea, Phthisis) und fragt: Ist die schlechte Hirnernährung ein Ergebniß der Skrofulose, oder sind die Skrofeln das parallele Ergebniß aus einer gemeinsamen Quelle? Er kommt zu dem Schluß: Die skrofulöse Disposition begünstigt oder begleitet wenigstens die Entstehung der Idiotie. — Als Krankheiten, deren Ueberbleibsel uns in der Idiotie begegnen, nennt Dahl den Keuchhusten, das Scharlachfieber, die Masern und die Kinderblattern.

6. Barthold im 24. M.-Gladbacher Bericht fand unter 691 Kindern 186 mit erworbenem Blödsinn. Von diesen wurden

46 im ersten,
64 „ zweiten,
30 „ dritten,
16 „ vierten,
9 „ fünften,
7 „ sechsten,
3 „ siebenten,
11 nach dem siebenten Lebensjahre idiotisch). Er setzt hinzu: „Es ergiebt sich hieraus das unzweifelhafte Resultat,

daß nach dem siebenten Lebensjahre nicht leicht mehr Blödsinn entsteht; ferner, daß die größte Gefahr dafür in die drei ersten Lebensjahre, d. h. in die Periode der Zahnentwickelung fällt, sowie endlich, daß mit dem zunehmenden Alter die Gefahr des Erblödens abnimmt. — Es sei nur bemerkt, daß vielleicht in allen Fällen der blöde Zustand hervorgerufen wird durch einen überstandenen Entzündungsproceß des Gehirns, welches um so empfindlicher und zu Entzündungen um so leichter geneigt ist, je jünger das Kind ist."

§ 16.

Die außerhalb des Subjektes liegenden Entstehungsgründe fallen auf die Genitoren und deren Abkunft. Eltern, die nerven= oder gehirn= krank sind oder mit solchen Leiden Behaftete in ihren Familien haben, solche, die der Trunksucht ergeben sind oder in der Trunkenheit zeugten, haben vielfach idiotische Kinder. Mütter, die während der Schwanger= schaft nachtheilige physische oder psychische Eindrücke empfingen, bringen oft blödsinnige Kinder zur Welt. Auch wird diese Depravation des Ge= schlechts gefunden, wo nahe Verwandtschaft oder große Altersverschieden= heit bei Vater und Mutter vorhanden ist. Zu constatiren ist endlich, daß ein verhältnißmäßig großer Theil von idiotischen Geburten unter den unehelich und den erstgeborenen Kindern vorkommt.

1. Dahl (a. a. O., pag. 77. 78) hatte vor sich 169 Idioten, von denen 84 (also ca. 50 %) irrsinnige Verwandten und 151 Irrsinnige, von denen 58 (oder 38 %) gemüths= leidende Verwandte hatten; 18 von diesen mit Irrsinn und 21 Idioten hatten geistig inficirte Eltern. Bei den Idioten waren 2 Fälle, wo beide Eltern geisteskrank, 6, wo die Väter, 4, wo die Mütter, 4, wo ein Theil oder beide von den Großeltern, 5, wo die Urgroßmutter an Geisteskrankheit litten. — Die Commission von Connecticut fand bei 164 Fällen in 70 Erb= lichkeit, und zwar fand sich in 10 Fällen Idiotie bei den Eltern, in 6 bei den Verwandten; in 6 Irrsinn bei den Eltern, in 8 bei den Verwandten; in 8 Epilepsie bei den Eltern oder Ver= wandten; in 2 Blindheit, in 1 Melancholie des Vaters. Diverse andere Gebrechen in 11 Fällen und in 14 Dementia bei den Angehörigen. — Bei dem Census von 1873 waren in Bonn 55 % der Idioten verzeichnet als mit Angehörigen von neu=

rotischer Tendenz. — Dr. Langdon Down, der 2000 Fälle untersuchte, fand 45 % neuropathische Belastung der Ange= hörigen und machte die Bemerkung, daß, wenn die Mutter leidend war, mehr die früher geborenen, wenn der Vater, mehr die später geborenen Kinder davon beeinflußt würden. S. Jre= land a. a. O., pag. 18.

2. Dr. Müller (VI. Stettener Bericht) sagt: „Es ist nachgewiesen, daß durch den Genuß des Branntweins, zumal wenn er habituell stattfindet, eine vorherrschende Verkohlung des Bluts entsteht. Das chemisch untersuchte Blut eines habi= tuellen Trinkers enthielt 7 Prozent Kohlenstoff mehr, als das Blut gesunder Männer. Branntwein wirkt, wie auf das Blut= leben, so auch auf das ganze Nervensystem sehr nachtheilig ein. Habitueller Branntweingenuß hat ganz dieselben Wirkungen und ruft ganz dieselben Erscheinungen hervor, wie die allmäh= liche Einathmung von Sumpfluft, und ist selbst für sich unter Umständen im Stande, cretinische Entartung zu erzeugen. Da der Branntwein überall leicht zu haben ist und in alle Höhen und Niederungen, in Paläste und Hütten gebracht werden kann, so muß er als ein viel gefährlicher Giftstoff für den Menschen angesehen werden, als die Sumpfluft." — Von den 574 Fällen, die zu Massachusetts untersucht wurden, hatten 114 Eltern, die beide, oder von denen ein Theil der Trunksucht ergeben war. — Von den zu M.=Gladbach untersuchten 691 Kindern ge= hörten 61 oder 9—10 Prozent notorischen Trinkern an, und zwar waren in 67 Fällen der Vater, in 2 die Mutter und in 2 Vater und Mutter dem Trunke ergeben. — Kind's Resultat ist bereits mitgetheilt. — Andere Untersuchungen haben freilich zu anderen Resultaten geführt. Jreland nennt Dr. C. T. Wilbur, der bei 675 nur 5, Dr. Grabham, der bei 800 nur 6, Dr. Shuttleworth, den ärztlichen Director des Royal Albert= Asyls, der bei 160 Fällen nur 2 fand, in denen die Jdiotie ausschließlich mit Trunkenheit der Eltern in Zusammenhang gebracht werden dürfte. Der Letztere behauptet, daß Trinker wohl Kinder haben mit krankhaftem Nervensystem, daß man aber doch nicht sagen dürfe, daß sie ihren Kindern Jdiotie als Vermächtniß hinterließen. Er erkennt nur eine indirecte Wir= kung der Trunkenheit an, sofern sie Armuth, ungeordnete häus= liche Verhältnisse und so die Brutstätte des Jdiotismus hervor=

riefe. Dagegen spricht sich Griesinger (a. a. O., pag. 356) aus wie folgt: „Die flache Auffassung, die neuestens gelehrt wird, daß Geisteskrankheit, Trunksucht ꝛc. der Eltern nicht sowohl auf den Keim, sondern dadurch auf Entstehung der Idiotie wirken sollen, daß unter solchen Verhältnissen Pflege und Erziehung der Kinder vernachlässigt werden müssen, widerlegt sich leicht aus den Beobachtungen über die Idiotie in den höheren und höchsten Ständen." — Die vierte Conferenz für Idioten=Heil=Pflege sah auch in der Trunksucht eine Hauptursache der Idiotie und er= klärte sich demgemäß einverstanden mit den Bestrebungen des „Deutschen Vereins gegen den Mißbrauch geistiger Getränke."

3. Dr. Müller (a. a. O.): „Schrecken und viele Aengst= lichkeiten, die eine Mutter während der Schwangerschaft be= fallen, wirken gleichfalls sehr nachtheilig auf das Kind. So ging vor fünf Jahren eine schwangere Mutter in St. Gallen an einem Fluß vorüber, während soeben eine Leiche heraus= gezogen wurde; sie erschrak hierüber sehr und gebar ein taub= stummes Mädchen; alle ihre übrigen Kinder sind gesund. Eine andere, der Entbindung ziemlich nahe Frau im Badischen wurde durch ein heftiges Gepolter am Boden, während sie schlief, so sehr erschreckt, daß sie ein total blödsinniges Kind gebar. Nicht selten wird bei der Nachfrage über die Entstehung des Blödsinns angegeben, die Mutter habe sich während der Schwangerschaft „versehen", d. h. es habe irgend ein miß= gestaltetes Wesen, das ihr unter die Augen kam, einen er= schütternden Eindruck auf sie gemacht und dieser Eindruck habe die normale Entwickelung des Fötus gestört. Dr. Howe weiß auch von Fällen, wo die Mütter einen Abortus herbeiführen wollten, ihr Vorhaben mißlang, aber die Wirkung auf die Frucht war, daß ein idiotisches Kind zur Welt kam.

4. Wenngleich, wie bereits erwähnt ist, von Darwin nach= gewiesen wurde, daß etwa 3—4 Prozent der idiotischen Kinder aus Verwandtschafts=Ehen stammen und dieser Prozentsatz auch das Verhältniß der Verwandtschafts=Ehen zu allen Ehen an= giebt: so ist es doch eine Thatsache, daß in Gemeinschaften und Bevölkerungen, wo diese Ehen sehr häufig sind, mehr Idioten als anderswo vorkommen. Mayr (a. a. O., pag. 109) giebt an, daß unter 10,000 Israeliten in Preußen 15,27, in Bayern 20,73, in Baden 26,67 Idioten, während von 10,000 der ganzen

Bevölkerung je 13,6; 14,4; 15,8. Mayr bemerkt dabei, „daß dies zur Unterstützung der Hypothese diene, welche in den Heirathen innerhalb engerer, nur eine beschränkte Auswahl von Lebensgenossen bietender Weise ein die Neigung zum Blödsinn verstärkendes Moment findet." Wenn auf den Faröer und auf Island der Prozentsatz der Idioten auch ein verhältnißmäßig hoher ist, so scheint auch hier kein anderer Grund zu sein, als die vorhandene Nothwendigkeit der Verwandtschaftsehen. (Mayr Tabelle, pag. 339.)

5. Brandes (a. a. O., pag. 19): „Auch ist der allgemeine Kräftezustand der Eltern nicht blos im Ganzen auf die Con= stitution des Kindes, sondern auch namentlich auf den Zustand des Nervensystems desselben von Einfluß. So sieht man die Kinder von schwächlichen, kränklichen, sehr jugendlichen oder bereits sehr alten Eltern nicht selten blödsinnig werden." Huse= mann machte bei den Fällen, die ihm zur Untersuchung vor= lagen, die Bemerkung, daß die Idioten = Mütter in dem Alter unter 25 oder über 35 Jahren standen.

6. Kind (in der Zeitschr. für Psychiatrie, Bd. 33, pag. 595) fand unter 610 Idioten 54 unehelich geborene. Das giebt einen Prozentsatz von 9,5, während sonst in der Provinz Hannover, dem diese Idioten angehören, die unehelichen Kinder sich zu den ehelichen verhalten wie 6,6 zu 100. Er faßt in jenem Artikel das Resultat seiner Untersuchungen in folgende 5 Sätze zusammen: 1. Unter den Idioten findet man viel unehelich Gezeugte. 2. Viele Idioten sind erstgeborene (29,07 °/o) 3. Die zweit=, dritt=, viertgeborenen sind in arithmetischer Pro= gression weniger der Idiotie ausgesetzt, als die erstgeborenen. 4. Die mit Idioten heimgesuchten Familien sind sehr kinderreich (auf jede kommen 5,15 Kinder. 5. Die Kinder dieser Familien (Idioten und deren Geschwister) leiden bis fast zu 1/3 (32,64 °/o) an schweren Hirn= und Nervenstörungen." Husemann kam bei seinen Untersuchungen zu demselben Resultat. Er formulirt es so: Von 100 Idioten kommen

$$
\begin{array}{ll}
33,0 & \text{auf die erste,} \\
18,8 & \text{„ „ zweite,} \\
17,6 & \text{„ „ dritte,} \\
2,4 & \text{„ „ vierte,} \\
2,4 & \text{„ „ fünfte,}
\end{array}
$$

2,6 auf die sechste,
7,0 „ „ siebente,
3,5 „ „ achte,
2,4 „ „ neunte,
7,0 „ „ zehnte,
3,5 „ „ elfte Schwangerschaft. — Dahl
fand 10,6 % uneheliche Idioten. — Unter den 574 Fällen
von Massachusetts fanden sich 45 Familien, deren jede 2, 13
deren jede 3, 8 deren jede 4 idiotische Kinder hatten; außerdem
fanden sich je eine mit 5, 7, 9 und 11 blödsinnigen Sprößlingen.

II. Hiſtoriſcher Theil.

§ 17.

Die Geſchichte des Idiotenweſens iſt, ſofern nur der ſporadiſche Idiotismus in Betracht gezogen wird, eine eng begrenzte, da von einer Geſchichte des Uebels ſelbſt nicht die Rede ſein kann, ſondern es ſich nur um die Beſtrebungen handelt, die zu ſeiner Linderung und Abſtellung unternommen ſind.

1. Der öſterreichiſche Arzt Dr. Köſtl ſchrieb von einer Menſchenart: „Der Menſch erkennt hier ſchwer oder garnicht den Menſchen, eher ein Schleimthier oder, wenn es hoch kommt, einen Affen. Er wendet ſich eher mit Scheu, Ekel und Schauder von ihm weg, als daß er Achtung und ſelbſtverleugnende Liebe, welche Menſchenwürde und Menſchenelend einflößen und fördern, empfände. Denn nichts durchzieht die elende Geſtalt, was an Schönheit und Harmonie der höhern Hand des Schöpfers er= innert. Es iſt wohl der Stoff, aus dem wir geformt ſind, es ſind die einzelnen Theile und Glieder, aus denen unſer Leib zuſammengeſetzt iſt, aber auf einer niederen Stufe der Entwickelung geblieben, verkümmert, entartet, entſtellt, ohne Ebenmaß, ohne richtiges Verhältniß zu einander, wie durch Zufall zuſammengeworfen, mechaniſch aneinander gekettet: eine Thiergeſtalt aus menſchlichen Stoffen hinter dem Thier zurück= geblieben." Dies ſo gezeichnete Weſen iſt der Cretin. Bei der Augenfälligkeit des Uebels und namentlich wenn zu ſeiner Eigenthümlichkeit die Lokaliſirung gehörte, kann es uns nicht Wunder nehmen, daß es ſchon in alten Zeiten nicht verborgen blieb. Bei Juvenal finden wir die Strophe: Quis tumidum guttur miratur in Alpibus? Vitruv äußert ſich: Guttur homini tumescit praesertim apud agricolas Italiae et Me- dullos Alpinos. Wer aber könnte mehr als die Bekanntſchaft

mit dem Kropfe aus diesen Worten herauslesen? Des in dem Cretinismus enthaltenen Idiotismus gedenken diese Aeußerungen nicht. Soll seine Geschichte erst da beginnen, wo der Kropf als Complication des endemischen Idiotismus auftritt, so darf über Paracelsus nicht zurückgegangen werden. In seiner Schilderung der mit dem Kropf Behafteten heißt es u. A.: All kropffend Leuth mehr zur Thorheit denn zu Geschicklichkeit bereit sein . . . Strumosi raro sunt sapientes; qui et cerebrum ex mineralibus suum habet liquorem seu nutrimentum; quia illud imperfectum quoque et immaturum ad cerebrum ascendit, inde destruit partem memoriae, et quoque surdi sunt; quia humor mineralis occludit aures, sed linguae et naso et oculis non nocet. Erst vom 16. Jahrhundert an wird des endemischen Cretinismus bei den Chronisten u. s. w. mehr gedacht (vergl. Hirsch, Handb. der histor. geogr. Pathologie I, pag. 396). Ausführlichere Schilderungen gaben Plater, Foreest, Simler, Wagner, bis in der zweiten Hälfte des 18. Jahrhunderts auch die Aerzte dieser Abnormität ihre besondere Aufmerksamkeit zuwandten (vergl. Maffei und Rösch, a. a. O., I, pag. 4). Ob bis zum Jahre 1836 mehr als geschrieben, ob etwas gethan sei für die Hülfe dieser Unglücklichen, mag uns ein warmer Cretinenfreund, Professor Troxler, sagen. Er äußert sich: „Die Priester aller Stände, die mitleidigen Samariter der medicinischen, wie die hochstrebenden Leviten der theologischen Facultät, ebenso die Pädagogen und Diplomaten, und namentlich die Landpfleger unserer 22 Gauen von A. bis Z. gehen an den Cretinen vorüber, weil sie des Anblicks gewöhnt und des Mitleids verwöhnt sind." Und der englische Naturforscher Thompson bemerkt: „Sowohl bei den Anhängern Muhammeds als in den Ländern, wo die Lehre des Confucius und Zoroaster herrscht, habe ich für Schwach= und Blödsinnige eine ganz besondere Sorgfalt gefunden und hoffe, daß das Christenthum um so mehr sein hülfreiches Panier erhebe, da Wissenschaft und Kunst mit dort unbekannten Mitteln ihm zu Gebote stehen." (Disselhoff a. a. O., pag. 12). Wenn Thompson der Muhammedaner gedenkt, so wollen wir nicht unerwähnt lassen, daß die heilige Urkunde ihrer Religion, der Koran, ihnen diese Fürsorge speciell zur Pflicht macht. Es heißt im Koran: „Gieb den Schwachsinnigen

nicht die Mittel, die Gott dir gegeben hat, um sie für sie auf=
zubewahren; sondern unterhalte sie aus denselben, kleide sie
und rede freundlich mit ihnen." Auch zu prophylaktischen Be=
strebungen führten die Beobachtungen über den endemischen
Cretinismus höchst selten. Disselhoff (a. a. O., pag. 14) er=
wähnt nur ein Edict, ausgegangen von dem Fürstbischof zu
Würzburg, durch welches die Bürger von Gerolzhofen zu ehe=
lichen Verbindungen mit auswärtigen Familien ermahnt wurden,
um dadurch dem endemischen Uebel einen Damm zu setzen.

2. Eine Geschichte des Uebels — sowohl des endemischen
wie des sporadischen Idiotismus —, die uns das Steigen und
Fallen, das Ab= und Zunehmen desselben vorführte, kann es
nicht geben, weil die nothwendige Vorbedingung derselben fehlt,
die Statistik. Dieselbe ist zu neuen Datums, entbehrt auch
noch der einheitlichen Bestimmungen. Vielerwärts bilden bei
den Zählungen Irrsinn und Blödsinn Eine Kategorie; und wo
beide auch gesondert gezählt werden, ist nicht überall für den
Blödsinn eine und dieselbe Begriffsbestimmung angenommen.
Die Einen subsummiren unter die Ueberschrift „Blödsinn" alle
Fälle des angeborenen und des secundären Blödsinns, während
die Anderen nur den ersteren hierher rechnen, mit oder ohne
die Fälle des in der Jugend erworbenen Idiotismus. Ueber=
dies sind die Zahlen wenig verläßlich, weil sie aus den Volks=
zählungen hervorgingen, bei denen diese Defekte vielfach ver=
schwiegen werden. So zeigt z. B. Berkhan, daß die Resultate
seiner Nachforschungen nach den Idioten in Braunschweig un=
gleich andere als die Ergebnisse der amtlichen Zählung waren
und eine höhere Ziffer als die letztere zu Tage förderten. Es
kann also nur auf Muthmaßungen beruhen, wenn man von
einem Wachsthum der Idiotie in unserer Zeit redet. Dieselbe
begründet man mit dem sich überall geltend machenden Bedürfniß
von Idioten=Anstalten und stützt sie mit der verbreiteten Ansicht,
daß auch der Irrsinn im Zunehmen begriffen sei. Allein auch
diese Ansicht ist keine, die historisch mit Sicherheit begründet
werden könnte. „Denn" — wie von Oettingen (Moralstatistik
Bd. II, pag. 858) richtig hervorhebt — „weder kann man sich
bei den allgemeinen Volkszählungen auf die mit stets wachsenden
Ziffern sich füllende Rubrik der „Irrsinnigen" verlassen, noch
darf man sich ohne Weiteres darauf berufen, daß in den

Irrenanstalten die verpflegten Kranken in auffallender Progression zunehmen. Bei den Zählungen fehlt es an genauer Diagnose, und die Anfüllung der Irrenhäuser kann theils eine Folge sorgfältiger und besserer Behandlung dieser unglücklichen Kranken sein, theils aber auf dem immer mehr abnehmenden Vorurtheil der Menge gegen jene Anstalten hergeleitet werden." Dasselbe gilt von den Idioten = Anstalten. Wir erwähnen aus eigner Erfahrung, daß bei uns vor der Gründung der Alsterdorfer Idioten=Anstalt in dem Rayon derselben vermeintlich gar keine oder nur sehr wenige Idioten sich fanden, während, sobald die Unterbringung derselben ermöglicht war, ein Kind nach dem andern angemeldet wurde. Die in's Leben getretenen Anstalten haben auch dazu mitgewirkt, die Größe und den Umfang des vorhandenen Uebels zu Tage zu fördern. — Von Oettingen will aber trotz seiner erwähnten Bemerkungen doch das Wachs= thum des Irrsinns nicht bezweifeln. Er liefert für einige Territorien den Nachweis in Zahlen. Wichtig ist für uns, weil wir hier Irrsinn und Blödsinn zusammengestellt finden, die Angabe über das Königreich Sachsen. Hier fanden sich bei 100,000 Einwohnern

		unter 14 Jahren			über 14 Jahre		
		In den Städten	Auf dem Lande	Zus.	In den Städten	Auf dem Lande	Zus.
Irrsinnige	1861	2	1	1,5	103	49	70
	1864	4	6	5	124	79	102
Blödsinnige	1861	13	20	16	193	182	187
	1864	8	15	11	143	133	138

Würden wir auch das Zunehmen des Irrsinns zugeben müssen, so würden wir daraus nicht auch auf ein Wachsthum des Idiotismus schließen dürfen. Die Sächsische Angabe erweist neben dem Wachsthum des Irrsinns eine Abnahme der Idiotie. Dies ist keine zufällige Erscheinung. Mayr, a. a. O., pag. 69, giebt folgende Tabelle der Irrsinnigen in Baiern nach den Berufsarten:

	Zahl d. Irrsinnigen	Auf je 10000 Pers.
Liberale Berufe (Unterricht, Ge= sundheitspflege, Staatsdienst, Kunst, Li= teratur, Kirche u. s. w.)	267	14,71
Handel und Verkehr	315	8,26
Persönliche Dienstleistung . . .	407	7,83
Gewerbe	1017	7,01
Landwirthschaft	1299	6,55

Er bemerkt dazu: „Läßt man die obigen ‚symptomatischen‘ Zahlen gelten, so wären die zu den liberalen Berufen Gehörigen mehr als doppelt so stark vom Irrsinn bedroht wie die Bauern. Interessant ist auch, daß die mit höherer Anspannung der Geistes= und Nerventhätigkeit verbundene Berufsgruppe ‚Handel und Verkehr‘ eine höhere Irrsinnsquote zeigt, als das Gewerbe. Ueberhaupt ist in den obigen Zahlen der Zusammenhang der Disposition zum Irrsinn mit den Graden der Nervenreizung unverkennbar." So sagt auch Friedel (bei von Dettingen a. a. O., pag. 865), daß der Irrsinn und namentlich die progressive Paralyse sich mehr bei den höheren als bei den niederen Ständen, mehr bei begabten, gebildeten, strebsamen, ehrgeizigen, sanguinisch=cholerischen, als bei unbegabten, ungebildeten, gleichgültigen, melancholisch=phlegmatischen Naturen finde, und setzt hinzu: In diesem Sinne beklagt der erfahrene Guislain die moderne Civilisation unsers fast ziellosen, stets zielfernen und immer zielsüchtigen Jahrhunderts als den Hauptfactor für die Zunahme des Irrsinns in unsern Tagen. Stellen wir nun der obigen Irrsinns=Tabelle von Mayr die über den Blödsinn gegenüber (a. a. O., pag. 52).

	Zahl d. Blödsinnigen	Von je 10 000 Pers.
Liberale Berufe	97	5,26
Handel und Verkehr	351	9,26
Gewerbe	1470	10,13
Landwirthschaft	2737	13,81

Die Vergleichung beider Tabellen zeigt, daß der Blödsinn seine hauptsächlichen Herde ganz anderswo als der Irrsinn hat. Mithin darf aus der Zunahme des Irrsinns, auch wenn sie anerkannt wird, auf eine Zunahme des Idiotismus nicht geschlossen werden. Für den Historiker bleibt es eine unlösbare Frage, ob der Idiotismus im Wachsen oder im Abnehmen begriffen sei, ob es Zeiten gab, in denen das Uebel ein umfangreicheres als in der unsrigen war, oder nicht.

3. Die Bestrebungen zu Gunsten der Idioten, mit denen die Geschichte des Idiotenwesens es zu thun hat, waren theils literarische, theils praktische (Gründung von Vereinen, Anstalten für sie); diese Thätigkeiten wurden theils vom christlichen Geist, theils von allgemeiner Humanität inspirirt, sie ließen entweder die pädagogische oder medicinisch=diätetische Seite in den Vorder-

grund treten. Hiernach könnte man die einzelnen Erscheinungen auf diesem Geschichtsgebiete bei der Darstellung versuchen zu gruppiren. Wir verzichten auf solche Gliederung und folgen einfach den Bahnen der großen Rettungs = Arbeit, sofern nicht dieser oder jener Knotenpunkt uns, damit wir ihn selbst recht erfassen, nöthigt, vorweg zu nehmen, was der Zeit nach erst später folgen würde, oder territoriale Gebiete zu betreten, deren Ueberblick auch erst einen späteren Platz findet. Wir schreiben diese Geschichte mit dem Wunsche nieder, daß unsre Leser sich mit uns „des Gottes freuen, der da hilft, und des Herrn Herrn, der vom Tode errettet" (Pf. 68,21), und daß sie neuen Muth und neues Vertrauen zu der von ihm geweckten und genährten Liebe fassen mögen, die auch in der Hülfe der armen Idioten sich als eine gewaltige Gotteskraft erwiesen hat.

§ 18.

Hatten auch früher schon einige Idioten zweifelhafte Zufluchtsstätten gefunden, so gebührt doch der Anstalt des Lehrers Guggenmoos zu Salz=burg der Ruf, die erste Idioten=Anstalt gewesen zu sein. Aber erst mit der Cretinen = Anstalt auf dem Abendberge in der Schweiz und mit dem Cretinen=Asyl im Bicêtre zu Paris beginnt die eigentliche Rettungs=geschichte der Idioten und dem Dr. Guggenbühl, dem Gründer der ersteren, bleibt das Verdienst, den großen Reigen der für die Aermsten unter den Armen in Thätigkeit gesetzten Liebesarbeit eröffnet zu haben.

1. Wenn in der Schweiz viele Cretins in ihren Fa=milien blieben, namentlich die harmloseren, so mag dies mit darin seinen Grund gehabt haben, daß man sie als Heilige verehrte. Was Wallis anlangt, so wurden sie dort, wie Razou=mowsky (b. Rösch Beob., III, pag. 53) bestätigt, mit vieler Rücksicht behandelt, man vermied mit der größten Sorgfalt, ihnen Schmerz oder Verdruß zu bereiten. Es war auch nicht leicht, sich ihrer zu entledigen, da namentlich nur für die ganz alten hülflosen Cretinen hie und da eine fromme Stiftung ge=macht war. Kohl (Skizzen aus Natur= und Völkerleben, II, pag. 272) erwähnt eine im Spital zu Sitten in Wallis, eine andere zu Chur in Graubündten. Auch berichtet er, daß dann und wann zu Graz in Steiermark von diesen Leidenden auf=genommen würden und daß seit Alters eine Stiftung für 12 Cretinen zu Admont bestehe. Aber alle sorgten nur für eine

nothdürftige Verpflegung, an Unterricht und Erziehung dachten sie nicht. Wenn sie diese geistigen Hülsen erlangten, so war es, wie Kohl sagt, dem selbst solche Fälle zu Gesicht kamen, durch die Vermittelung wohlwollender Geistlichen, die sich ihrer annahmen.

2. Napoleon I. war auf prophylaktische Mittel bedacht. Er ließ 1811 im Canton Wallis, dem damaligen Departement du Simplon, eine Zählung der Cretinen vornehmen, bei welcher sich die Zahl auf 3000 herausstellte. Seine Absicht war, die Bevölkerung der am meisten dem Uebel ausgesetzten Ortschaften zu dislociren; allein schon bei der Gründung von „Eschers= dorf" zeigte es sich, daß die Leute keine Neigung hatten, ihren heimathlichen Herd mit einem andern zu vertauschen. Ueber= dies scheiterte das Unternehmen an der Größe des Umfangs.

3. Goggenmos (Goggenmoos, Guggenmoos), Lehrer in Salzburg gründete daselbst 1828 (nach Anderen schon 1816) ein Institut für Cretinen, das von Einigen eine Anstalt, von Anderen eine Erziehungsschule genannt wird. Der österreichische Reg.=Rath Dr. J. von Knolz, der selbst in jener Zeit in Salzburg lebte und für das Idiotenwesen schriftstellerisch thätig war, berichtet, „G. habe eklatante Erfolge seiner menschen= freundlichen Bemühungen erzielt." S. Pfleger a. a. O., pag. 4. Die Behörden, an welche sich G. um Unterstützung seines Unternehmens wandte, ließen ihn im Stich und so mußte es 1835 schon wieder aufgegeben werden. — Das Todesjahr dieser österreichischen Anstalt war das Geburtsjahr einer württem= bergischen, der auch nur ein kurzes Dasein beschieden war. Der Pfarrer Haldenwang gründete sie zu Wildberg. Wir werden ihr weiter unten bei Mariaberg wieder begegnen, wohin bei ihrer Auflösung der Rest ihrer Zöglinge übersiedelte.

4. Ein armer, zwergartig verkrüppelter Cretin mit häß= lichem, stupidem Aussehen, der 1836 zu Seedorf im Canton Uri vor einem Crucifix sein Pater noster murmelte, hat den Anstoß gegeben zu all der Liebesarbeit, die jetzt an Tausenden von Idioten getrieben wird. Ihn sah ein junger Arzt, der damals zwanzigjährige Guggenbühl, und er konnte dies Bild nicht verlieren. Es kamen ihm hernach andere Cretinen = Ge= stalten unter die Augen, die z. B. durch ein enormes Zahlen= gedächtniß einen gewissen Ruf in ihrer Umgebung hatten. Sie

bewogen ihn, der Cretinismus = Literatur sein Augenmerk zu=
zuwenden. „Aber," sagt er, „als ich die große Literatur des
Cretinismus bis 1840 durchging und dabei sah, daß auch nicht
eine Menschenseele dadurch gerettet wurde, oder irgend eine
praktische Verbesserung eintrat, so ward mir klar, daß die ge=
lehrte Forschung nur ein Element, das zweite und hauptsäch=
lichste aber die persönliche Aufopferung und Liebe sei, wie sie
ein Howard und eine Fry für die Gefangenen, ein Wilberforce
für die Sclaven, ein Hans Egede für die stumpfsinnigen Grön=
länder durchgemacht haben. Die Heilung und Verhütung des
Cretinismus erschien mir demnach als eine großartige Lebens=
aufgabe, die nur mit Aufopferung und Beharrlichkeit erreicht
werden könne." Guggenbühl stellte sich diese Lebensaufgabe
und ging zunächst daran, sich auf die Lösung derselben vor=
zubereiten. Er that dies dadurch, daß er sich erst als praktischer
Arzt in dem Kleinthale des Cantons Glarus niederließ und
sich dann mit Fellenberg in Hoffwyl in Verbindung setzte, der
ihm brieflich seine herzliche Zustimmung zu dem ausgesprochenen
Vorhaben zu erkennen gab. „Ihr edler Entschluß," schreibt
er, „eine Anstalt für die Cretinen zu gründen, hat mich tief
ergriffen, es ist ein Werk der Liebe, das nicht ohne zahllose
Segnungen bleiben kann. Könnten Sie meinem Wunsche nach=
kommen und der Anstalt zu Hoffwyl als Arzt dienen, so könnten
wir mehr als in der Trennung von einander durch gegenseitigen
Gedankenaustausch für das Werk thun." In Kleinthal herrschte
Ein Schmerz, als man von dem Weggange des in zwei Jahren
schon allgemein beliebt gewordenen Arztes hörte. Guggenbühl
konnte nur erwiedern: „Wäre mein Beruf nur der des praktischen
Arztes, so würde ich meine Stellung bei Euch nicht mit der
eines königlichen Leibarztes vertauschen; aber Gott hat mich für
eine andere Bahn bestimmt und ich muß Seinem Rufe Folge
leisten." 1839 ging Guggenbühl nach Hoffwyl. Seine Be=
strebungen für die Aermsten fanden schon jetzt feindselige An=
zapfungen. Ein Berner Tageblatt gab sich zu denselben her.
Dies bestimmte Guggenbühl, das Urtheil competenter Richter
anzurufen. Er wandte sich mit einer Schrift: „Christenthum
und Humanität im Blick auf den Cretinismus in der Schweiz"
an die Schweizerische Naturwissenschaftliche Gesellschaft. Diese
setzte unter dem Vorsitz des Pater Girard eine Commission

nieder, welche sich dahin erklärte: „Es werde gewiß von Erfolg sein, wenn man gegen dies traurige Uebel in der ersten Kind= heit vorgehe, zu einer Zeit, wo der Cretinismus noch nicht so eingewurzelt sei. Die Kenntnisse aber und der Eifer des Dr. Guggenbühl würden, wenn er der Arzt und der Director des Hospitals sei, die besten Garantieen für günstige Erfolge des Unternehmens sein." Um diese Zeit hatte der berühmte Schwei= zerische Förster Kastofer auf dem Abendberge bei Interlaken, 3000 Fuß über dem Meere, eine Anlage gemacht, um den Beweis zu liefern, daß auch auf jenen Höhen eine Pflanzen= zucht und somit die Herstellung einer Colonie möglich sei. (S. Kastofer, sur la colonisation des vallies alpestres. Leip= sick 1836. Derselbe, Ueber Kolonisation der Alpweiden im Gegensatz zu Zucht= und Armenhäusern. Leipzig 1827). Als er von dem Gedanken hörte, mit dem Guggenbühl umging, stellte er ihm seinen Hügel gern zur Disposition, und so wurde nun alsbald ein zweckmäßiger Bau mit einem großen Saal, mit Bädern, Spielräumen u. s. w. hergestellt; ihm folgte bald ein zweites Gebäude, bestimmt zu einer Unterrichts=Anstalt für die Pflegerinnen, die an den armen Kindern zu arbeiten bereit waren. In dem Jahre, welches das 300jährige Todesjahr des Schweizers Paracelsus war, eröffnete Guggenbühl die neue Aera für die armen Idioten. — Wohl nicht leicht hätte Guggenbühl einen passenderen Platz für seine Anstalt wählen können*). In sanitärer Hinsicht genügte er allen Ansprüchen und was die Sinnenbildung anlangt, mußte die Schönheit der Natur sich an Jedermann geltend machen. Auch auf seine stumpfsinnigsten Zöglinge machte sie, wie G. bemerkt, den

---

*) Guggenbühl ließ seinen Blick auf die Höhen richten durch eine Er= fahrung, die er oft gemacht hatte. „Seit undenklichen Zeiten brachten vernünftige Leute im Canton Wallis ihre Kinder, sowie sie mit den Zeichen des Cretinismus geboren (die von der Hebamme meist gleich erkannt werden) auf die Sonnenhöhen ihrer Alpen, wo der Mensch sich körperlich und geistig so herrlich entwickelt, mit dem constanten Erfolg, daß in dieser reinen Luftregion und unter Mitwirkung passender Diät und Er= ziehung das Uebel in einigen Jahren gänzlich verschwand, während die Unglücklichen, welche das Loos trifft, unten zu bleiben, in einen Zustand versinken, gegen den derjenige der Hottentotten, Buschmänner, Botokuden, Feuerländer u. s. w. ein sehr beneidenswerther ist." Guggenbühl in Häser's Archiv, Bd. I, pag. 294.

entschiedensten Eindruck. „Ich selbst," sagt er, „habe mich
überzeugt, wie sie aufmerksam wurden, an die Fenster liefen,
die um sie waren fragend ansahen und Töne und Worte der
Verwunderung von sich gaben, als der nahe Donner ertönte
und der Blitz herniederfuhr und dann der dichte Hagel gleich
Cristallnüssen durch die Luft schoß." So war es G. recht;
denn auf Sinnenbildung zielte in erster Linie seine Pädagogik.
„In ihrem Naturzustande," sagt er, „ist das Sehen der Cretinen kein bestimmtes Hinsehen auf etwas, kein Fixiren und
Auffassen des Einzelnen, sondern nur ein leidendes Verhalten
gegen den Lichtreiz im Allgemeinen." So wurde in erster
Linie das Auge geübt. Die Töne zu wecken oder vielmehr
den Sinn für sie, wurde Musik und Gesang geübt, „welcher
letztere mit Orgelbegleitung in der Anstalt täglich öfters wiederholt wird und von merkwürdigem Erfolg ist." — Bei den
Schwächsten wurden der Gong, ein stark tönendes chinesisches
Instrument, und eine Glocke angewendet, um die Gehörnerven
zu erregen. — Selbst die Geschmacksarten wurden speciell ein-
geübt, der bittere z. B. mit einem Aufguß der Quassia, der
sauere mit Essig, der süße mit Zucker oder Honig, der abstrin-
girende mit Galläpfelaufguß, der salzige mit Kochsalz, der
aromatische mit Münzen, Melissenaufguß u. s. f. Bei vor-
gerückter Entwickelung fehlte es nicht an physikalischen Experi-
menten. Auf die Erziehung des Willens zum Guten sollte
die ganze Ordnung des Hauses wirken, dem schwachen Willen
sollte die Stärkung der Muskulatur durch Turnen zu Hülfe
kommen. „Sobald die körperliche Entwickelung nur etwas fort-
geschritten ist, so halte ich die Garten- und landwirthschaftlichen
nebst häuslichen Arbeiten für die beste Gymnastik, weil ein
bestimmter Zweck damit verbunden ist, nämlich die Vorbereitung
für's bürgerliche Leben." Was die Verpflegung betrifft, so
war sie eine einfache. Milch, Reis, Fleisch, nahrhafte Wurzeln
(mit Ausschluß von Kartoffeln) nebst Weißbrod — in reich-
lichen Portionen dargereicht — bildete die Kost. An Bädern,
Einreibungen, Bewegung im Freien fehlte es nicht. Selbstverständlich wurden die verschiedenen Abstufungen der Zöglinge
wohl beachtet, damit jede ihr Recht empfinge. Daß sie vorhanden waren, galt, wenn es auch die Behandlung erschwerte,
als ein Vorzug der Anstalt." Denn so findet jedes Gespielen

und Vorgänger, in dessen Fußstapfen es treten kann. Der Fortschritt des einen Kindes wirkt anregend, förbernd auf die= jenigen, welche noch weiter zurück sind; das eine geht, spricht, spielt, arbeitet den andern nach. Es fehlt nur noch das oberste Glied der Leiter: das ganz normal entwickelte, seelenvolle Kind. Für diejenigen, welche am weitesten zurück sind, würde dies viel zu hoch stehen, allein für die fähigeren, entwickelteren würde der Umgang mit gut entwickelten Kindern und ihr Bei= spiel ohne Zweifel von günstigem Einfluß sein." Es freut uns, daß schon beim Entstehen der ersten Idioten=Anstalt der neuen Aera diese Annahme sich kund gab, gegenüber der gewiß auch damals schon vorhandenen Meinung, daß idiotische Kinder nur nachtheilig auf normale wirken könnten, und noch mehr, daß Guggenbühl praktisch den Beweis für jene Annahme bei= brachte. Er schreibt (die Cretinen=Heilanstalt auf dem Abend= berge, pag. 109, Anm.): „Um nichts unversucht zu lassen, was in irgend einer Weise das Wohl der Pfleglinge förbern kann, habe ich in den letzten Jahren auch diesem Requisit zu ent= sprechen gesucht und zwei intelligente Kinder eines Dienstboten aufgenommen, welche früher sittlich verwahrlost wurden. Das Resultat war ein günstiges, indem sie unter die übrigen Leben brachten und durch ihre Gesprächigkeit auch andere zu sprechen veranlaßten. Diese wilden, der sittlichen Entartung bereits sehr anheimgefallenen Knaben wandelten sich überdies in ihrem ganzen Wesen um, wurden folgsam und bethätigten sich beim Spielen und Turnen in liebreicher Weise für die hülflosen Cretinen. Die Behauptung, als sei der Aufenthalt von ge= sunden und unentwickelten Kindern bei einander nachtheilig, gehört zu den vielen Vorurtheilen, welche der Sache Unkundige aufgebracht haben; richtig ist es jedoch, daß die Cretinen im Unterricht mit gesunden Kindern durchaus nicht nachkommen." Guggenbühl war sich übrigens bei der Einrichtung seiner Anstalt dessen sehr wohl bewußt, daß es sich zunächst nur um eine Initiative handle. Doch hatte er das Bild einer vollständigen Cretinen=Colonie schon als Ideal vor sich. Die Abtheilungen derselben sind ihm (a. a. O., pag. 82) folgende: 1. eine Ab= theilung für die Säuglinge („Kein Sachkundiger wird mehr behaupten, daß man die Krankheit in dieser Lebensperiode nicht erkennen könne, sei sie angeboren oder acquirirt.") 2. Die

Abtheilung für die Kinder von 1—7 Jahren und zwar a. für die, welche etwas sprechen können, b. für die Stummen, wo die Pantomimik zunächst zu Hülfe genommen werden muß; c. für die mit Krämpfen Behafteten; d. für die psychisch Aufgeregten. — 3. Die Abtheilung für die einfach Blödsinnigen ohne körperliche Krankheit, die zwar mehr ein Gegenstand rein pädagogischer Behandlung sind, dennoch aber ganz zweckmäßig in der Cretinen = Anstalt untergebracht werden, um so mehr, da häufig in der gleichen Familie cretinische und idiotische Subjecte zugleich vorkommen, und auch bei den letzteren die Diät und psychische Erziehung angemessen regulirt werden muß. 4. Die Pflege= und Bewahr=Anstalt für unheilbare Cretinen. 5. Eine Verpflegungs= und Entbindungsabtheilung für solche Frauen, die schon Cretinen geboren haben oder wo das Uebel in der Familienanlage begründet ist. 6. Da auf dem Abendberg Kinder aller Nationen aufgenommen werden, so hat man sie in eine deutsche, französische und englische Familie abgetheilt, deren jede in ihrer Muttersprache unterrichtet wird." Was die Mittel zur Erhaltung seiner Anstalt betrifft, so äußerte sich Guggenbühl: „Ich bin durchaus kein Freund vom Rechnen, halte im Gegentheil dafür, daß solche Werke, im Glauben begonnen und fortgesetzt, auch immer das Nöthige finden werden." Diese Ueberzeugung täuschte ihn auch nicht. Dieser gläubige Sinn durchdrang auch die Pädagogik des Abendberges. „Daß — so schrieb G. an Lord Ashley — daß die unsterbliche Seele bei jedem von Menschen geborenen Geschöpfe ihrem Wesen nach dieselbe ist, war die leitende Idee aller meiner Bemühungen." Demgemäß waren es auch evangelische Diakonissen, die er für die Lehr= und Pflege = Arbeit verwendete. Man hätte denken sollen, daß dieser religiöse Standpunkt, den der Stifter der ersten Cretinen=Anstalt einnahm und der derselben ihr specifisches Gepräge gab, ihr von vornherein manchen Widerspruch habe erwecken müssen. Aber nichts weniger als dies war der Fall. Die verschiedensten Richtungen vereinigten sich in dem Enthusiasmus für den Abendberg, der bald ein von nah und fern besuchter Wallfahrtsort wurde. Aerzte, Philanthropen, Belletristen pilgerten zu ihm hin und füllten die Welt mit einer Abendberg= Literatur, der alle civilisirten Sprachen dienten. Dabei fand die Ueberschwänglichkeit den weitesten Spielraum. Die Gräfin

Ida Hahn-Hahn hörte auf einer Reise in Schweden vom Abend=
berge, sie besuchte ihn und setzte ihre Feder und ein ansehn=
liches Kapital für ihn ein; der Amerikaner Howe will ihn den
„heiligen Berg" genannt wissen. Die heimkehrenden Besucher
wurden in Deutschland, England, Frankreich, Amerika Für=
sprecher der armen Idioten, weckten Interesse für dieselben,
veranlaßten die Gründung von Heil= und Pflege=Anstalten für
sie. Diese Anstalten galten als Guggenbühl's „Pflegetöchter";
er wurde eingeladen sie zu besuchen oder durch Abhaltung von
Vorträgen die Theilnahme anzuregen. So brachte Guggenbühl
einen guten Theil des Jahres auf Reisen zu, überall gefeiert
als der Mann, der an die Stelle der bis dahin für unmöglich
gehaltenen Cretinenbildung das Evangelium einer allgemeinen
Heilbarkeit gesetzt hatte. Wer nüchternen Blickes diese Lauf=
bahn verfolgte, konnte sich einer gewissen Bedenklichkeit nicht
erwehren. Man mußte auf Rückschläge gefaßt sein, und sie
blieben auch nicht aus. Um die Mitte der fünfziger Jahre stand
der Ruhm Guggenbühls und seiner Stiftung im Zenith. Hatte
aber die Siegeslaufbahn über fünfzehn Jahre gefüllt, so sollte
die rückgängige Bewegung in einem halb so langen Zeitraum
beschafft werden. Es waren zu verschiedene Elemente, die sich
zu dem Guggenbühl = Enthusiasmus vereinigt hatten. Manche
fielen ab; jetzt wurden die Fehler unter die Lupe genommen.
Es wurden Verdächtigungen laut. Es wurde bei den hervor=
tretenden Feindschaften eben so schwer, den wahren Sachverhalt
zu durchblicken, wie vorher bei den Ovationen. Da veranlaßte
1858 der englische Minister Gordon in Bern eine von der
Regierung angestellte Untersuchung, und das Ergebniß war,
daß der Makel der Charlatanerie auf Guggenbühl fiel und daß
die Schweizerische Naturforscher=Gesellschaft, die das Unternehmen
mit begründet hatte, unter den Ausdrücken des stärksten Un=
willens ihm alle fernere Theilnahme und Unterstützung entzog.
G. schrieb noch 1860 energische Proteste in der Zeitschrift der
Gesellschaft der Aerzte zu Wien gegen die ihm gemachten Vor=
würfe; aber seine Stimme hatte ihre Macht verloren, seine
Anstalt löste sich auf. Er selbst zog sich nach Montreux zurück,
wo er 1863, kaum 47 Jahre alt, sein wechselvolles Leben
endete. Es kommt uns nicht in den Sinn, den Mann zu
richten; aber die Erklärungsgründe des Verlaufs scheinen uns

im Folgenden zu liegen. Der Bogen war zu straff gespannt. Es
war zu viel verheißen. Wer die Erfüllung aller Verheißungen
sehen wollte, dem mußten Paradepferde vorgeführt werden, und
nicht jeden Beobachter konnte diese Procedur, wenn sie ihrem
Wesen nach durchschaut wurde, befriedigen*). Ohne den lautern
Sinn des Anfangs in Zweifel zu ziehen, kann man der Er=
fahrung Rechnung tragen, daß das Weihrauchstreuen der Nüch=
ternheit schadet. Dazu kommt, daß während G. auf Reisen
war, auf dem Abendberge sich Mißstände einschlichen, die durch
ihn nicht gleich wahrgenommen und corrigirt werden konnten.
Wenn nun aber bei der Entdeckung der Mängel sein religiöser
Sinn, den man anfänglich tolerirt hatte, als Quelle derselben
dargestellt, er selbst als Heuchler prostituirt wurde, so ist dies
eine Erscheinung, die zu landläufig ist, als daß sie uns auch
nur einen Augenblick gegen Guggenbühls Charakter mißtrauisch
machen dürfte. —

Was war denn aber eigentlich die Aufgabe und Bedeutung
der Guggenbühl'schen Mission? Wir wollen bei dieser Frage
die Wirksamkeit an den 20 Kindern, die jeweilig in der Anstalt
waren, nicht wie Georgens thut, unter dem Gesichtspunkt „einer
mit Mühe und Schein verdeckten Erfolglosigkeit" betrachten.
Wir haben kein Recht, alle die Berichte, die er über seine
einzelnen Zöglinge giebt, ihrem ganzen Umfange nach zu be=
anstanden. Aber der Schwerpunkt seiner Mission liegt in diesen
Kindern nicht. Eher könnte er schon in den Grundsätzen liegen,
die er auf Grund seiner Erfahrungen zu Gunsten von Prohibitiv=
maßregeln proklamirte. Er drang auf die Einrichtung von
Musterdörfern, in denen die Häuser an trockenen, sonnigen
Orten errichtet, von gesundem Baumaterial erbaut und die
Zimmer mit gehöriger Ventilation versehen, wo die Nahrungs=

---

*) Griesinger sagt in dem von ihm verfaßten 12. Jahresbericht der
Anstalt zu Mariaberg: „Die Erfahrung hat in den 18 Jahren, die seit
Gründung der ersten Cretinen=Anstalt auf dem Abendberge verflossen sind,
vieles gelehrt, was in der ersten Begeisterung für die schöne und humane
Sache der ‚Cretinenheilung' noch unbekannt oder übersehen worden war.
Die Sache wurde damals für viel, viel leichter gehalten, als sie ist und
es gereichte nicht zu ihrem dauernden Vortheil, daß übertriebene Hoff=
nungen und Erwartungen erregt, unrealisirbare Versprechungen gemacht
und selbst höchst zweifelhafte Heilresultate als feststehende Thatsachen an=
gekündigt wurden."

mittel vervielfältigt, der Branntweingenuß beschränkt, für gutes Trinkwasser und für Einführung jodhaltigen Kochsalzes gesorgt, wo die blutsverwandtschaftlichen Ehen und die Verbindung von cretinösen Individuen verhindert, die Rassendurchkreuzung begünstigt und die physische Erziehung gefördert werden müsse. Doch auch in diesen Vorschlägen und ihrer Geltendmachung vor dem Publikum und den Regierungen ist der Brenn= und Schwerpunkt seiner Mission nicht zu suchen. Dieser liegt vielmehr in dem wirksamen Anstoß, den er der Cretinen= und Idiotenpflege überhaupt gegeben hat. Zum Beweis dafür, daß wir hierin mit Recht die Hauptaufgabe seiner Mission sehen, mag der Umstand dienen, daß die Männer der verschiedensten Richtungen — wir nennen nur Nasse, Georgens, Erlenmeyer, Brandes — durch den Blick auf diese von ihm geübte Wirksamkeit seiner zunächst gelegenen Arbeit ein so mildes und schonendes Urtheil zu Theil werden lassen, wie sie es sonst unfehlbar nicht gethan haben würden. Aber welchen Weg hat diese Wirksamkeit nach außen genommen? Zunächst natürlich wurde von Guggenbühls Thätigkeit geschrieben und geredet mit dem Zwecke, daß den armen schweizerischen Cretinen Hülfe zu Theil werde. Für die Elenden in der Schweiz wurde gesammelt und dem Abendberge flossen die Gaben zu. Keinem kam der Gedanke, daß ein verwandtes Elend in der Nähe zu Hause sei, daß jene armen Cretinen nur Glieder einer Familie seien, deren andere Glieder sich im eigenen Lande befänden*). Es ging wie auf kirchlichem Gebiete, wo die innere Mission erst nach vielen Jahren auf die äußere folgte. Dennoch währte es nicht so ganz lange, bis an einigen Orten, wenigstens vom Abendberge aus, der Blick auf die eigene Heimath gerichtet ward. Regierungen, wie die Württembergische, die Sardinische, die Sächsische, auch die Oesterreichische ließen, durch den Schweizerischen Anstoß veranlaßt, entweder Cretinen= und Idioten=Zählungen vornehmen, oder sie setzten Commissionen ein, die sich mit der Idiotensache befassen sollten, oder sie boten zur Errichtung von Idioten=Anstalten die Hand.

---

*) Im Jahre 1842 redete ein Hamburger, der Physicus Dr. Buek, in Braunschweig zu Gunsten der Idioten — und dachte nur an die auf dem Abendberge. 1869 redete ebendaselbst ein Hamburger, der Verfasser dieser Schrift, auch zu Gunsten der Idioten — aber der Braunschweigischen.

Dies Letztere geschah indeß weniger abseiten der Regierungen als durch Private. Solche, die auf dem Abendberge gearbeitet, gingen hinaus, ähnliche Institute zu gründen; so entstand die Anstalt im Schlosse Vennes bei Lausanne, die andere auf der Fellgersburg in der Nähe von Stuttgart. Und mehr noch als Guggenbühls Mitarbeiter wurden Besucher des Abendbergs zu Gründern neuer Anstalten. Dr. Twining aus London veröffentlichte mehrere Brochüren über den Abendberg, den er besuchte. Eine derselben kam in die Hände einer hochherzigen Frau, der Miß White — sie eröffnete die erste Anstalt in England, die zu Bath. Sir Ogilvy hatte für sein idiotisches Kind Hülfe auf dem Abendberg gesucht und gefunden. Aus Dankbarkeit stiftete er ein Idiotenhaus zu Baldovan bei Dundee, die erste schottische Anstalt. Der Same zu den ersten Nordamerikanischen, der zu Massachusetts in der Nähe Bostons, aus der Schweiz wurde er über's Meer getragen. Wir haben diese Anstalten nur beispielsweise genannt; uns werden, wo weiter unten von den einzelnen Stiftungen wird berichtet werden — noch mehrere begegnen, deren Entstehung durch die Arbeit des Abendberges veranlaßt ward. So glauben wir durchaus im Rechte zu sein, wenn wir, obgleich über den Abendberg der Stab gebrochen ist, doch den Stifter der Anstalt, Guggenbühl, segnen, als den, der in Gottes Hand das hauptsächlichste Mittel wurde, für die Aermsten unter den Armen eine neue Aera heraufzuführen.

5. In Frankreich erregte im Jahre 1801 ein Idiot großes Aufsehen, den man im Walde bei Aveyron auffand. Er wurde bekannt unter dem Namen des „Wilden von Aveyron". An seinen Namen knüpfte sich bald der des Arztes Itard. Denn dieser unternahm es sechs Jahre hindurch sich abzumühen, jenem sogenannten Wilden eine gewisse Cultur beizubringen. Es gelang. Damit war das Werk im Bicêtre zu Paris, das hernach von hervorragender Bedeutung werden sollte, begonnen. 1828 eröffnete Ferrus eine eigene Cretinen = Schule im Bicêtre, der im Jahre 1839 Dr. Voisin eine zweite hinzufügte. 1837 begann Dr. Eduard Séguin seine Arbeit an den Idioten. Durch Voisin und Ferrus wurde er Director des Idioten = Asyls in Bicêtre. Er brachte die Ausdauer mit, die dem Idioten= Erzieher unentbehrlich ist. Er giebt uns ein Beispiel davon

in dem, was er in seinem Traitement u. s. w., pag. 366, von einem Zögling, der ein Perpetuum mobile war, erzählt. Er setzte sich ihm gegenüber, hielt mit seinen Knieen die Beine des Zöglings, mit einer seiner Hände seine Hände zusammen und verharrte ganze fünf Wochen (mit alleiniger Ausnahme der Eß= und Schlafzeiten) in dieser Situation. Da war der Unruhige gebändigt. Er war aber nicht blos praktisch für seine Eleven thätig. Die Erfahrungen, die er machte, wurden in umfassender Weise literarisch verwerthet. Sein Traitement moral, hygiène et éducation des idiots et des autres enfants arriérés war das erste systematische Lehrbuch der Idioten = Erziehung von Bedeutung. Nicht ohne Anerkennung blieb sein Wirken. Die berühmten englischen Aerzte Gaskell und Conolly lenkten das Augenmerk ihrer Landsleute auf Séguins Wirken, der Papst Pio nono ließ ihm ein ehrenvolles Belobungsschreiben zukommen. Daß Guggenbühls Principien und die seinigen sich begegneten, rechnete er sich selbst gern zur Ehre an, und daß er in England neben dem Meister vom Abendberge genannt wurde, war ihm nicht gleichgültig. Seine Wirksamkeit im Vaterlande wurde ihm jedoch bald durch seine politische Ueberzeugung unmöglich gemacht. Er war zu sehr Republikaner, als daß er nach 1848 noch hätte in Frankreich leben mögen. Er siedelte in die Nordamerikanische Republik über. Hier präsidirte er eine Zeitlang der Pennsylvania training school. Die letzten 30 Jahre verlebte er als Arzt in New=York, noch immer für die Idioten schriftstellerisch thätig. Zuletzt beabsichtigte er die Anlegung einer Physiological school for weak minded and weak-bodied children. Im October 1880 erschien der Prospect derselben. In demselben heißt es: „Die Anwendung der Physiologie auf die Erziehung war das Werk meiner Jugend und meine Gedanken sind diesem Gegen= stande treu geblieben 42 Jahre hindurch. Ich will ihm meine letzten Jahre widmen unter dem Beistand meiner Frau, der ich einen jungen, verständlichen Exponenten der Methode hinter= lassen möchte, die ich zwar aufgebracht, aber nicht erschöpft habe in meinen vielen Büchern, Scripturen und lebendigen Auseinandersetzungen." Wenige Wochen nach der Veröffent= lichung dieses Prospects hatte der Tod schon seinem Wirken das Ziel gesetzt. Noch in demselben Monat October wurden

ihm die letzten Gedächtnißreden gehalten. Es haben vor Sé=
guins Augen Wenige Gnade gefunden. Itard, Pinel, Esquirol
erfahren oft eine recht scharfe Kritik von ihm; dennoch erwartet
er von den Aerzten — wenn sie seine physiologische Erziehung
adoptiren — besseren Einfluß auf die Schule, als von den
„Bonzen des Ostens und des Westens", denen doch nur die
Dummheit und Unterwürfigkeit heilig ist. „Die physiologische
Sinnenbildung," sagt er, „ist der königliche Pfad zur Bildung
der Intelligenz; Erfahrung nicht Gedächtniß, die Mutter der
Ideen, alle Ideen aber sind Schwestern in Gott, die zur Ein=
heit des Wissens und der Religion hinstreben."

§ 19.

Die Wirkungen von Guggenbühls Arbeit für Deutschland waren
die, daß Deutsche Regierungen (Sachsen, Württemberg) statistische Er=
hebungen über das Vorhandensein des Idiotismus vornehmen ließen, theil=
weise auch selbst Anstalten für die Idioten ins Leben riefen (Hubertusburg),
daß die den Idioten zu leistende Hülfe zum Gegenstand der Verhandlung in
ärztlichen Versammlungen, auf Pfarrconferenzen und Kirchentagen*) gemacht
und sowohl von religiös=kirchlichen Corporationen als auch von Humanitäts=
vereinen, von einzelnen Privaten und zusammengetretenen Comités An=
stalten für Idioten gestiftet wurden, für welche Genossenschaften, wie der
evangelische Johanniterorden u. a. nicht selten erhebliche Beisteuern gaben.

So entstanden in Deutschland
1839 (1847) die Kernsche Anstalt in Möckern [1]),
1845 Berlin, Saegert (eingegangen [2]),
1845 Schreiberhau [3]),
1846 Hubertusburg [4]),
1847 Mariaberg [5]),
1849 Stetten [6]),
1852 Schleswig [7]),

*) Die Naturforscher und Aerzte behandelten 1860 in ihrer Ver=
sammlung zu Eisenach die Idiotenfrage, aber ohne daß es eine Tragweite
gehabt hätte. Der Rheinische Provinzial=Ausschuß für die innere Mission
beschäftigte sich mit ihr in seinen Conferenzen und erwarb sich ein Verdienst
durch die Herausgabe der Leben erweckenden Disselhoffschen Schrift (1857).
Der Deutsche evangelische Kirchentag glaubte sie auch einmal auf sein
Programm setzen zu müssen; aber seine Special=Conferenz zu Barmen, die
fast gleichzeitig mit der Eisenacher Aerzte=Versammlung tagte, brachte es
auch nur zu höchst allgemeinen Resolutionen.

1852 Ecksberg [8]),
1854 Neuendettelsau [9]),
1859 M.=Gladbach [10]),
1861 Neinstedt [11]),
„   Hafferode [12]),
1862 Kiel [13]),
„   Craschnitz [14]),
„   Langenhagen [15]),
1863 Alsterdorf (Hamburg) [16]),
„   Rückenmühle [17]),
1865 Potsdam [18]),
„   Rastenburg [19]),
1866 Polsingen [20]),
1867 Schwerin [21]),
1868 Neu=Erkerode [22]),
1869 Darmstadt [23]),
„   Glött [24]),
1870 Scheuern [25]),
1871 Leschnitz [26]),
1873 Schrötersches Pensionat (Dresden) [27]),
1876 Oberhoffen [28]),
1880 Mosbach [29]),
1881 Marsberg [30]),
„   Dalldorf (Berlin) [31]),
„   Liegnitz [32]).

[1]) In Möckern bei Leipzig besteht die älteste deutsche Privat=
Anstalt, begründet von C. F. Kern. Derselbe, den 7. Juni
1814 zu Eisenach geboren, widmete sich dem Schulfach. 1834
wurde er durch den Oberconsistorialrath Toepfer zu Eisenach
veranlaßt, zwei bei demselben zur Confirmation angemeldete
schwachsinnige Knaben, die bis dahin noch keinen Unterricht
empfangen hatten, vorzubereiten. Der eine der beiden Knaben
war zugleich taubstumm. Nach gutem Erfolg erhielt er hernach
zwei gleichartige Kinder. Kern, um sich hierzu geschickter zu
machen, ging erst nach Weimar, dann besuchte er drei Monate
lang die Leipziger Taubstummen=Anstalt. Bald wurde er von
Reich als Lehrer angestellt und 1839 als Director an die
Taubstummen = Anstalt seiner Vaterstadt berufen. Dort be=
schäftigte er sich zugleich mit der Blöden=Erziehung, und 1842

wurde seine Anstalt von der Regierung approbirt, so daß ihr von da an auch staatsseitig Zöglinge überwiesen wurden. Jetzt verheirathete sich Kern mit Carolina Koehler aus Bitterfeld, die ihm bei der Arbeit an seinen Pflegebefohlenen treu zur Seite stand. Rührend ist es, wie Kern in seinem Lebens= Abriß bei Gelegenheit seiner Doctor=Promotion bekennt: „Und wenn ich heute hier stehe, die höchsten Ehren der medicinischen Wissenschaft zu empfangen, so muß ich Dir, liebste und treuste Lebensgefährtin, von ganzem Herzen Dank sagen; denn ohne Deine Ausdauer, ohne Deinen rastlosen Eifer, ohne Deine Sorgfalt und Bemühungen, die oft ganz auf Dir ruhten, hätte ich mein vorgestecktes Ziel nie erreicht." Kern erkannte, daß die Vereinigung der Taubstummen= und Idioten=Anstalt auf die Länge nicht zu halten sei. Obgleich nun die Eisenacher Alles aufboten, ihn zu halten, legte er sein ersteres Amt nieder und siedelte im Februar 1847 mit seinen Idioten nach Leipzig über. Hier benutzte er zugleich die Universität, um sich dem Studium der Medicin zu widmen. Am 16. März 1852 pro= movirte er zum Doctor der Medicin. Später verlegte er seine Anstalt nach Möckern bei Leipzig; eine Zeitlang stand ihm sein Schwiegersohn Dr. Kind als Arzt zur Seite, längere Zeit vor diesem Prof. Jul. Clarus. Er hat die ca. 50 Pensionäre umfassende Anstalt bis an seinen Tod mit großer Aufopferung seiner Kräfte geleitet. Jetzt wird sie von der Wittwe unter Assistenz des Sohnes, Dr. med. Kern jun., fortgeführt.

²) S a e g e r t, Director der Taubstummen=Anstalt in B e r l i n, kam oftmals in die Lage, taubstumme Kinder wegen Bildungs= unfähigkeit von der Aufnahme abweisen zu müssen. Es wurde ihm schwer wegen des Gedankens, „daß sie dann zum geistigen Tode, zu einem rein vegetirenden Leben verdammt seien." Er lenkte nun seine Aufmerksamkeit auf das, was über Blödsinn geschrieben war. Er flüchtete sich von Kant, der ihm alle Hoffnung für die Unglücklichen nahm, zu F. A. Carus. Aber auch bei diesem Philosophen, ebenso bei Hegel und Rosenkranz fand er keine Genüge. Da wandte er sich zu den Aerzten. Aber auch Esquirol, Ideler u. A. erschlossen ihm noch das nicht, was er suchte, bis endlich durch Joh. Müllers Physiologie ihm die Möglichkeit der Blödsinnigen=Bildung evident wurde. Nun wurden Versuche an einem Knaben gemacht, der zuerst

wegen Bildungsunfähigkeit abgewiesen war. Da dieselben günstig
ausfielen, brachte Saegert die Sache der Blödsinnigen-Bildung
bei den Behörden zur Sprache. Der Minister von Eichhorn
gab seinen Beifall zu erkennen, aber eine staatliche Anstalt
wurde nicht beschlossen, vielmehr Saegert anheimgegeben, die
Arbeit an den Idioten auf dem Wege der Privatunternehmung
fortzusetzen (1. April 1845). Saegert that es. Er selbst nahm
die Leitung des didactischen, die specielle Handhabung des päda=
gogischen Verfahrens in die Hand, seine Frau die diätetische
Pflege. 1846 bespricht Saegerts Schrift (die Heilung des
Blödsinns auf intellectuellem Wege) schon die Behandlung von
20 Fällen in seiner „Heil= und Bildungs = Anstalt für Blöd=
sinnige zu Berlin". Später ging diese Anstalt auf Dr. Fr.
Heyer über, der — 34 Jahr alt — sich noch entschloß, neben
seiner Stellung an der Taubstummen=Anstalt die medicinischen
Wissenschaften zu studiren und 1858 die Approbation als prak=
tischer Arzt empfing. Später wurde die Anstalt nach Neustadt=
Eberswalde verlegt.

³) Zu Schreiberhau in Schlesien war bereits 1835 ein
Rettungshaus gegründet, dem noch jetzt der schon 1849 in die
dortige Arbeit eingetretene Inspector Gerhardt vorsteht. 1845,
zur Zeit des Inspectors Rudolph, besuchte der Gutsbesitzer
Mantel auf Wirsewitz die Anstalt und bat um die Aufnahme
eines blödsinnigen Knaben. Sie wurde ihm bewilligt; der
Knabe trat im September desselben Jahres ein. Er war eine
merkwürdige Erscheinung; im höchsten Grade unzugänglich für
allen Unterricht der gewöhnlichen Schule, auch für die Anleitung
zu den einfachsten Arbeiten, war er ein seltenes religiöses Ge=
müth und im Stande, Alles aufzufassen, was mit der Heils=
geschichte und Heilslehre zusammenhing. Er starb im Jahre
1854. Da dieser Erstling es nöthig machte, daß man ihn
anders nahm als die Zöglinge des Rettungshauses, so wies
man die anderen Blödlinge, für welche in demselben Jahre
um Aufnahme gebeten wurde, nicht ab. Es wurden 1845
außer ihm noch 2 Knaben und 1 Mädchen aufgenommen.
1846—48 kamen in jedem Jahre je ein Kind, 1849 2 hinzu.
So ist die Idioten-Anstalt aus den kleinsten Anfängen hervor=
gegangen. 1882 zählte die ganze Anstaltsgemeinde 85 Pflege=
befohlene, nämlich 43 Zöglinge des Rettungshauses, 27 Idioten,

12 Präparanden (die Präparanden-Anstalt ist jetzt aufgehoben) und 3 Pensionäre.

*) Hubertusburg. Im August 1844 hielt der Bezirksarzt Dr. Ettmüller zu Freiberg in Sachsen in der 4. Sitzung der Mitglieder des Vereins für die Staatsarzneikunde im Königreich Sachsen einen Vortrag „über Erziehung blödsinniger Kinder". Dieser Vortrag, bei dem es weniger auf wissenschaftliche Deduc=tion, als auf die Verbesserung des Looses der Idioten abgesehen war, hatte den erwünschten Erfolg. Das Königliche Ministerium des Innern und das des Cultus und des öffentlichen Unter=richts wurden für die Sache gewonnen; sie forderten von den Kreis=Directionen des Landes die Aufgabe derjenigen Kinder, bei denen etwas von einer Anstaltserziehung zu hoffen sein dürfte, sandten den Privatlehrer Hörnig in die schon bestehenden ausländischen Privatanstalten und verordneten, daß noch im Laufe des Jahres 1846 eine Versuchsanstalt zu Hubertusburg eingerichtet werden sollte. Diese trat denn auch am 3. August d. J. in's Leben, die erste deutsche Staatsanstalt. Für die Versuchsanstalt wurde die Zahl der Zöglinge auf 10 festgesetzt. Anfänglich, jedoch nur bis zum 1. November 1846, leitete sie Hörnig; dann trat der Lehrer Gläsche an seine Stelle, unter dem 1852 die Versuchsanstalt zur „Erziehungs = Anstalt für blödsinnige Kinder" wurde mit der Normalzahl 30. Waren bis dahin nur Knaben bedacht, so wurden von 1857 an auch Mädchen aufgenommen. Bei ihrem 25jährigen Jubiläum 1871 hatte die Anstalt 33 männliche, 13 weibliche Zöglinge, für welche 3 Lehrer, 1 Aufseherin und Lehrerin für weibliche Handarbeiten, 2 Werkmeister und 3 Wärterinnen thätig waren. Die Erziehungs=Anstalt gehört zu den vereinigten Landesanstalten Hubertusburgs, die unter einem ärztlichen Director stehen (jetzt San.=Rath Dr. Köhler). 19 Jahre verwaltete Carl Gläsche, nachmaliger Di=rector des Waisenhauses zu Dresden, das Amt des Oberlehrers, ebenfalls 19 Jahre sein Nachfolger, der im Jahre 1884 ver=storbene J. C. Pflugk, an dessen Stelle alsdann Ewald Reichelt trat, der bereits seit 1863 Lehrer in Hubertusburg gewesen war. Die Anstalt hat bis jetzt nur drei Berichte veröffentlicht, von denen der dritte „ein Gedenkblatt zur 25jährigen Stftungs=feier" (1871) über den gehandhabten Unterricht in der Schule

und in der Werkstatt sich lehrreich ausspricht; eine Geschichte
der allmählichen Fortentwickelung kann natürlich hier nicht ge=
geben werden, da es sich um eine Staats = Anstalt handelt, in
der gleich Alles krystallisirt auftritt.

⁵) Mariaberg. Zwei liebliche Kinder des Grafen Hugo
von Montfort spielten im Lauchartgrunde — und verschwanden.
Der Vater gelobt der Gottesmutter einen Klosterbau, wenn
sie ihm die lieben Vermißten zurückgebe. Vor der Heuzeit
geschieht es. Man macht sich an die Schober des alten Jahres
und siehe da, in einem derselben ruhen nebeneinander die Leichen
der Geschwister. Der Vater hält sein Versprechen. Auf der
Höhe erhebt sich „Kloster Berg zur lieben Frauen". — Jahr=
zehende lösen einander ab. Endlich schlägt die Stunde, die
den Klosterfrauen von Mariaberg als die letzte bestimmt ist.
Da wird es eine Zeitlang stumm in den Klostermauern. Sollen
sie gar verfallen? Soll eine Ruine von der felsichten Höhe
in das freundliche Thal herabblicken? Das sei ferne! Des
Königs Huld hat ihnen ein neues Leben zugedacht.

Württembergs König hatte mit Theilnahme von dem ge=
hört, was durch Guggenbühl für die armen Cretinen geschah.
Er hatte selbst den Abendberg besucht. Er wußte, daß auch
in seinem Lande Cretinen seien, aber das allgemeine Wissen
befriedigte ihn nicht. Er ließ Erhebungen vornehmen; das
traurige Resultat war, daß sich die Zahl jener Armen auf
5000 belief. Ein Arzt voll feurigen Eifers, Dr. Rösch, der
im Auftrage der Regierung die Rundreise durch Württemberg
gemacht hatte, suchte gleichgesinnte Männer zu gewinnen, sich
mit ihm an die Spitze eines Unternehmens zu Gunsten der
Idioten zu stellen. Der Zeitpunkt war wie gegeben. Der
Pfarrer Haldenwang, der sich in Wildberg seit 1835 einiger
Cretinenkinder angenommen, wurde genöthigt, seine Anstalt
aufzugeben. So war ja gleich für eine neue Anstalt ein
Stamm vorhanden. Nun wurde mit einem von dem nachmaligen
Prälaten von Kapff am 6. Mai 1847 gehaltenen Gottesdienste
das Werk begonnen. König Wilhelm hatte im December des vorher=
gehenden Jahres das Klostergebäude Mariaberg nebst Kirche und
Garten der zu errichtenden Anstalt überwiesen. Mit 13 Kin=
dern, worunter 10 von Wildberg gekommen, wurde der Einzug

gehalten. Anfänglich hielt man dafür, daß sowohl der leitende Vorstand, als auch der Director ein Arzt sein müsse. Der erste Vorstand war Dr. Rösch, bald folgte auch der ärztliche Director in der Person des Dr. Zimmer, nachdem zuerst der vom Abendberg gekommene Lehrer Helferich das hausväterliche Amt verwaltet hatte. — 1860 aber stellte man fest, daß der Vorstand nicht gerade ein Mediciner zu sein brauche und 1869 bei Dr. Zimmers Tode ging auch die Direction, das Hausvater= amt auf einen Pädagogen über. — Mariaberg hat stets das Glück gehabt, daß sein Vorstand einen Namen des besten Klanges trug. Dr. Rösch, Professor Autenrieth, Professor Dr. Griesinger, Prälat von Beck, Regierungsdirector von Schwandner, Oberamtmann Neudörffer. Ihre Majestät die Königin Olga war schon als Kronprinzessin die erhabene Beschützerin des Werkes. Auch das war von nicht geringem Segen für die Anstalt, daß ihre Leitung so wenig dem Wechsel unterworfen war. Der erste Director, Helferich, leitete die Anstalt bis 1850, von da bis 1869 der zweite, Dr. Zimmer, der dritte wurde Kraft Rall, der vorher schon 19 Jahre lang als Lehrer an der Anstalt thätig gewesen war und noch jetzt in Kraft und Segen an ihr wirkt. — Die Anstalt hatte zunächst ihr Augenmerk nur auf solche gerichtet, bei denen gehofft werden konnte, daß Unterricht und Erziehung nicht ohne Erfolg sein würde; aber schon 1852 ging man mit dem Gedanken um, auch eine Bewahr=Anstalt einzurichten; doch erst 1860 wurde der Plan nach erlangter Königlicher Genehmigung ausgeführt. Als 14 Jahre nach dieser Erweiterung verflossen waren, sollte eine zweite folgen. Durch diese sollte den älteren Schwach= sinnigen eine nutzbringende Beschäftigung verschafft werden. Durch von Schwandners eifriges Bemühen wurde eine umfang= reiche Landwirthschaft der Anstalt hinzugefügt. Die Anstalt trat an die Stelle des bisherigen Pächters der Staatsdomaine Mariaberg, zu welcher 140 Morgen Acker, 40 Morgen Wiesen und 160 Morgen Weidefläche gehören. Das Wachsthum der Anstalt ist sehr allmählich vor sich gegangen; nach 1869 rascher als vorher. Die von ihr ausgegangenen gedruckten Jahres= berichte sind für die Literatur des Idiotenwesens von Werth, da manche in physiologischer (z. B. der 9. und 12., der letztere

von Griesinger verfaßt), manche in pädagogischer Hinsicht (z. B.
der 14., 16. und 17.) eine schätzenswerthe Ausbeute geben*).

⁶) Rieth = Winterbach = Stetten. Als wie im übrigen
Deutschland auch in Württemberg das politische Kämpfen und
Ringen alle anderen Bestrebungen absorbirte, Alles nur auf
die Anbahnung besserer bürgerlicher Zustände für unser Volk
bedacht war und ein nie gekannter Freiheitsschwindel durch die
Gründung unzähliger Volksvereine an das Aufkommen von
Wohlthätigkeits = Vereinen nicht denken ließ, wagte ein kleiner
Kreis christlicher Männer in Württemberg, seine Stimme zu
Gunsten der armen Blöden zu erheben. An ihrer Spitze stand
der Dr. med. Müller aus Tübingen. Man miethete das
Gräflich Reischach'sche Schloß zu Rieth im O. = A. Veihingen
und machte am 21. Mai 1849 daselbst in Gottes Namen den
Anfang mit zwei Kindern. Die Hauptförderer des Unter=
nehmens gehörten den pietistischen Kreisen an, wir erwähnen
nur den rührigen Philipp Paulus vom „Salon" bei Ludwigs=
burg. So suchte und fand es denn auch seine Stütze in
Württembergs, dem Pietismus günstigen Volke und mit seiner
Hülfe konnte es sich der Aermsten unter den Idioten annehmen.

---

*) In J. Schmidt, Die innere Mission in Württemberg, Hamburg
1879, wird folgendes Urtheil über Mariaberg gefällt: „Obgleich die Anstalt
ihr Jahresfest in den hergebrachten Formen einer religiösen Feier begeht,
trägt sie doch etwas mehr als andere Anstalten den Charakter allgemeiner
Humanität und findet in den populären Kreisen, die sonst derlei Anstalten
tragen, nicht eine so ausgebreitete Unterstützung, deren sie freilich auch
weniger bedarf. Jedenfalls hat eine andere Anstalt, deren Ursprünge
zeitlich nicht sehr entfernt von ihr zu suchen sind, die Heilanstalt Stetten,
sie aus diesen und anderen Gründen an eigentlicher Popularität über=
flügelt." Wenn dem so wäre, so war es uncorrect von dem Verfasser,
daß er die Anstalt mit unter den Anstalten der inneren Mission aufführte,
da er (pag. 4) erklärte: „Wir schließen aus alle Arbeiten blos humanitärer
Art, bei welchen absichtlich die religiöse Tendenz ausgeschlossen ist, können
dieselben höchstens anfangsweise berücksichtigen." Oder genügt das Jahres=
fest, das in den hergebrachten Formen einer religiösen Feier begangen
wird, „um Mariaberg mit seinen Bestrebungen zu denen zu rechnen, die
in Folge anormaler äußerer oder innerer Verhältnisse dem ordentlichen
Amte nicht erreichbaren Glieder der Kirche dieser wieder zuzuführen und
soweit möglich unter den normalen Einfluß des kirchlichen Amtes zu
bringen?" (die der Verfasser allein behandeln will). Die zu Gunsten einer
anderen Anstalt an Mariaberg geübte abfällige Kritik wäre wohl besser
beiden Anstalten erspart worden.

Waren beim erſten Jahresfeſte, am 30. November, des Stiftungs=
jahres ſchon 12 Zöglinge vorhanden, ſo hatte ſich dieſe Zahl
beim dritten ſchon mehr als verdreifacht. Im dritten Jahre
begegnen wir 51 Kindern und, wenn wir hören, daß jedes
durchſchnittlich 49 fl 47 Kr. zahlte, ſo wiſſen wir ſchon zur
Genüge, daß die Anſtalt darauf angewieſen war, von der Liebe
des Volkes getragen zu werden. Der wachſenden Anſtalt ge=
nügten die Räume zu Rieth nicht mehr. Man mußte an einen
Umzug denken. Aber wohin? Zu Winterbach waren die
Locale des dortigen Schwefelbades käuflich. Winterbach liegt
im Remsthal. Als Kaiſer Joſeph im Jahre 1777 von Paris
nach Wien zurückkehrend durch das Remsthal zog, ſagte er zu
dem damaligen Oberamtmann in Schorndorf: „Ihr Herzog
hat ein ſchönes Land und ihr Remsdorf könnte man einen
Garten Gottes heißen.“ Außer der Schönheit und Lieblichkeit
der Landſchaft wurde der Ort durch ſeine Wärmeverhältniſſe
und durch ſein gutes Quellwaſſer für die Anſtaltsverhältniſſe
empfohlen. So wagte man denn getroſt den Kauf und machte
auch die angenehme Erfahrung, daß die Liebe von Hohen und
Geringen in kurzer Zeit die für den Ankauf und die neuen
Einrichtungen erforderlichen Mittel zuſammenbrachte. Mit dem
Umzug der Anſtalt nach Winterbach ſtand ein für das innerliche
Leben derſelben höchſt bedeutungsvolles Erlebniß in Verbindung.
Jetzt, im Jahre 1851, begann der Schwager des Hausvaters
Dr. Müller, der Lehrer Landenberger, in ihr ſeine Wirkſamkeit,
der Mann, der ſpäter als Hausvater in ſeinen Jahresberichten
einen Schatz von Anweiſungen für alle Idiotenlehrer und =Er=
zieher niederlegte (er war früher Hausvater in der Auguſten=
hülfe in Ehingen); wir erwähnen nur den 11., 21. und 27.
Bericht und den 13., 20. und 22., von denen die erſteren in
phyſiologiſcher, die letzteren in pädagogiſcher Hinſicht von Be=
deutung ſind. Im Jahre 1860, als Dr. Müller die Anſtalt
verließ, übernahm Landenberger die Hausvaterſchaft. Jetzt
wurden bei dem Vorſtande neue, auf eine weitere Entwickelung
zielende Gedanken angeregt. Eine größere Idioten=Anſtalt iſt,
weil ſie mehr rubriciren kann, leiſtungsfähiger; ein Bedürfniß
iſt die gewerbliche Fortbildung der dazu geeigneten Zöglinge.
Die Anſtalt muß Penſionären aus den beſſeren Ständen das,
was ſie beanſpruchen, gewähren können. Aber in dieſen Ge=

danken, wenn die Realität ihnen Folge geben sollte, lag zugleich das Verlassen der Winterbacher Räumlichkeiten ausgesprochen. Doch wohin? Wieder öffnete sich zu rechter Stunde die Aussicht auf ein Heim, wo allen genannten Wünschen konnte Rechnung getragen werden. Im Herbst 1863 wurde das Schloß Stetten bei Canstatt mit allen seinen Baulichkeiten und 12 Morgen Land für 40 000 fl angekauft. Es war eine Stiftung in Aussicht gestellt, deren Betrag dieser Summe etwa gleichkam, und auf diese rechnend wagte man den Kauf. Aber siehe da, die schönen Verheißungen realisirten sich nicht. Doch kam eine Hülfe von anderer Seite. 46 500 fl wurden der Anstalt aus dem Nachlaß des in Winnenden verstorbenen Grafen Alexander Emil von Wartensleben überwiesen. Sie verzinst dieselbe mit 10 Freistellen, welche der Johanniterorden theilweise vergiebt. Nun hatte man Räumlichkeiten, um sich auszubreiten, und die Lage war nicht minder freundlich als die zu Winterbach. Zuerst eröffnete man nun die längst geplante gewerbliche Lehrlings=schule; diese aber hatte leider keinen längeren Bestand, weil die dazu erforderlichen tauglichen Handwerksmeister sich nicht zur Genüge fanden. Anders aber gestaltete sich ein anderer neuer Zweig der Wirksamkeit. 1866 trat die Anstalt unter dem neuen Namen „Heil= und Pflege = Anstalt für Schwachsinnige und Epileptische" auf. Mit dieser Erweiterung wurde auch die Anstellung eines eigenen Anstalts=Arztes (erst Dr. Häberle, dann Dr. Wildermuth) nothwendig. Die Zahl der Zöglinge wuchs beständig, besonders aber die der Epileptischen, welche fast der der Schwachsinnigen gleich kam. 1881/82 war die Zahl der Ersteren 123, die der Letzteren 146. Die Epileptiker bekamen ihre eigenen Wohnräume, eigene Hauseltern und eigenes Warteperson und standen mit der Anstalt für Schwachsinnige nur unter derselben ärztlichen und pädagogischen Leitung und in ökonomischer Gemeinschaft. Der Jahresbericht von 1873 rühmt die schönen Heilresultate. „Gott sei gelobt!" heißt es in ihm, „unsere Erwartungen und Wünsche erfüllten sich so völlig, daß wir die Epilepsie, diese furchtbare Plage der Men=schen, nicht ferner mehr als unheilbar ansehen dürfen. — Nach=dem die ärztliche Kunst seit Jahrtausenden sich bemüht, die Epilepsie zu heilen und der Erfolg meist ein nur sehr geringer geblieben war, so sollte es unserer Zeit vorbehalten sein, in

den Besitz einer specifischen Heilmethode zu kommen, wodurch
künftig Tausende dieser Kranken dem Leben wieder zurück=
gegeben und vor dem geistigen Verfall gerettet werden können.
— Gott hat nun ein Heilmittel finden lassen, das von den
Aerzten aller Zeiten bis jetzt vergeblich gesucht worden war,
jenes Mittel, dessen Mangel noch Professor Schröder van der
Kolk in Utrecht, der berühmte Lehrer der Heilkunde und der
Epilepsie=Heilkunde, insbesondere († 1862) beklagt hatte." —
Der Arzt der Anstalt bestätigt in demselben Bericht diese Aus=
sprüche und setzt hinzu: „Wir möchten auf Grund unserer
nachgerade doch ziemlich zahlreichen Erfahrungen die folgenden
Sätze aufstellen: 1. die frischen Fälle von reiner (nicht com=
plicirter) Epilepsie sind bei consequenter Behandlung wohl
immer heilbar; 2. veraltete Fälle, namentlich auch solche, bei
denen das Leiden zu geistiger Schwäche oder sonstiger psychischer
Störung geführt hat, dürfen, wenn sie auch zu den bedenklichen
gehören, nicht als absolut unheilbar angesehen werden; 3. auch
in den schlimmen Fällen, in denen eine Heilung nicht mehr
möglich ist, gelingt es nicht selten, dem Weiterschreiten der
Krankheit Einhalt zu thun, mit der Ermäßigung der Anfälle
den unausbleiblichen körperlichen und geistigen Verfall auf=
zuhalten und die Kranken wenigstens in einem erträglichen
Zustande zu conserviren." — Der 26. Bericht theilt mit, daß
in den ersten 25 Jahren 790 Pfleglinge, darunter 240 epilep=
tisch, in der Anstalt waren und giebt an, daß sie für 280
Patienten eingerichtet sei, diese Zahl aber nicht ohne Nachtheil
für das Ganze überschritten werden dürfe. Im Jahre 1877
hatte die Anstalt einen schweren Verlust zu beklagen. Der
Mann, unter dem sie nach außen groß und innerlich erstarkt
war, Landenberger, wurde durch einen Schlaganfall genöthigt,
sich von seiner Wirksamkeit zurückzuziehen. In die erledigte
Stelle trat als Inspector Pfarrer Schall, der bisher der Kirchen=
gemeinde zu Hößlinswarth gedient hatte. Wenige Jahre darauf
(1880) trat auch ein Wechsel in der ärztlichen Bedienung ein,
da Dr. Häberle in Dr. Wildermuth seinen Nachfolger erhielt.
H. Schmidt, Die innere Mission in Württemberg, pag. 197,
sagt, „daß die Anstalt zu Stetten schon durch ihren Umfang
eine ganz hervorragende Stellung in der Reihe der Werke der
inneren Mission in Württemberg einnehme und daß man wohl

in den mannigfachen Erfolgen,- die ihr gegönnt waren, die beste
Apologie einer auf dem Evangelium mit aller Entschiedenheit
stehenden Pädagogik sehen dürfe."

[7]) Die Idioten=Anstalt zu Schleswig. Im Jahre
1852 ging der Arzt Dr. C. F. Hansen mit dem Gedanken um,
auf dem Gute Schnaap bei Eckernförde ein Institut für Schwach=
sinnige zu eröffnen. Alles war eingerichtet, da verzehrte, noch
ehe die ersten Zöglinge da waren, eine Feuersbrunst die ganzen
Anlagen. Dr. Hansen, der nicht versichert hatte, büßte fast
sein ganzes Vermögen ein, aber nicht seinen Muth. Am 1.
October desselben Jahres begann er in der Stadt Schleswig.
Da eine Lähmung der unteren Extremitäten es ihm unmöglich
machte, der Sache allein vorzustehen, nahm er den Dr. Rüppel
zu seinem Assistenten. Die Anfangszahl 11 stieg im ersten
Jahre auf 16, im zweiten auf 21 Kinder. Auf das Wachsen
influirte ein günstiges Circular des (dänischen) Ministeriums
für Schleswig, das die Anstalt empfahl und die Physici er=
mächtigte, arme Kinder auf Kosten der Communen in ihr unter=
zubringen. Am 1. August 1860 waren bereits 45 Kinder in
der Anstalt. Hansens Zustand verschlimmerte sich und am 23.
April 1861 erlag er seinen Leiden. Mit Erlaubniß des König=
lichen Medicinal = Inspectorats wurde die Anstalt zunächst von
Dr. Hansens Wittwe unter Aufsicht des Physicus in Schleswig
geleitet, unter Assistenz von F. L. Stender, der — angestellt
bei der Bürgerschule in Schleswig — schon seit September
1860 einige Unterrichtsstunden in der Anstalt gehalten hatte.
Unter dem 22. Juli 1861 genehmigte das Ministerium, daß
Stender die Anstalt unter denselben Verpflichtungen und mit
den Dr. Hansen gewährten Beneficien übernahm. Am 1. Oc=
tober 1861 ging die Anstalt in Stenders Besitz über. Schon
1854 war Hansen von dem Medicinal = Inspectorat veranlaßt,
sich nach einem Orte an der Ostsee umzusehen, damit dahin,
wo den Kindern Seebäder zu nehmen möglich sei, die Anstalt
übersiedele. Nachdem Apenrade, das Schloß Gravenstein, ver=
geblich in Aussicht genommen war, wurden endlich Unterhand=
lungen mit der Commune in Sonderburg auf Veranlassung
des Medicinal=Inspectorates eingeleitet. Diese führten zu dem
erwünschten Resultate, daß ein Commune=Grundstück der Anstalt
miethweise überlassen wurde und die Regierung für die ersten

Jahre die Zahlung der Miethe übernahm. Am 3. August 1862 wurde die Uebersiedelung nach Sonderburg vollzogen. Aber hier warteten der Anstalt schwere Zeiten. Wer gedächte nicht der Erlebnisse Sonderburgs im Kriegsjahre 1864! Der Vorsteher schreibt: „Während der Belagerung wurden wir durch die Kugeln, welche die Stadt zur Hälfte in Asche und Trümmerhaufen legten, vertrieben und mußten ein Obdach in den Ställen eines Bauernhofes suchen. Diphtheritis und Typhus brachen in der Anstalt aus. Die Frau des Vorstehers, sämmtliches Personal und ein Drittheil der Kinder erkrankten. Der Unterricht ruhte fast ein ganzes Jahr. Erst Mitte Juli waren die Anstaltsgebäude, die wie ein Wunder größtentheils von den Kugeln verschont geblieben waren, so weit restaurirt, daß wir unsern Einzug halten konnten." Diese Erfahrungen aus der Kriegszeit machten natürlich den Vorsteher ängstlich, als 1870 die neue Kriegswolke aufzog. Er bat die Königliche Regierung, eine Uebersiedelung nach Schleswig zu gestatten. Die Bewilligung trat am 18. Juli ein und am folgenden Tage war die ganze Anstalt auf dem Wege nach Schleswig. Dort fand sie bis zum Spätherbste ein provisorisches Unterkommen in dem alten Domschulgebäude; dann war dies nicht mehr disponibel, und es wurde ein Privathaus bezogen. Stender gab inzwischen gegen eine Entschädigung seine Rechte auf Sonderburg auf und schritt zu dem Bau eines Anstaltsgebäudes in Schleswig auf eigene Rechnung. Der Bau wurde am 9. August begonnen und am 19. April 1872 bezogen. Nach bewegten und prüfungsreichen Zeiten brach für die Anstalt hier eine Aera der ruhigeren Entwickelung an. Sie ist noch jetzt, wie sie es von Anfang war, ein mit Staatsunterstützung geführtes Privatunternehmen.

⁸) Ecksberg (Bayern). Der Priester Joseph Probst, Expositus zu Oberdarching, Decanats Miesbach, hatte sich schon einige Zeit mit der Erziehung verwahrloster blödsinniger Kinder beschäftigt. Das Beneficiaten- und Meßnerhaus zu Ecksberg schien ihm besonders geeignet zur Erweiterung seines Unternehmens. Er wandte sich an die Königl. Regierung und diese verkaufte, nachdem sie sich mit dem erzbischöflichen Ordinariate München-Freysing in Einvernehmen gesetzt, ihm dasselbe für 1350 fl. Nun bildete sich — am 22. Juli 1852 — zu Mühl-

dorf ein unter den Schutz des heil. Nährvaters Joseph ge=
stellter „Verein zur Gründung und Erhaltung einer Cretinen=
Heilanstalt in Ecksberg" und dieser war es, der, nachdem der
Erzbischof Carl August von München=Freysing das Protektorat
übernommen hatte, am 17. October 1852 die Anstalt feierlich
eröffnete. Probst, eine fromme, frische, fröhliche Natur, über=
nahm thatkräftig die Leitung. Als ärztlicher Beistand trat ihm
Dr. Medicus von Mühldorf zur Seite. Die Zahl der Zög=
linge betrug im ersten Anstaltsjahr 14. 1853, wo Ecksberg
eine vierhundertjährige Jubelfeier beging, zeigte schon ein be=
deutend verlängertes, mit einem neuen Stockwerk überbautes
und mit einem neuen Oekonomie=Gebäude versehenes Anstalts=
gebäude. Im Verbindung mit dieser Säcularfeier stand die Ver=
änderung, daß Ecksberg in den Besitz des Erzbisthums überging
und die Bewilligung eines Zuschusses aus Kreismitteln empfing.
Die Oekonomie besorgte Maria Probst, des Leiters Schwester.
Johann Nepomuk Leidl, der am 20. August 1863 als Gehülfe
des wackeren Gründers eintrat, wurde nach dem Tode desselben
(den 7. August 1884) sein Nachfolger als Anstaltsvorstand.
Zehn Jahre nach der Gründung begegnen wir schon einem
Präsenzstande von 120 Zöglingen. Hinsichtlich der Confession
derselben äußert sich der Jahresbericht von 1865: „Wenn der
Pflegling so tief steht, daß er den Unterschied der Religionen
nicht begreift, oder wenn die Angehörigen des Pfleglings die
katholische Belehrung und Erziehung derselben zugeben, kann
er aufgenommen werden." Eine von Probst für die Wiener
Weltausstellung 1872 verfaßte Denkschrift über seine Cretinen=
Anstalt giebt eine Zusammenstellung der wichtigsten Erfahrungen,
die in den zwanzig Jahren gemacht wurden. Sie beginnt mit
dem Satze: „Eine Cretinen=Anstalt gedeiht nur auf dem Boden
christlicher Liebe und Aufopferung." In diesen Sätzen liegt
vor uns der unverkennbarste Ausdruck der wohlthuendsten
Herzenswärme, der klarsten Einsicht und überaus praktischen
Gewandtheit. Diesem begegnen wir auch überall in den Be=
richten, die für Idiotenfreunde und =Erzieher manche heilsame
Winke in knapper Kürze enthalten.

⁹) Neuendettelsau. Johannes Conrad Wilhelm Löhe
(geb. 21. Februar 1808, entschlafen 2. Januar 1872), ein
Name, der ebenso sehr in die Annalen der Glaubenskämpfer,

wie in die der christlichen Liebeshelden gehört, hat in Neuen=
dettelsau mit seinen Anstalten sein bestes Denkmal. Hier zeugen
von ihm seine zwei Missionshäuser, seine Hospitäler, Schulen,
Diakonissenhaus, sein Magdalenium und die älteste seiner beiden
Blöden=Anstalten. Wir müssen uns hier den Rundgang durch
alle diese Stiftungen versagen. Wie gern thäten wir's, um
ein Zeugniß beizubringen, daß, wo der rechte Geist weht, die
Vielheit und Verschiedenheit der Arbeit nicht Zerstückelung er=
zeugt, sondern gegenseitige Stützung und Förderung. Der
Schwerpunkt der Löheschen Arbeit liegt wohl darin, daß er
die weibliche Diakonie wieder wecken half und sie specifisch dem
Leben seiner lieben lutherischen Kirche anpaßte. 1854 gründete
er den Verein für weibliche Diakonie in Bayern. Aber noch
ehe er im October desselben Jahres das neuerbaute Diakonissen=
haus einweihte, war schon am 9. Mai in den oberen Zimmern
des Gasthofs zur Sonne die Arbeit begonnen. Mit der Dia=
konissen=Anstalt war zugleich in einem Zögling der erste Keim
der Blödenanstalt da. Doch die beiden Anstalten konnten nicht
lange bei einander bleiben. Schon im ersten Jahre stieg die
Zahl der blöden Pfleglinge auf 18. Sie mußten vorläufig
eine Miethwohnung beziehen, bis am 15. December 1855 sich
ihnen eigene Räume öffneten. Aber obwohl es zwei Häuser
gewesen waren, die man zu einem umgebaut hatte, war in
demselben doch nur für 20 Zöglinge Platz. Etwa 7 Jahre
behalf man sich. Da wurde der Entschluß zu einem größeren
Neubau gefaßt. Am 11. August 1864 stand das große drei=
stöckige Haus fix und fertig da mit Raum für 60 Insassen.
Kein Jahr verging, so waren schon 50 da und die eingegangenen
und eingehenden Anmeldungen zwangen, sofort wieder an eine
Erweiterung zu denken. Gelegenheit zu einer solchen bot sich,
als das Schloß Polsingen am Hahnenkamm miethweise unter
den günstigsten Umständen zu haben war. Dies wurde für die
männlichen Blöden bestimmt, die weiblichen sollten in Neuen=
dettelsau bleiben. 1868 war die Trennung völlig vollzogen,
nachdem die Uebersiedelung bereits 1866 begonnen hatte. 10
Jahre später war nochmals mehr Raum geschafft durch einen
Anbau an das ältere Anstaltsgebäude. Allmählich hatte man
auch bei den Blöden Epileptiker aufgenommen. Zunächst hatte
man es nur mit solchen Kranken zu thun, die schon Jahre lang

von der schweren Plage heimgesucht waren; deshalb verzichtete
man auf Heilungsversuche. „Nichtsdestoweniger," sagt der
Bericht von 1869, „können auch wir, wenn auch nicht von
Heilung, so doch von wesentlicher Besserung seit ihrem Aufent=
halt in der Anstalt bei all unsern epileptisch Kranken berichten.
Ordnung der Lebensweise, Verhütung gemüthlicher Affectionen
hat auf diese Krankheit einen ganz wesentlichen Einfluß und
verfehlt auch in den schlimmsten Fällen die Wirkung nicht."
Der Bericht von 1874 meldet, daß man nun auch Curversuche
zu machen angefangen habe, nämlich mit Bromkalium. „Bis
jetzt," heißt es daselbst, „hat es sich herausgestellt, daß das
Bromkali ein sehr gutes, das zu krankhafter Reflexthätigkeit
disponirte Nervensystem beruhigendes Mittel ist: die Anfälle
wurden sichtlich an Frequenz geringer, die Heftigkeit derselben
zeigte sich gemindert, aber verschwunden und ganz ausgeblieben
sind die Anfälle bei keinem der Kranken, die das Mittel in der
großen Dosis (täglich 8 Gramm) nahmen. Wenn man berück=
sichtigt, wie ungemein mannichfaltig die Ursachen der Epilepsie
sind, wie häufig keiner Aenderung mehr fähige materielle Ano=
malien der verschiedensten Art des centralen Nervensystems,
sowie seiner häutigen und knöchernen Umhüllungen zu Grunde
liegen, so wird man sich nicht der Illusion hingeben, in dem
Bromkali eine Panacee gegen alle möglichen Formen von
Epilepsie zu erblicken." Die Berichte über Polsingen erscheinen
gesondert von denen, die über die Blödenanstalt zu Neuen=
dettelsau herausgegeben werden; diese aber bilden einen Theil
„des Jahresberichts über den Bestand und Fortgang der Dia=
konissen=Anstalt in Neuendettelsau". Löhes Abberufung von
seiner irdischen Arbeit war natürlich für den ganzen Anstalten=
Complex ein herber Schlag, dennoch kann der Bericht von 1872
rühmen, daß „die Weisheit des Gründers der Anstalten Alles
so geführt und geordnet hatte, daß sie auch ohne seine persön=
liche Leitung bestehen und gedeihen konnten." Die General=
versammlung des Vereins für die weibliche Diakonie und die
erweiterte Hausconferenz traten zur Wahl eines neuen Rectors
zusammen. Sie fiel auf den Superintendenten Lotze, der fast
10 Jahre lang ein treuer Mitarbeiter Löhes gewesen war.
Dieser aber lehnte ab. Die zweite Wahl wurde angenommen.
Aus ihr ging als Rector hervor der damalige Stadtpfarrer

Friedr. Meyer zu Michelstadt im Großherzogthum Hessen. Auch er hatte dem Heimgegangenen in Liebe nahe gestanden — und setzt nun im Sinn und Geist desselben die umfangreiche und gesegnete Arbeit fort.

[10]) Die evangelische Heil= und Pflege = Anstalt Hephata für blödsinnige Kinder Rheinlands und Westfalens zu M.=Gladbach. Als am 24. September 1858 sich ein aus 22 Mitgliedern be= stehender Verwaltungsrath für diese Anstalt constituirte, war auch hier die erste Anregung dazu gegeben durch Disselhoffs Schrift. Weiter hatte aber auch der Provinzialausschuß für innere Mission zu Langenberg die Fürsorge für die Blöden wiederholt zum Gegenstande seiner Erwägungen und Verhand= lungen gemacht. Als man nun ein Haus ankaufte, betheiligte sich der Johanniterorden in hervorragender Weise. C. Barthold, der noch jetzt die Anstalt leitet, wurde zum Dirigenten berufen und am 17. Januar 1859 mit 5 Kindern der Anfang der neuen Arbeit gemacht. Die eigentliche Weihe aber erhielt die Anstalt erst am 20. Februar in Gegenwart von Vertretern des Johanniterordens, der beiden Provinzialkirchen, der Königl. Regierung zu Düsseldorf und vielen Geistlichen und Gemeinde= gliedern von nah und fern. Dies kleine Haus an der Viersener Straße aber wurde bald zu enge. Jetzt, nachdem die Anstalt ihr 25 jähriges Jubelfest gefeiert, sehen wir an der Stelle des= selben einen großen stattlichen dreiflügeligen Bau mit großer und herrlicher Umgebung; ein zweiter großer Bau ist demselben hinzugefügt worden und Nebengebäude für verschiedene Zwecke umgeben diese Bauten. Es sind in den 25 Jahren für Grund= stücke über 62 000 Mk., für Gebäude 230 000 Mk. und für Inventar ca. 54 000 Mk. verausgabt worden. Der Grund= besitz der Anstalt beträgt 6 ha, 76 a, 58 qm. Bis auf 45 000 Mk., die noch als Schuld auf der Anstalt ruhen, wurde die ganze erwähnte Ausgabe gedeckt. Die Direction der Dia= konen = Anstalt zu Duisburg versorgte während des ganzen Zeitraums die Anstalt mit Wärtern und Erziehungsgehülfen. In den 25 Jahren gingen 1592 Aufnahme = Gesuche ein, von denen aber nur 691 Berücksichtigung finden konnten. 625 waren davon Fälle aus Westfalen und Rheinland. Die Jahresberichte liefern manche psychologisch wichtige Charakteristiken einzelner Idioten, sowie tüchtige Beiträge zur psychischen Diagnose des

Idiotismus und zum Idioten=Unterrichtswesen. Am Ende der sechsziger Jahre ging die Anstalt damit um, für ältere Blöde ein Asyl einzurichten, in dieses sollten die bereits aufgenommenen übersiedeln. Aber das Unternehmen wurde von oben herab gestört und es mußten die bereits vorhandenen sogar entfernt werden. Späterhin aber begegnet uns doch in der Anstalt ein Asyl für solche, bei denen die Unterrichtsziele nicht erreicht wurden. Die tanzlustige Welt mußte es erleben, daß einer ihrer Tempel sich schloß, um sich diesen Asylisten zu öffnen.

¹¹) Reinstedt. In diesem kleinen Harzdorfe, unweit des romantischen Bodethales und der Teufelsmauer hatten Philipp von Nathusius und seine Gattin Marie, die bekannte und be= liebte Erzählerin christlicher Geschichten, bereits seit einer Reihe von Jahren gewirkt, auf dem Lindenhofe ein Rettungs= haus für sittlich verwahrloste Kinder und eine Brüder=Anstalt gestiftet, die schon ihren Segen weithin verbreiteten, als der Weckeruf Disselhoffs, des gewaltigen Anwalts der Blöden, auch dorthin drang. Der Ruf konnte wohl nicht leicht empfänglichere Herzen und klareres Verständniß als dort finden, war doch auch schon vorher auf dem Lindenhofe für manchen Blöden angeklopft und, weil kein anderes Unterkommen sich fand, die Thür aufgethan worden. Jetzt hielt man dafür, daß die Zeit gekommen sei, etwas Besonderes zu thun. Fräulein Johanne von Nathusius, die Schwester des Volksblattschreibers, stellte ein Haus mit Garten zur Verfügung, das sie für diesen Zweck in Reinstedt käuflich erwarb. So konnte am 2. Januar 1861 das Elisabethstift, so genannt nach Ihrer Majestät der Königin, eröffnet werden. Unter dem Inspector des Lindenhofes, Flaischlen, empfing es in Wilh. Franke seinen ersten Hausvater. Dies Haus wurde nur für idiotische Knaben bestimmt, deren im zweiten Jahre bereits 22 vorhanden waren, während gleichzeitig für Mädchen in Hasserode eine besondere Anstalt eingerichtet wurde. Es währte nicht lange, daß beiden Häusern Hülfe ge= schafft werden mußte. Diese wurde so beschafft, daß in dem von Fräulein Adolfine von Bonin zur Disposition gestellten Schlosse Detzel bei Neuhaldensleben ein Asyl für ältere Idio= tinnen unter dem Namen „Kreuzhülfe" hergestellt und dem Elisabethstift ein Anbau mit dem Namen „Gottessorge" ange= hängt wurde, ein Asyl für unheilbare Blödsinnige männlichen

Geschlechts. „Im Jahre 1876 waren es 120 Männer, Jüng=
linge und Knaben, die in Neinstedt — 73 Frauen und Mädchen,
welche in Detzel Schutz vor dem Hohn der Welt und ein ber=
gendes Heim der Liebe gefunden hatten." Später kam noch
in Thale eine Zweig=Anstalt hinzu, wo der Vorstand eine nicht
mehr im Betriebe stehende Zuckerfabrik käuflich erwarb. Was
die Leitung der Anstalten, den Lindenhof eingeschlossen, anlangt,
so ging sie 1866 auf den emeritirten Missions=Superintendenten
Dr. theol. Hardeland über, der sich 9 Jahre lang ihr widmete.
In diese Zeit fällt die allmählige Kraftabnahme des sel. Philipp
von Nathusius und nur durch Hardelands seltene Gaben wurde
es möglich, daß jene nicht mit Nachtheil für die Anstalten ver=
bunden war. Sein Nachfolger, Pastor Kobelt, setzte — im
Rückblick auf die Vergangenheit der Anstalten — über seinen
ersten Jahresbericht das Wort: „Es sind mancherlei Gaben,
aber es ist Ein Geist" (1. Cor. 12, 4). Zur Charakterisirung
aber diene ein Wort aus dem 11. Jahresbericht. „Ich nehme an,
daß die Blöden ein ganz besonderes Volk sind mit eigener
Sprache und eigenen Sitten. Die Anstalten stellen die Staaten=
bildung dieses Volkes vor, und man thut wohl, sie nicht in
Versuchung zu bringen, daß sie den Kampf um's Dasein allein
führen. In diesem Kampf würden sie unfehlbar untergehen.
Sie sind hülflos und hülfsbedürftig, die Einen mehr, die An=
deren weniger, sie sind alle Kinder, und Kinder muß man be=
wahren und — lieb haben."

¹²) Im Zusammenhang mit dem Elisabethstift und gleichzeitig
wurde gestiftet das Erziehungshaus für schwach= und blödsinnige
Mädchen zu Hasserode bei Wernigerode am Harz. 1861 am
9. Juni wurde das erste Kind aufgenommen. Die eigentliche
Eröffnung der Anstalt fand am 1. August 1862 statt. War
sie zunächst für die Provinz Sachsen bestimmt, so genehmigte
schon die zweite Generalversammlung den Anschluß der anhaltini=
schen Herzogthümer. Als es nothwendig wurde, der kleinen
Anstalt einen verheiratheten Hausvater zu geben, fiel die Wahl
auf den in Neinstedt und Stetten ausgebildeten W. Schmidt.
Zehn Jahre nach der Gründung hatte die Anstalt, die sich nun
„Zum guten Hirten" nannte, einen aus 30 Herren bestehenden
Verwaltungsrath und 18 Zöglinge. Der Glieder eines Ver=
waltungsrathes, wenn sie wirklich mit der Anstalt fortleben,

der Freunde, die dieselbe besuchen, kann es nie zu viele geben, wenn es wahr ist, was der neunte Hasserober Bericht sagt: „An den Anstaltskindern schärft sich Auge und Gewissen für die draußen stehenden."

[13]) Die Idioten = Anstalt in Kiel wurde am 1. Juli 1862 von Joh. Meyer für eigene Rechnung eröffnet. Wenn ein Privatmann an ein solches Unternehmen geht, so muß er entweder nur Kinder bemittelter Eltern in's Auge fassen, oder wenn er will, daß seine Arbeit auch den Armen zu Gute kommen soll, bedarf er der öffentlichen Unterstützung. Das Letztere wollte Joh. Meyer, daher konnte er auch sein Werk erst beginnen, als ihm die Aussicht auf Subventionen eröffnet war. Eine kam ihm von der Regierung, eine andere von der Gesellschaft der freiwilligen Armenfreunde, eine andere von der Spar= und Leihkasse in Rendsburg u. s. f. So wuchs denn auch bald die Zahl der Zöglinge. Mit 6 war begonnen; nach 10 Jahren hatte sie schon 100 Pfleglinge gehabt; nach 20 Jahren war der Bestand 28 Zöglinge männlichen, 21 weiblichen Geschlechts. Wenn wir in dem Bericht von 1881 der Gesammt= ausgabe 26 222 Mk. eine Gesammteinnahme von 26 330 Mk. gegenübergestellt sehen und der Ueberschuß von 108 Mk. nur dadurch erzielt wurde, daß „für den Anstaltsvorsteher kein be= sonderes Honorar ausgeworfen ward", so hat der Berichterstatter Recht, wenn er die finanziellen Verhältnisse der Anstalt als keineswegs besonders günstige bezeichnet und wir müssen wün= schen, daß das Land, dem seine Anstalt dient, in Anerkennung derselben ihm mehr als bisher die nöthigen Hülfsquellen eröffne.

[14]) Zu den rüstigen Bahnbrechern auf dem Felde der freien christlichen Liebesthätigkeit gehört in erster Linie der Graf Adelbert von der Recke = Volmerstein (geb. 28. Mai 1791, gest. 10. November 1876). Rettungs = Anstalten, Sonntagsschulen, Gefangenenpflege, weibliche Diakonie — für diese Anstalten und Werke trat er ein, ohne Vorgänger im Deutschen Vater= lande zu haben. Fast allgemein Widerstand findend, nur von Wenigen verstanden, unter diesen Wenigen aber sein ihm be= sonders gewogener König Friedrich Wilhelm IV. Die erste Stätte seines Wirkens war Düsselthal; die aber, die als sein edles Denkmal ihn überleben sollte, das Samariter = Ordens = Stift in Craschnitz. Sein Aufruf vom März 1860 verkündigt:

„Diese Samariter=Herberge nimmt ernährungsfähige, unheilbare, kranke, sieche, lahme, verkrüppelte, blinde und geistesschwache Kinder in sich auf, die sonst nirgend eine bleibende Zufluchts= stätte finden (da sie in keine Rettungsanstalt passen)." Das Ganze ist als ein Ganzes gedacht, indem die Eine Form des Elends der andern helfend dienen soll unter Anleitung und Zucht des Geistes Gottes. Des Grafen Aufruf erweckte Helfer; der König gab 6000 Mk. zum Bau, selbst der Kaiser Napoleon betheiligte sich mit 1000 Frcs., das reiche England schickte Geld, und an Helfern in der Heimath fehlte es nicht. Trotzdem mußte er bekennen: „Vom ersten Stein an, den ich zum Bau des Samariter=Ordens=Stifts legte, bis zu seiner Vollendung hatte ich den Unglauben in den verschiedensten Gestaltungen, Einwürfen und Personen zu bekämpfen, so daß er mir mehr Mühe machte, als die Herbeischaffung der Baumaterialien." Schon in Düsselthal hatte der Graf eine zwanglos erscheinende Zeitschrift herausgegeben: „Die Diakonissin". Jetzt warb er durch dieselbe um Kräfte für den eigenen Gebrauch, event. um mit ihnen, nach ihrer Ausbildung, anderen Liebesarbeiten helfen zu können. 1864 hatte Craschnitz 8 Diakonissen, die bereits an 66 Pfleglingen thätig waren. 1868 bekam die Verwaltung ein festeres Gepräge, indem ein Curatorium gewählt und aus demselben ein Verwaltungsrath eingesetzt wurde. 1869 wird uns auch eine Präparandenschule vorgeführt, die Jünglinge für den Blöden = Unterricht ausbildet. In dem Feldzuge von 1870/71 konnte eine Anzahl von Diakonissen unter der Führung der Gräfin Selma, seit 1876 Oberin des Stifts, zum Dienst an den Verwundeten nach Frankreich geschickt werden. Die Anstalts=Arbeit ging trotzdem ihren ruhigen Gang und sie blieb im stetigen Wachsthum. 1873 finden wir 123 Pfleglinge, 1876 schon 218. So wurde denn auch ein Bau nach dem andern nöthig und der Mann, der mit 72 Thalern den ersten Bau begonnen hatte, erfuhr, daß seine Hoffnung auf Den nicht ver= geblich sei, der zu allen Kassen der Erde die Schlüssel hat; und sein Sohn, der nach des Vaters Heimgang den Vorsitz im Curatorium hat, und die Tochter, die als Oberin das Getriebe leitet, machen die gleiche Erfahrung und auch die, daß des Vaters Segen den Kindern Häuser baut.

[15]) Langenhagen. Im Königreich Hannover lenkte schon

1846 der Taubstummenlehrer Suhren zu Hildesheim durch einen Artikel im Hannöverschen Magazin (1846 S. 777) das Augenmerk auf die armen Blödsinnigen hin. Später trat der Sanitätsrath Dr.Dawosky in Celle in der Presse als ihr An=walt auf. Aber mehr Erfolg hatte der rührige Superintendent Aichel zu Neuenfelde im Altenlande, der, als ein idiotisches Mädchen seiner Gemeinde sich in der Anstalt zu Gohlis vortheil=haft entwickelte, in Nr. 46 des Stader Sonntagsblattes 1859 sich an die Barmherzigkeit seiner Mitchristen wandte, um durch Liebesgaben eine Idioten = Anstalt für sein näheres Vaterland in's Leben zu rufen. Die 260 Thaler, die er sammelte, ge=hörten zu dem Gründungsfonds, den ein Comité schuf, das sich „zur Errichtung von Erziehungs= und Pflege = Anstalten für geistesschwache Kinder im Königreich Hannover" gebildet hatte, bestehend aus dem Oberhofmarschall von Malortie, Commerzien=rath Rümpler, Medicinalrath Brandes und Regierungs=Assessor Marcard. Obschon die Absicht des Comités war, an verschie=denen Orten des Landes Anstalten einzurichten, begann man doch erst mit einer, der zu Langenhagen, und diese ist auch bis jetzt die einzige geblieben. Sie stand einem großen idiotischen Elend gegenüber. Die Zählung von 1856 wies in Hannover 1203 Blödsinnige nach, die vom Jahre 1860 kannte 500 schwach= und blödsinnige Kinder unter 15 Jahren. Am 2. Januar 1862 wurde die auf 30 Zöglinge berechnete Anstalt zu Langen=hagen unter der Direction des bisherigen Taubstummenlehrers von Staden eröffnet. Wie rasch das Wachsthum war, zeigen folgende Zahlen: 1862 39 Zöglinge; 1863 78; 1864 107; 1865 143; 1866 149; 1867 170; 1868 171. Mit dem letztgenannten Jahre endete von Stadens Direction. Zu seinem Nachfolger wurde ein Mann erwählt, der seine Qualifikation dadurch erhielt, daß er zuerst Lehrer gewesen war, dann sich medicinischen Studien gewidmet und diese bereits in einer Idioten=Anstalt (der Kernschen zu Möckern) verwerthet hatte, Dr. med. Kind. Als nach 10jähriger Wirksamkeit der Tod ihn abrief, vermochte die Anstalt 300 Zöglinge zu umfassen. Daß die Zunahme der Zöglinge stets neue Bauten nothwendig machte, ist leicht zu ermessen. Mit der Zahl der Zöglinge mehrte sich auch die Zahl der unter ihnen sich befindenden Epilep=tiker. In Bezug auf diese meldet der sechste Bericht nicht sorosige Resultate, wie sie sonst oft berichtet werden. Es heißt: „Trotz aller in Bezug auf körperliche und geistige Haltung angewandten Mühe, trotz der Anwendung des Bromkali und des Atropin und des Zinkoxyds ist kein Fall zur Heilung gelangt, wohl aber in manchen Fällen eine Milderung und Beschränkung der Anfälle erreicht, so daß ein geistiger Fortschritt möglich wurde." Alsterdorf, das eine gleich große Anzahl von Epileptikern (50—60) verpflegt, machte dieselbe Erfahrung. — Wenn sich schon vor Jahren in Osnabrück ein Comité zur Gründung einer zweiten hannoverschen Idioten-Anstalt bildete, so stimmen wir Rothert bei, der (Die innere Mission in Hannover, pag. 63) meint, daß es gerathener sei, „in Osnabrück statt einer Concurrenz-Anstalt mit Langenhagen, die schwerlich auf ständische Hülfe rechnen dürfte, eine Anstalt für Epileptische zu gründen". Freilich könnte man sagen: „Wäre dies nicht eine Concurrenz mit Rothenburg?*)

---

*) Der rührige Superintendent Kottmeier zu Rothenburg, der der eigentliche Urheber und Leiter der dortigen Anstalt für Epileptische ist, berichtet mir über die Entstehung seines Liebeswerkes wie folgt: „Das Elend mehrerer Epileptischen in meiner früheren Gemeinde Zeven veranlaßte mich schon vor 20 Jahren, ihnen meine Aufmerksamkeit zuzuwenden und ihnen mit den Mitteln zu dienen, welche der Pastor Schlemüller in Arensdorf, Prov. Brandenburg, noch jetzt distribuirt. Bei einzelnen war der Erfolg der Kur unverkennbar gut. Später machte auch ein benachbarter Arzt, der Physikus Dr. Röhrs in Scheessel, auf einige Fallsüchtige in der Nähe aufmerksam; um ihnen nachhaltig dienen zu können, schien mir ein Verein nothwendig, der um Gotteswillen sich ihrer annehme. Diese Idee fand Anklang bei mehreren Geistlichen und einzelnen Aerzten und Beamten. 1878 ward der Verein zur Pflege Epileptischer in Rothenburg gebildet, und dessen Leitung einem Vorstande übertragen, dessen Vorsitzender ein lutherischer Geistlicher sein solle, und außerdem aus einem Stellvertreter, einem Secretair (zugleich Kassirer) und einem Arzte besteht. Dem Vorstande steht ein Verwaltungsrath zur Seite, welcher die Jahresrechnung zu prüfen und abzunehmen und außerdem den Etat des folgenden Jahres zu prüfen hat. Die Annahme des Etats und der Vorstandswahlen erfolgen durch eine alljährlich um Ostern zusammentretende Generalversammlung aller Mitglieder des Vereins. Gegenwärtig zählt der Verein deren etwa 350. Durch diesen Verein wurde am 4. Juni 1880 ein Asyl zur Aufnahme der Pfleglinge gegründet und mit 5 Kindern eröffnet. Es sind bis jetzt 118 Pfleglinge aufgenommen, von denen zur Zeit etwa 75 verpflegt werden. Die Summe der Pflegetage hat 1884 24 000 betragen, welche an 66 Hannoveranern geleistet wurden, sowie an etwa 20 aus

¹⁶) **Alsterdorfer Anstalten** bei Hamburg, dieselben suc=
cessive seit 1850 gegründet durch Pastor Sengelmann, Dr., der sie
noch jetzt als Director und Präses des Vorstandes leitet, be=
stehen 1. aus dem St. Nicolai=Stift, einer Bewahr=, nicht
Rettungs=Anstalt für geistig und leiblich gesunde Kinder (1850
in Moorfleth, wo Sengelmann zuerst Pfarrer war, als „christliche
Arbeitsschule" in's Leben gerufen), 2. dem **Asyl für schwach=
und blödsinnige Kinder** (1863) — einer Idioten=Anstalt,
3. dem **Kinderheim** (1871), Erziehungs= und Pflege=Anstalt
für geistig gesunde Kinder, die körperlich gebrechlich sind, 4. dem
Präparandeum (1879), in welchem junge Leute, die sich dem
Lehrfach widmen wollen, theoretisch und praktisch für das

Bremen, Hamburg, Holstein, Oldenburg, Braunschweig u. s. w. Die Anstalt
umfaßt jetzt 5 Häuser mit 5 Pflegestationen und einer Schule mit 20
Kindern; außerdem einige Nebengebäude und Stallungen. Das Pflegegeld
beträgt für Kinder aus der Provinz Hannover 60 Pfg. pro Tag für
Nichthannoveraner 75, wird aber in dieser Höhe kaum von der Hälfte der
Pfleglinge entrichtet; einige werden ohne Entschädigung verpflegt. Die
Kinder haben regelmäßigen Unterricht und werden daneben zu Haus=,
Garten= und Feldarbeiten gleich den erwachsenen Patienten angehalten.
5 Kinder wurden Ostern 1884 confirmirt, 2 davon konnten geheilt entlassen
werden. Außer den Arbeiten in dem großen Garten und auf den Asyl=
Ländereien wird Rohr= und Mattenflechterei, Tischlerei, Schneiderei, An=
fertigung von Harken und Hölzern für Schwefelholzfabriken und Anderes
betrieben. Die Mädchen haben Arbeit in Küche, Waschküche, Haus und
Garten. Das „Bete und arbeite" ist der Wahlspruch des Asyls.
Regelmäßiger Gottesdienst wird wöchentlich zwei Mal gehalten; außerdem
regelmäßige Behandlung durch den Anstaltsarzt.
Unter der Oberleitung des Vorsitzenden des Vorstandes steht an der
Spitze des Asyls ein Hauselternpaar und ihm zur Seite stehen mehrere
Stephansbrüder, 3 Schwestern und eine Köchin.
Die Unterhaltung der Anstalt wird beschafft durch die Beiträge der
Mitglieder des Vereins, durch das Pflegegeld, durch Zuwendungen der
Provinzialstände und der Landschaften, durch Haus= und Beckencollecten,
durch Liebesgaben abseiten mancher Corporationen und Einzelner. Der
Etat weist eine Einnahme und Ausgabe von jährlich etwa 25—27000 Mk. auf.
Es herrscht im Ganzen ein fröhliches Leben im Asyl und fühlen sich
die meisten Pfleglinge dort wohl, weil sie Erleichterung in ihrem Leiden
und daneben als Menschen und Christen voll und ganz ihr Recht erhalten,
während sie in ihren früheren Verhältnissen kaum beachtet und vielfach bei
Seite geschoben wurden. Eine fernere Erweiterung der Anstalt ist geboten,
da der Andrang zu derselben nicht unbedeutend ist und die Resultate der
Pflege als genügend bezeichnet werden dürfen. Gott helfe weiter!" Wir
machen diesen Wunsch von ganzem Herzen zu dem unsrigen.

Lehrer = Seminar vorbereitet werden, 5. dem Pensionat für
Schwachbefähigte und geistig Leidende (auch Epileptiker) aus
den bemittelteren Ständen (1882), und 6. einer größeren Oeko=
nomie (72 ha) und Gärtnerei, in welcher erwachsene Schwach=
sinnige beschäftigt werden. Diese zu ca. 500 Insassen ange=
wachsene, aus 10 Haupt= (darunter einer Anstaltskirche) und
10 Nebengebäuden bestehende Colonie arbeitet unter einem
gemeinsamen Vorstande mit gemeinsamen Arbeitskräften, von
denen der Oekonom und der Oberlehrer die ersten Beamten
sind, während der Gründer der Anstalten, der 1867 sein Amt
als Pastor zu St. Michaelis niederlegte und nach Alsterdorf
übersiedelte, als unbesoldeter Director fungirt. — Bei der Ent=
stehung der Idioten = Anstalt, die zugleich Erziehungs=, Pflege=
und Beschäftigungs = Anstalt und als Asyl für ältere Zöglinge
thätig ist, wirkten Disselhoffs Schrift und der Umstand zu=
sammen, daß Pastor Sengelmann in seiner amtlichen Thätigkeit
mit einem idiotischen Kinde zusammentraf, für welches er nirgend
ein passendes Unterkommen finden konnte. Das Wachsthum
der mit 4 Kindern eröffneten Idioten = Anstalt ging rasch von
Statten, als die Hamburgischen, Bremischen, Lübeckschen, Olden=
burgischen, Holsteinischen und Mecklenburgischen Behörden auf
dieselbe aufmerksam wurden; von den ersten 500 aufgenommenen
Zöglingen waren 231 Nicht = Hamburger (43 aus Bremen, 17
aus Lübeck, 81 aus Schleswig=Holstein und Lauenburg, 32 aus
Hannover, 26 aus Oldenburg, 17 aus Mecklenburg, 4 aus
Holland, je 2 aus Amerika, Sachsen, Schaumburg=Lippe, Ost=
preußen und je 1 aus Schlesien, Hessen und Brandenburg). —
Nur einmal empfingen die Anstalten einen Zuschuß aus Staats=
mitteln (Hamburg) — 30 000 Mk. —, als diesem Staate vor=
gerechnet war, daß die auf Kosten desselben verpflegten Kinder
eine Mehrausgabe erheischten, die das gezahlte Pflegegeld um
ca. 50 000 Mk. überstieg. Wenn der Werth des jetzigen
Besitzes an Grund und Gebäuden sich auf eine halbe Million
Mark beziffert, so wurde der Erwerb und die Herstellung durch
die Liebesgaben möglich, welche in 21 Jahren 500 000 Mk.
überstiegen. Auf neue Liebesgaben sind die Anstalten angewiesen,
wenn durch Herstellung eines größeren Gotteshauses, eines ge=
meinsamen Speisesaales und eines Arbeitshauses den vorhandenen
Bedürfnissen entsprochen werden soll. Seit 1860 (mit Unter=

brechung der Jahre 1875 und 1876) haben die Alsterdorfer
Anstalten ihr eigenes Organ: 1860 und 1861 der „Hamburger
Monatsbote", 1862 bis 1874 der „Bote aus dem Alsterthal",
1877 u. f. „Briefe und Bilder aus Alsterdorf", welche letzteren
gratis ausgegeben werden. Ueberdies erscheinen sporadisch 50
Pfennig = Hefte, die aus der Geschichte und dem Leben der
Anstalten Mittheilung machen und colportirt werden.

¹⁷) Kückenmühle. Disselhoffs vielgenannte Schrift und der
11. evang. Kirchentag zu Barmen veranlaßten den „Züllchower
Boten", seinen Mund für die armen Blöden im Pommerlande
aufzuthun (1860). Der Verein für innere Mission bewirkte,
daß das Königl. Consistorium im Februar 1861 eine Zählung
derselben vornehmen ließ. In Folge derselben entstand eine
Liste mit 625 Namen, bei 300 derselben war die Nothwendig=
keit einer Anstalt für sie ausgesprochen, bei 254 gleich das
Bemerken, daß ein Kostgeld für sie nicht gezahlt werden könne.
Eine Gabe von 200 Thalern, die der „Bote" auf sein erstes
Wort erhielt, war das Angeld. Aber bitterlich langsam flossen
die nachfolgenden Gelder. Doch verzagte der muthige Gustav
Jahn, der Botenschreiber, so wenig, daß er, als sich gerade
eine günstige Gelegenheit bot, auf seinen Namen und eigene
Gefahr für 8000 Thlr. eine Wassermühle, die Kückenmühle bei
Stettin kaufte. Der Oberpräsident, Freiherr Senfft von Pilsach,
begünstigte das Unternehmen; von den größeren Grundbesitzern
gab mancher eine größere Summe als Darlehn oder Geschenk,
rührige Männer traten zu einem Curatorium zusammen, in
Friedrich Barthold, dem Bruder des Directors von Hephata,
der durch klaren Kopf und warmes Herz geeignete Hausvater
gefunden und so am 7. März 1863 der Grundstein zum Neubau
in Gottes Namen gelegt und am 14. October die feierliche
Weihe vollzogen. Schon im ersten Jahre konnte mit Dank gegen
Gott gerühmt werden, daß der Anstalt bereits 8000 Thlr. ge=
schenkt und 10700 Thlr. geliehen seien. Im Jahre 1864 war
die Zahl der Zöglinge schon von 4 auf 33 gestiegen. Schon
der dritte Bericht proclamirt die Nothwendigkeit, durch einen
größeren Neubau die Anstalt dahin zu erweitern, daß sie 100
Zöglingen Aufnahme gewähren könne, zugleich aber auch eine
Pflege= und Bewahr=Anstalt für ältere Blödsinnige herzustellen.
Der folgende Bericht konnte melden, daß alle Wünsche durch

Gottes Güte erfolgt seien, aber dem folgenden lag es ob, von einem schweren Schlage, der die Anstalt getroffen hatte, Kunde zu geben. Am 12. Juni 1869 rief der Herr den bewährten Leiter der Anstalt zu Karlsbad, wo er seine Gesundheit zu kräftigen hoffte, aus der Zeitlichkeit ab. Die Männer von Fach verdanken seinen Jahresberichten manche Aufklärung über das Wesen des Jdiotismus und manchen Einblick in die rechte Art und Weise, wie Schwachsinnige zu unterrichten sind. Sein Nachfolger wurde der in Hephata gebildete Otto Heise. Das männliche Personal der Anstalt bestand vorzugsweise aus Züllchower Brüdern, das weibliche aus Diakonissen des Stettiner Mutterhauses. Beiden Anstalten aber gebrach es an genügenden Kräften für die Kückenmühle und so mußten sie ihre Verträge kündigen. Auch der Hausvater Heise war der Anstalt nur für kurze Zeit geliehen. Am 5. April des Jahres 1876 rief der Herr ihn ab. Der erste Lehrer der Anstalt, Hermann Müller, wurde sein Nachfolger. Indessen schon am 1. November 1877 trat derselbe in sein früheres Amt zurück. Pastor Emil Bern=
hard, bisher Pfarrer zu Tribsow, übernahm das Vorsteheramt, das bei dem Wachsthum der Anstalt immer schwieriger geworden war. In diesem Jahre war auch die Zahl der Zöglinge er=
reicht, für die man den Neubau ausgeführt hatte. Im Jahre 1877 waren durchschnittlich 101 Zöglinge. 1878 wurde des=
halb der Bau eines dritten Wohnhauses vorgenommen. Man hatte bis dahin die Absicht gehabt, der bestehenden Anstalt eine neue für Epileptische hinzuzufügen, aber dieser Plan wurde aufgegeben*); einzelne epileptische Kinder aber werden ausnahms=
weise in die Jdioten=Anstalt aufgenommen, von der jedoch an langwierigen chronischen Krankheiten leidende Blödsinnige voll=
ständig ausgeschlossen sind. In den letzten Berichten wird ge=
klagt, daß die Liebesgaben nicht mit der Vermehrung der Zög=
linge Schritt gehalten haben; dagegen blieb der Stettiner „Frauenverein für die Kückenmühle" sich treu in der Beschaffung von Leib= und Bettwäsche und kann zum Beweise dienen, daß

---

*) Bald darnach ist eine eigene Anstalt für Epileptische in Pommern, nahe bei der Kückenmühle zu Grünhof unter dem Namen „Tabor" ent=
standen, über welche der erste Jahresbericht (die Zeit vom 31. October 1882 bis 31. März 1884 umfassend) vorliegt. 47 Epileptische waren daselbst bereits in Pflege.

eine Anstalt wohl daran ist, wenn sie in der Frauenwelt ihre thatkräftigen Secundanten hat.

[18]) In Potsdam war das v. Voßsche Grundstück in der Teltower Vorstadt seit Jahren für eine Anstalt der Samariter= pflege bestimmt. Eine Kinderheilanstalt wurde auf demselben eingerichtet, später eine Anstalt zur Pflege siecher Frauen. Doch stellte es sich heraus, daß der rechte Zweck noch nicht gefunden sei. Als das Begonnene nicht fortgesetzt werden konnte, war Gefahr vorhanden, daß das Grundstück in andere Hände über= gehe. Diesen Augenblick benutzten Idiotenfreunde unter Füh= rung des Predigers Schultz, um es für eine Idioten = Anstalt zu gewinnen. Es wurde dem neugebildeten Kurmärkischen Verein für innere Mission zugeschrieben und dieser beauftragte Schultz mit der Bildung eines Curatoriums. Im August 1865 wurden die Statuten entworfen, im September durch das Königliche Ober = Präsidium genehmigt. Am 29. October wurde die Anstalt eröffnet, nachdem man den bisherigen ersten Lehrer zu Hephata, Großmann, zum Vorsteher gewonnen hatte, der auch jetzt noch die Anstalt leitet. Behalf man sich anfäng= lich mit den vorgefundenen Gebäuden, so schritt man 1868 zu einem neuen Bau, der 1869 vollendet und bezogen wurde. Die Chronik der Anstalt bis dahin weiß von manchen erfahrenen Liebesbeweisen zu reden. Das Wilhelmsstift ist bestimmt für bildungsfähige Kinder. Veröffentlichungen über dasselbe ge= schehen durch den „Evang. Gemeindeboten".

[19]) Rastenburg. Im Jahre 1858 wurden in der Provinz Ostpreußen die Idioten gezählt. Es fanden sich 244 blödsinnige Kinder. Pfarrer Dr. Kahle in Caymen sprach sich in einem Aufsatz (im Preußischen Volksschulfreund 1862, Heft 3) über die Erziehung blödsinniger Kinder aus. Mit solchem Material wandte sich der Oberpräsident an die Provinzialstände. Diese verwiesen die Vorbereitung eines definitiven Beschlusses an die beiden Landarmen = Commissionen. Ehe dieser gefaßt wurde, nahmen der Regierungs = Präsident von Salzwedell und der Bürgermeister Haase in Graudenz einige schon bestehende Idioten= Anstalten in Augenschein, und nun wollte man auf dem ge= wöhnlichen Berathungswege an's Werk gehen. Aber die Praxis war zuvorgekommen. Der Lehrer Kalanke I hatte bereits unter Mitwirkung des Professor Dr. Kühnast 5 idiotische Kinder in

Unterricht genommen, und zwar lagen erfreuliche Resultate
vor. An diesen kleinen Anfang anknüpfend veranlaßte der
Regierungs=Präsident von Salzwedell einige Herren zu einem
Curatorium unter seinem Vorsitz zusammenzutreten. Dasselbe
constituirte sich am 2. September 1864; man erwarb käuflich
ein passendes Grundstück, fand in dem Bibelcolporteur Krause
den geeigneten Hausvater und eröffnete die Anstalt im Mai
1865, nachdem die Provinzialstände sich durch einen Jahres=
zuschuß von 1200 Thalern für 12 Kinder, deren Bestimmung
den beiden Landarmen=Commissionen zugesprochen wurde, be=
theiligt hatte. — Die Stände erhöhten bald ihren Zuschuß.
Eine Kirchen= und Hauscollecte wirkte mit zum Ankauf eines
Areals von 3 Morgen. Auf diesem Terrain sollte sich bald
ein neues geräumiges Anstaltsgebäude erheben. Am 18. Oc=
tober 1869 wurde es mit 17 Zöglingen bezogen. Jetzt über=
nahm die Frau Kronprinzessin das Protectorat. Der dritte
Bericht hat schon 40 Zöglinge zu verzeichnen. 1881 mußte
wiederum ein Erweiterungsbau vorgenommen werden, so daß
jetzt 80 Zöglinge können Aufnahme finden. An der Spitze
des Curatoriums steht noch jetzt — zum Segen für die Anstalt
— dieselbe rührige Kraft, die sie in's Leben rief, der Regierungs=
Präsident a. D. von Salzwedell.

[20]) Polsingen, s. Neuendettelsau, pag. 93 ff.

[21]) Der Fürsorge seines hochherzigen Fürsten, des Groß=
herzogs Friedrich Franz II., hat Mecklenburg=Schwerin es zu
danken, daß es eine staatsseitig gegründete und erhaltene Idioten=
Anstalt hat. Dieselbe wurde den 13. Juli 1867 in einem
gemietheten Hause zu Schwerin eröffnet, im October 1873 aber
in einen zweckentsprechenden Neubau verlegt. Ursprünglich
nahm die Anstalt nur 12 Knaben und 12 Mädchen auf. Jetzt
ist die Zahl erweitert; aber nur bildungsfähige Kinder sind
aufnahmefähig. Die Oberaufsicht führt das Großherzogliche
Ministerium, Abtheilung für Medicinalangelegenheiten, durch
ein Curatorium. Als Inspector fungirt seit Gründung der
Anstalt J. Basedow, dem ein Personal von 15 Angestellten
untergeordnet ist.

[22]) Erkerode. Der Gründer der Anstalt, Pastor Stutzer,
schreibt über die Entstehung wie folgt. „Am 1. Mai 1867
saß ich in meiner Studirstube in der Pfarre zu Erkerode und

wollte gerade einen alten Zeitungsbogen, in welchem mein
Schuster mir ein Paar Stiefel geschickt hatte, in den Papier=
korb werfen, als mein Auge auf die Ueberschrift einer Anfrage
fiel, die sehr bescheiden in einer Ecke des Sprechsaales stand:
„Es geschieht jetzt so viel für die Irren, soll für die vielen
Geistesschwachen, die unter uns leben, nichts geschehen?" So
lautete die Frage. Es war ein alter Zeitungsbogen, aber Leid
thut es mir doch, daß ich ihn nicht aufgehoben habe. Doch
freilich, wenn der Halm nur wächst und Aehren treibt, so mag
das Saatkorn immerhin vergehen. Die Hand, die es ausgestreut
hat, habe ich bald nachher gefunden; und ich wüßte nicht, warum
ich's jetzt (1874) nach acht Jahren, nachdem man mir vielfach
auch den ersten Gedanken zur Begründung der Idioten=Anstalt
zugeschrieben hat, nicht öffentlich aussprechen sollte: Fräulein
Louise Löbbecke in Braunschweig ist die Fragestellerin gewesen
und hat zugleich durch Aufnahme einiger geistesschwachen Mädchen
in ihre Mägde = Bildungs = Anstalt wie durch Unterbringung
anderer in geeigneten Familien die praktische Lösung der Frage
zuerst in die Hand genommen. — Jene Frage ließ mir keine
Ruhe. Es belebte sich das Bild des Blödenhauses in Neuen=
dettelsau bei Nürnberg, das ich mit großem Interesse wiederholt
besucht hatte, in meinem Gedächtniß, wie auch die Erinnerung
an das Elend zweier Blödsinnigen, die ich in meiner Kindheit
kennen gelernt. Vier Monate lang trug ich den Gedanken auf
betendem und fragendem Herzen; da wurde auf Veranlassung
des sel. Cantor Schmidt in Lucklum bei der Feier einer Hochzeit
in Erkerode die erste Gabe zur Begründung einer Blöden=
Anstalt gesammelt. Und dann war es gerade, als hätten Hun=
derte nur auf eine öffentliche Bitte gewartet, denn kaum hatte
ich sie ausgesprochen, als von allen Seiten Geld geschickt und
angemeldet wurde. Da kamen die Thaler und die Groschen,
auch größere Legate, und Anfang des Jahres 1868 bot ein
Hausbesitzer in Erkerode sein Grundstück zum Verkauf an. Auf
das Anerbieten wurde eingegangen und am 13. September
1868 in diesem Hause die Anstalt eröffnet. Der Andrang zu
demselben machte erst einen Anbau, dann nach zwei Jahren die
Aufführung eines zweiten Gebäudes nöthig. Jetzt nahmen
auch die herzogliche Landesregierung und die Landstände Stellung
zu dem Werk. Die Statuten wurden höchsten Orts bestätigt

und 60 000 Mk. zu den Kosten der ferneren baulichen Ent=
wickelung aus Staatsmitteln bewilligt. Indem man zu den
übrigen ein neues Grundstück auf Sickter Feldmark erwarb,
wurden aus der bisherigen Anstalt zu Erkerode nun „die
Anstalten zur Pflege und Erziehung Geistesschwacher zu Erkerode
und Ober=Sickte bei Braunschweig". Sickte wurde nun den
Knaben überwiesen, Erkerode war Mädchen = Anstalt. Am 1.
Januar 1871 belief sich die Zahl der Zöglinge auf 64. Pastor
Stutzer vertauschte 1872 seine Erkeroder Pfarre mit der zu
Veltheim; aber schon zwei Jahre darnach erkannte er, daß die
Oberleitung des Anstaltsgetriebes mit der pfarramtlichen Thätig=
keit nicht vereinbar sei und ließ sich als Director der Anstalt
vom Vorstande anstellen. Die schon vorher entfaltete Rührigkeit
des Mannes ist aus dem 6. Jahresbericht ersichtlich, wo er
uns als Herausgeber des Illustrirten Braunschweigischen Volks=
kalenders und des christlichen Volksblattes begegnet, der für
diese zu Gunsten der Anstalt erscheinende Drucksachen auf eigene
Kosten eine Druckerei und Buchbinderei eingerichtet hatte. Als
Erwerbszweige der Anstalten werden in seinem Bericht die
Eggendeckenflechterei, Strumpfstrickerei, die Hafergrützmühle, die
Herstellung von Tabak aus Cigarrenabfällen und die Kaninchen=
zucht empfohlen. Aber die Rentabilität dieser Erwerbszweige
war doch höchst zweifelhaft. Auch trug sich Pastor Stutzer
mit dem Gedanken an die Gründung einer Anstalt für Epi=
leptische und einer anderen für Krebskranke. Bald machten
sich die Schwierigkeiten geltend, die in der räumlichen Trennung
der einzelnen Theile der Einen Anstalt bestanden und man
schritt 1875 zu einer Vereinigung, indem man die Erkeroder
Anstaltsgebäude verkaufte und bei Sickte — Neu=Erkerode —
ein größeres Gebäude an ihrer Statt aufführte. Die bisherige
Geschichte der Anstalt ist im siebenten Bericht kurz zusammen=
gefaßt (1875). Die folgenden Berichte, die uns vorliegen,
haben nicht mehr die Continuität mit den vorhergehenden auf=
recht erhalten. Der nächste ist der, welcher den Zeitraum vom
1. April 1880 bis Pfingsten 1881 behandelt. In dem da=
zwischen liegenden Zeitraum haben sich, wie es scheint, große
Veränderungen vollzogen, die mehr oder weniger mit dem Ab=
gange von Pastor Stutzer zusammenhängen, welcher für seine
Rechnung eine Anstalt für Nervenschwache auf Theresienhof

bei Goslar eröffnete. Der letztgenannte Bericht ist der erste seines Amtsnachfolgers Pastor Palmer, der mit dem 1. April 1880 die Direction von Neu = Erkerode übernahm und 115 Pfleglinge vorfand. Ueber den Beruf der Erkeroder Anstalt spricht er sich dahin aus, daß derselbe vor Allem in der leib= lichen Pflege der Unglücklichen bestehe. An diese schließt sich, soweit die Patienten dazu befähigt sind, die nützliche Beschäfti= gung in der Anstaltsökonomie. Unter den 136 Pfleglingen des ersten Jahres waren nur 12, die sich für einen Schul=Unterricht eigneten. „Unsere ganze Arbeit und das ganze Anstaltsleben," sagt Pastor Palmer, „soll getragen werden von den Kräften der unsichtbaren und höheren Welt. Darum legen wir das größte Gewicht auf die Pflege des gottesdienstlichen Lebens. Hier allein liegen die Wurzeln unserer Kraft." In den letzten Jahren sind der Anstalt noch die Stationen Bethanien und Elim hinzugefügt, erstere, um schwach= und blödsinnige Damen aus den bemittelteren Ständen als Pensionärinnen aufzunehmen, letztere für bildungs= und unterrichtsfähige Mädchen und ökono= mische Zwecke. Das Organ der Anstalt ist das „Braun= schweigische Volksblatt" geblieben, dessen Redaction Pastor Palmer übernahm. Die Geschichte Erkerode's ist die eines Anstaltslebens, das sich von der Unruhe und aus dem Experi= mentiren durcharbeitet zu einer ruhigen und festen inneren Gestaltung.

[23]) Das Alice=Stift zu Darmstadt, benannt nach der hohen Protectorin, der Großherzogin Alice, unter der es 1869 in's Leben trat, ist von kleinen Anfängen ausgegangen; bereits 1874 mußte durch den Anbau eines Flügels dem dringenden Erweiterungsbedürfniß Rechnung getragen werden. 1880 folgte nach Süden der Anbau des anderen Flügels. Außerdem wurden inzwischen Oekonomie = Gebäude errichtet und erweitert, neues Areal für Garten=, Feld= und Wiesenbau gewonnen und eine Landwirthschaft durch die wohlwollende Unterstützung der Staats= regierung hergestellt. In neuester Zeit hat der Staat die An= stalt ganz übernommen.

[24]) Die Anstalt weiblicher Cretinen zum heil. Joseph in Glött bei Dillingen an der Donau. — In dem Bericht von 1881 schreibt der hochw. Regens Joh. Ed. Wagner: „Vor zwölf Jahren hat es der Unterzeichnete unternommen,

armen Cretinen ein Asyl zu gründen. Die Beiträge zu diesem Unternehmen flossen sehr reichlich, so daß eine immer größere Anzahl von Kindern aufgenommen werden konnte. In wohl= wollender Würdigung des durchaus humanen Zweckes beschloß der hohe Landrath von Schwaben und Neuburg, noch im Laufe des ersten Jahres eine Unterstützung zu zwei Freiplätzen und wegen der zahlreichen Anmeldungen um Aufnahme vermögens= loser Cretinen wurde der Unterstützungsbeitrag von Seiten der hohen Königl. Regierung von Jahr zu Jahr in dankenswerther Weise erhöht, so daß heuer (1881) wie im vorigen Jahre 14 Pfleglinge an dem gnädigst gewährten Kreisfonds=Zuschuß von 2000 Mk. Theil nehmen konnten." Die ganze Anzahl der Zöglinge betrug damals 88, an denen unter der Oberin Frau M. Hildegard, Gräfin Fugger = Glött, Klosterfrauen aus dem Orden des heil. Franciskus die Liebesarbeit der Pflege und Unterweisung treiben.

[25]) Die Anstalt zu Scheuern war bis zum 1. Mai 1870 ein Rettungshaus für sittlich verwahrloste Kinder. Als solche prosperirte sie nicht. Da nun für die Idioten in Nassau noch nichts geschehen war, beschloß man, die Rettungs= in eine Idioten=Anstalt umzuwandeln. Der Hausvater Horny besuchte deshalb die hauptsächlichsten größeren Idioten=Anstalten Deutsch= lands und unter den Eindrücken, die er dort empfangen, be= gann er mit 4 Kindern seine Arbeit. Schon im ersten Jahre stieg die Zahl auf 15; im dritten Jahre tritt diese Zahl mehr als verdoppelt auf. Im October 1875 kaufte der Vorstand ein angrenzendes fiskalisches Gebäude an; der dazu erforderliche Baufonds war schon in den vorhergehenden Jahren größten= theils angesammelt. Es waren damals 52 Zöglinge vorhanden. Durch den Neubau, der zum Knabenhause bestimmt wurde, ward es möglich, das alte Gebäude, das Schloß, ausschließlich für die Mädchen zu verwenden. Der Bericht von 1878 meldet, daß beide Gebäude durch einen Mittelbau vereinigt seien, wo= durch den Hauseltern eine zweckentsprechende Wohnung und zugleich Raum für weitere 20 Kinder geschaffen wurde. 1882 wurde nun auch das alte Oekonomiegebäude zu einem Wohn= hause ausgebaut und so konnte ein weiteres Wachsthum statt= finden. "In erster Linie werden bildungsfähige, dann aber auch in dringenden Fällen bildungsunfähige Kinder aufgenommen,

endlich aber auch in besonderen Nothfällen erwachsene Blöde."
Auch eine Station für epileptische Idioten, die man sonst ab=
gewiesen hatte, wurde eingerichtet.

²⁶) Leschnitz. Die Anstalt für Unterricht und Erziehung
schwachsinniger aber bildungsfähiger Kinder aus dem Regierungs=
bezirk Oppeln trat erst in's Leben, nachdem mehrere Jahre
vorher darüber berathen war, ob nicht der Rest des ober=
schlesischen Typhuswaisenfonds für eine Verpflegungsanstalt für
Idioten zugleich zu verwenden sei. Aber der Sanitätsrath Dr.
Bruck (Gr.=Strelitz) empfahl ein anderes Ziel, nämlich dies,
nicht sowohl auf Verpflegung von Idioten überhaupt, sondern
auf Ausbildung bildungsfähiger bedacht zu sein. Dieser Ge=
danke trug den Sieg davon, aber seine Ausführung wurde
durch den Krieg vorläufig vereitelt. Erst am 9. October 1871
wurde die Anstalt in einem Communal=Gebäude, das die Stadt
Leschnitz offerirt hatte, mit 5 Kindern eröffnet. Die Leitung
der Anstalt wurde dem früheren Lehrer zu Zyrowa, Heisig,
anvertraut. In dem ersten Jahrzehend gingen 42 Knaben und
11 Mädchen durch die Anstalt. Da eine Zählung ergab, daß
sich in dem Regierungs=Bezirk Oppeln 465 schulpflichtige Schwach=
sinnige befanden, so wurde der Wunsch laut, daß etwa in Gr.=
Strelitz eine größere Central=Anstalt für Schlesien angelegt
werde. Aber derselbe ist bis jetzt noch ein pium desiderium
geblieben. 1881 waren 30 Kinder in Unterricht; eine Hülfs=
lehrerin und 2 Pflegerinnen sind angestellt, da man die An=
wendung männlicher Lehrkräfte aufgab. Der erste Verwaltungs=
bericht klagt: „Nicht wenig Wunden hat uns der Culturkampf
geschlagen; sie waren um so unverdienter, je mehr wir der
äußersten Toleranz Rechnung getragen, und hoffen wir vom
kirchenpolitischen Frieden ihre Heilung."

²⁷) Schröters Unterrichts= und Erziehungs=An=
stalt für geistig zurückgebliebene Kinder zu Neustadt=
Dresden. 1867 faßte der Schulausschuß der Stadt Dresden
den Beschluß, zwei sog. Hülfsklassen unter dem Namen: „Schulen
für schwachbefähigte Kinder" in's Leben zu rufen. Die
Leitung der einen, der in der Neustadt, wurde dem Lehrer W.
Schröter übertragen. Während er dies Amt verwaltete, kamen
mehrfach Anträge, einzelne Kinder als Pensionäre in sein Haus
aufzunehmen. Am 3. Dec. 1873 kam er zuerst einem solchen

Anträge nach). Im folgenden Jahre hatte er bereits 5 Pensio=
näre, so daß er sich bewogen fühlte, ein größeres Grundstück
zu erwerben und auf demselben ein Gebäude, das sich für
Pensionatszwecke eignete, zu erbauen. Mit 7 Pensionären
wurde es am 13. Mai 1875 bezogen. W. Schröter legte
sein Amt an der städtischen Schule nieder und widmete sich
fortan ganz seinem privaten Institut. Nachdem er 1879 ein
angrenzendes Grundstück angekauft hatte, wurde 1880 eine
wesentliche Erweiterung der Anstalt vorgenommen, so daß sie
in den folgenden Jahren 35 Zöglinge aufzunehmen im Stande
war. Der Bericht von 1883 führt 39 Zöglinge auf, von denen
der dritte Theil Israeliten; alle entstammen den höheren Ständen,
alle sind bildungsfähig. Die Anstalt stellt es sich zur Aufgabe,
was die Entwickelung des Leibes anlangt, seine Gesundheit,
Kraft und Gewandtheit zu fördern und die geistige Erziehung
zu einer harmonischen, Verstand, Gemüth und Willen gleich
berücksichtigenden zu gestalten."

²⁸) Die evangelische Blöden = Anstalt zu Ober=
hoffen im Elsaß wurde am 2. August 1876 eröffnet. Es
galt successive die nothwendigen Gebäude zu schaffen. Das
dritte Jahr zählte ihrer drei, und der Bericht hub mit den
Worten an: „Mit diesem Jahre schließen wir die Gründungs=
und Bauperiode unserer Anstalt ab." Aber schon der sechste
und siebente Jahresbericht haben von neuen baulichen Er=
weiterungen zu reden, ein Zeichen von dem Wachsthum und
der Fortentwickelung des senfkornartig entstandenen Instituts.
Mit Freuden liest man, wie ebenso unerwartet wie die neuen
Bedürfnisse sich auch die Mittel zu ihrer Befriedigung ein=
fanden. „Für einen solchen Zweck" — sagt der Bericht von
1883 — „so viele Theilnahme und Unterstützung zu finden,
wie wir gefunden haben, das ist in der That eine Erfahrung,
die uns bei aller Mühseligkeit der täglichen Arbeit gewaltig
aufmuntert und für die wir Gott nicht genug danken können."

²⁹) Herthen. S. die tabellarische Uebersicht.

³⁰) Die ersten Anregungen zur Gründung Mosbachs
gingen von dem langjährigen Director der Landes=Irrenanstalt
zu Illenau, Dr. Roller, aus, der immer wieder die Noth=
wendigkeit der Fürsorge für die Schwach= und Blödsinnigen
in Erinnerung brachte. Wenige Monate vor seinem Tode

bestimmte ihn J. K. Hoheit, die Frau Großherzogin, im Frauen=
verein zu Karlsruhe einen Vortrag über die Idiotensache zu
halten. Dieser Vortrag zündete; und als nun bald darnach
der wackere Freund der ärmsten Elenden abgerufen wurde, da
hielten seine Freunde und Mitarbeiter es für eine Pflicht der
Dankbarkeit gegen den allverehrten Mann, zusammenzutreten,
damit sein letzter Wunsch in Erfüllung gehe. Auf ihre Ver=
anlassung bildete sich ein Comité, mit dem Sitz in Karlsruhe,
das im Februar 1879 einen Aufruf zur Gründung einer im
evangelischen Sinne zu leitenden Anstalt für schwachsinnige
Kinder, die aber Pfleglingen jeder Confession offen stehen sollte,
erließ. Dieser Aufruf fand allgemeine Theilnahme. J. J.
K. K. H. H. eröffneten die Sammlung mit einer Gabe von
1500 Mk.; der unter der Protektion der Großherzogin von
Damen in Karlsruhe abgehaltenen Bazar brachte über 13 000
Mark ein; bis Ende Juni 1880, wo die Anstalt eröffnet wurde,
waren 40 600 Mk. eingegangen. Im Jahre 1879 war vom
Comité ein Anwesen unweit Mosbach erworben worden, be=
stehend in einem geräumigen Wohnhaus mit Nebengebäuden
und 6 Morgen Land, darunter ein großer Obstgarten, der den
Anstaltskeller jährlich mit ca. 2000 Liter Most versorgt. Für
den Ankauf wurden 25 000 Mk., für bauliche Veränderung
und Erweiterung des Wohnhauses 18 000 Mk. verausgabt.
Die Anstalt war zunächst nur für bildungsfähige Schwachsinnige
bestimmt, doch mit dem Vorhaben, die Wirksamkeit auch auf
Blödsinnige und Epileptische auszudehnen. Als Hausvater
wurde der Volksschullehrer C. Bergner berufen, und die Anstalt
am 1. Juli 1880 mit 14 Zöglingen eröffnet, deren Zahl im
ersten Jahre auf 29 stieg. Da den Anmeldungen zu entnehmen
war, daß das Bedürfniß einer Pflegeanstalt mehr als das einer
Erziehungsanstalt empfunden wurde, so wurde beschlossen, eine
solche hinzuzufügen und im November 1883 der Bau eines
zweiten Hauses für ca. 60 Kinder beliebt. Die Anstalt steht
in frischer Entwickelung und raschem Wachsthum. Der letzte
Bericht weist schon 57 Zöglinge nach, worunter, trotzdem daß
das Großherzogthum auch eine specifisch katholische Anstalt hat,
sich auch 22 Zöglinge dieser Confession befinden.

[31]) Der St. Johannes=Verein zur allgemeinen
Irren=Fürsorge für Westfalen konnte in seinem Bericht 1880

die erfreuliche Nachricht geben: „Nachträglich berichten wir den geehrten Mitgliedern des St. Johannes-Vereins, daß der Vorstand sich an den Provinzial-Landtag von Westfalen gewandt und um einen einmaligen, sowie um einen jährlichen Zuschuß behufs Errichtung einer Idioten-Anstalt gebeten hat. — Da sich einige Aussicht eröffnete, daß unsere Bitte gewährt werden wird, so hat der Vorstand eine sich sehr glücklich darbietende Gelegenheit benutzen zu müssen geglaubt, ein äußerst zweckmäßig gelegenes zweistöckiges Haus mit Nebengebäude und etwa einem Morgen großen Garten aus den Mitteln des Vereins anzukaufen, um in demselben event. eine Anstalt für blödsinnige Kinder zu errichten." Mit diesem Hause war für 15—20 Kinder gesorgt. Am Schlusse des Jahres 1881 befanden sich bereits 20 Kinder in der Anstalt; am Ende des folgenden 36 (15 Knaben und 21 Mädchen). Inzwischen war durch einen Neubau für 45 Kinder gesorgt. Aber 1883 forderte einen zweiten Neubau (für fernere 60 Kinder berechnet). Dies Jahr schloß mit 44 Kindern ab; sie wurden von 8 barmherzigen Schwestern, 1 Wärter und 2 Mägden bedient. Die Anstalt hat mit dem St. Johannes-Hospital, einer Irren-Heil- und Pflege-Anstalt, dieselbe Direction, geführt von Sanitätsrath Dr. Friedrich Koster.

³²) Die städtische Idioten-Anstalt zu Dalldorf bei Berlin ist zwar eine selbständige Anstalt, steht jedoch unter der Verwaltung des Curatoriums für die Irrenanstalt und der Oberleitung des Directors derselben, welchem gleichzeitig die ärztliche Leitung übertragen ist. Auch in ökonomischer Beziehung hängt die Idiotenanstalt von der Irrenanstalt insofern ab, als sie von dieser mit vollständiger Verpflegung und Wäsche versehen wird. — Die specielle Verwaltung und die Erziehung der Kinder ist einem im Hause wohnenden Erziehungs-Inspector (jetzt E. Pieper) übertragen, neben welchem ein Lehrer, eine Lehrerin und eine technische Lehrerin wirken. Außerdem sind 4 Wärter (zugleich Handwerker), 4 Wärterinnen und ein Hausdiener angestellt. Die Anstalt wurde am 18. November 1881 mit 11 Knaben und 11 Mädchen eröffnet, zählte aber nach zwei Jahren schon über 100 Zöglinge. Für die Bauten wurden 233 742,73 Mk., für das Inventarium 37 000 Mk. verausgabt. Wer sich einen Einblick in die localen Verhältnisse verschaffen

will, dem ist die splendid ausgestattete Schrift zu empfehlen: Die städtische Irren-Anstalt zu Dalldorf, herausgegeben vom Magistrat zu Berlin. Berlin, Jul. Springer 1883.

[33]) „Bereits im Jahre 1878 erfolgte durch den Director der Taubstummen-Anstalt zu Liegnitz, F. Kratz, welcher sich in den Jahren 1855 bis 1858 in der Idioten-Anstalt zu Berlin unter der besonderen Leitung des Geh. Regierungraths Saegert mit der Erziehung und dem Unterricht der Idioten eingehend beschäftigt und vertraut gemacht hatte, die erste Anregung zur Begründung einer Idioten-Anstalt in Liegnitz. Doch wurde damit erst zu dem goldenen Ehe-Jubiläum Sr. Maj. des Kaisers und Ihrer Maj. der Kaiserin durch eine Commission unter Vorsitz des Regierungs-Präsidenten von Zedlitz-Neukirch vorgegangen. Mit Genehmigung Sr. Maj. des Kaisers wurde die Anstalt „Idioten-Anstalt Wilhelm und Augusta Stiftung" benannt und sollen in ihr durch nach und nach eintretende Erweiterungen die gesammten im Reg.-Bez. Liegnitz lebenden Idioten Aufnahme finden. Die Anstalt soll Unterrichts- und Erziehungs-Anstalt und zugleich reine Pflege-Anstalt werden. Eine Sammlung im Reg.-Bez. Liegnitz für die Anstalt ergab 75 000 Mk. Die Eröffnung derselben fand am 1. Mai 1881 mit 10 Schülern statt. Die Oberleitung war dem Director der Taubstummen-Anstalt übertragen und der Taubstummen-Lehrer Glamann zum Hauptlehrer der Idioten-Anstalt ernannt. Zu gleicher Zeit wurde noch eine Wärterin angestellt, der später noch eine zweite Wärterin und eine Köchin beigegeben wurden. Bis Anfangs December 1884 haben in der Anstalt 33 Idioten Aufnahme gefunden, von denen 4 als geheilt resp. nach erfolgter Confirmation wieder entlassen werden konnten, 2 wegen beständiger Kränklichkeit, 1 auf Wunsch der Eltern und 1 wegen Verzugs der Eltern aus dem Bezirk entlassen werden mußten. — Es befinden sich z. Z. 25 Zöglinge in der Anstalt, von denen 3 Schulgänger, 1 Pensionär und die übrigen 21 Freizöglinge sind. 20 dieser Zöglinge sind evangelisch, 4 katholisch und 1 jüdisch. Die Pension für einen Idioten aus dem Reg.-Bez. Liegnitz beträgt 400 Mk., und für einen aus anderen Bezirken 450 Mk. Den Unterricht ertheilen 2 Lehrer." S. Rücker, Einiges über den Unterricht und die Erziehung u. s. w., S. 9.

§ 20.

Nicht nur Deutschland empfing vom Abendberge aus den Anstoß, Idioten-Anstalten zu gründen, auch die Idioten-Heil-Pflege in den Niederlanden[34], in Großbritannien[35], wo die Idioten jetzt in Palästen ihr Heim finden, und Nord-Amerika[36] hat nachweislich dort den Ausgangspunkt ihrer Geschichte. Wie aber Deutschland seine Männer hat, die, mehr oder weniger im Zusammenhange mit den schweizerischen Anfängen, das Werk auf deutschem Boden anregten (Dr. Kern, Saegert, Disselhoff), so haben auch die genannten Länder Namen zu nennen, an welche sich die Anfänge des großen Rettungswerkes anschließen, Koetsveld, Reed, Dr. Howe. Zu diesen Namen ist für Frankreich[37] hinzu-zufügen John Voist. Belgien[38] hat bis jetzt noch keine besondere Arbeit an den Idioten aufzuweisen. Skandinavien[39] entwickelte bis jetzt schon eine erfreuliche Rührigkeit. Rußland[40] hat in seinen deutschen Provinzen nur ein kleineres Privat-Institut. Die Schweiz[41] hat, wenn auch Guggenbühls Anstalt unterging, das Erbe ihres Landsmannes nicht verloren. Mit besonderer Hoffnung aber dürfen wir auf Oesterreich[42] blicken, daß es an der Abtragung seiner Schuld gegen seine ärmsten Kinder nicht wird fehlen lassen.

[34] s'Gravenhage in Holland. Unter den hohen Be-sucherinnen des Abendberges war auch die Königin der Nieder-lande. Das kam den Männern zu Statten, die in Holland auch durch Guggenbühl angeregt waren, etwas für die armen Idioten zu thun. Unter ihnen steht voran der jetzige Hof-prediger im Haag, Cornelis Elisa van Koetsveld, geb. im Mai 1807 (früher Prädicant in Westmaat, Berkel und Schoenhoven). Er verband sich mit Dr. Brouwer Starck und van den Heuvel, und die drei Männer kamen überein, um sich nicht von vorn herein in allerlei Hindernisse des Unternehmens zu verwickeln, wollten sie nicht gleich mit Aufforderungen an größere Kreise sich wenden, sondern auf eigene Hand praktisch beginnen und zwar vorläufig nur mit einer Tagesschule für Idioten. So wurden denn auch alle complicirteren Fälle ausgeschlossen, und man nahm sich nur der bildungsfähigen Kinder an. 21 Knaben und 10 Mädchen bildeten im ersten Jahre das Contingent der am 15. Mai 1855 eröffneten Idiotenschule. Das eigentliche Endziel war aber vom Anfang an ein Stift, eine Anstalt. Doch hier standen verfassungsmäßige und finanzielle Hindernisse

im Wege. Ueber die ersten hob Königliche Gunst hinweg, die anderen suchte man durch Gewinnung sogenannter Mitstifter zu beseitigen. Mitstifter waren, die ein Geschenk von 200 fl oder einen zinsfreien Vorschuß von 500 fl machten. Die, welche die Hälfte bewilligten, wurden als Donateurs bezeichnet. Ein glücklicher Umstand war, daß man im Haag für ca. 20 000 fl ein geeignetes Gewese preiswürdig erwarb. 1857 siedelte die Schule hierher über und im folgenden Jahre nahm das Stift seinen Anfang. Koetsveld, der Gründer, suchte seine Lands= leute in einer gründlich und mit Wärme geschriebenen Schrift über den Idiotismus und seine Stiftungen aufzuklären und ihnen dieselben an's Herz zu legen. Da aber die literarische Arbeit allein auf seinen Schultern ruhte und der für viele Zweige der öffentlichen Thätigkeit engagirte Mann sie auf die Länge nicht zu bewältigen vermochte, so erschien seit 1871 nichts mehr in Druck. 1872 hatte die Idiotenschule 13 Schüler, das Stift 41 Zöglinge. Seitdem hat ein wesentliches Wachsthum stattgefunden. Am 1. Januar 1885 nämlich waren in der Schule 17 Knaben und 5 Mädchen, in der Anstalt 38 Zög= linge männlichen, 18 weiblichen Geschlechts, mithin sorgten Externat und Internat zusammen für 78 Pflegebefohlene. Daß diese Zahl, verglichen mit derjenigen, für welche Holland sorgen sollte, ein Tropfen am Eimer ist, wird Jeder zugeben, sowie auch, daß der Zeitraum, seitdem van Koetsveld seinen ersten Weckerruf ergehen ließ, lang genug, um Hollands Volk sich auf seine Pflicht gegen seine idiotischen Kinder besinnen zu lassen.

[35]) **Großbritannien.** Der Ruf von Guggenbühls Ar= beiten drang auch nach England. Einer von den vielen Eng= ländern, die in Folge dessen den Abendberg aufsuchten, war Dr. A. Twining. Er erweckte bei seinen Landsleuten Theil= nahme für die Idioten; man dachte jedoch nur an die der Schweiz; selbst der Leibarzt der Königin sagte zu Guggenbühl, als er nach London kam, er habe nie gehört, daß man in ihrer Heimath auch Idioten habe. Fräulein White war die Erste, die 1846 zu Bath mit 4 Blödsinnigen ein Asyl eröffnete, dessen Insassenzahl im Laufe der Zeit auf 35 gestiegen ist. — In England ging es wie in Frankreich (Laforce). Mit Vorträge= halten und dergl. kam es zu nichts. War der Mann gefunden,

der schon auf dem Felde der Barmherzigkeit thätig war, und kam ihm das Bild des idiotischen Elends unter die Augen, so war die Sache gemacht. Und so kam es. Was für Frankreich Johann Bost, das ist für England Andrew Reed. Er wurde 1787 am 27. November geboren. Seine Eltern gehörten zu den Dissentern; sein Vater war Uhrmacher. Auch Andrew widmete sich ursprünglich diesem Geschäft. Als sich ein Verein für Wanderpredigt bildete, traten Vater und Sohn diesem Vereine bei. An die Erwerbung wissenschaftlicher theologischer Kenntnisse war nicht zu denken, da die Collegien meist in den Händen der Hochkirche waren. Andrew war auf das eigene Studium und den Unterricht durch befreundete Prediger ange= wiesen. Daß er dabei nicht engherzig verfuhr, geht daraus hervor, daß er das Studium der Mathematik und das der Grundsprachen der heil. Schrift sich besonders angelegen sein ließ. Endlich wurde es ihm doch auch noch möglich, ein Colleg zu besuchen, nämlich das Hackney = Collegium in London. So, wohl vorbereitet, wurde ihm die Predigerstelle an der New= Road=Kapelle übertragen (27. November 1811). Wie er als Prediger und theologischer Schriftsteller wirkte, ist hier nicht der Ort weiter zu erörtern. Wir haben es mit dem Stifter von 3 Waisenhäusern, 2 Blöden=Anstalten und einem Asyl für unheilbare Kranke zu thun. 1811 nahmen Andrew und seine Schwester ein armes Waisenkind in's Haus, 1814, da sich schon mehrere zu demselben gesellt hatten, wurde ein für 50 Pfd. Sterl. gemiethetes Haus bezogen; 1825 erhub sich ein für 25 000 Pfd. Sterl. errichtetes palastartiges Gebäude, das 300 Waisen umschloß, und bald nach erfahrener Vergrößerung 400 beherbergte. — Noch während dieses Haus im Bau war, fühlte er sich bewogen, einen zweiten Bau zu veranlassen. Das Lon= doner Waisenhaus nahm Kinder unter 7 Jahren nicht auf. Da führte ihm seine Schwester ein solches Kind zu, oder vielmehr vier, die alle gleichzeitig Waisen geworden waren. Wohin mit diesen? Der Vorstand des Waisenhauses hatte nicht den Muth, das neue Unternehmen zu wagen und für solche kleine Waisen ein eigenes Haus zu bauen. So ging Reed allein vor. Er berief am 3. Juli 1827 eine Versammlung. Der Saal, in dem sie abgehalten wurde, war eigenartig drapirt. Rings an den Wänden standen Mütter mit den kleinen Kindern auf den

Armen, für die sie Hülfe suchten. Der Eindruck, den er hoffte, blieb nicht aus. Es flogen ihm die Mittel zu, um einige Häuser für seinen Zweck zu miethen und 1843 präsentirte sich ein großartiger Bau, aufgeführt für 40 000 Pfd. Sterl. und bestimmt für 600 Kinder. — Religiöse Zwistigkeiten wurden die Veranlassung, daß Reed nach einigen Jahren aus den Vor= ständen beider Anstalten schied. War die Engherzigkeit seiner Mitvorsteher der Grund seines Ausscheidens gewesen, so lag es nahe, nun auf breiterer religiöser Basis eine neue Anstalt in's Leben zu rufen. Dies that er denn auch. Es entstand das Asyl für vaterlose Kinder, das, anfänglich auch von Mieths= wohnungen beherbergt, 1858 ein eigenes stattliches 300 Kinder umfassendes Heim empfing, auf dessen Bau 22 000 Pfd. Sterl. verwendet waren. — 1837 hatte Reed auf einer Reise durch Wales und Cornwall mehrere unglückliche Cretinen gesehen. Von diesem Anblick auf's Tiefste bewegt, schreibt er: „Nach dem, was ich erfahren habe, scheint mir ein Asyl für bedürftige Idioten sehr nöthig. Zunächst werden Erkundigungen ein= zuziehen sein, und stellt sich die Nothwendigkeit heraus, so muß die That folgen." Aber damals nahmen ihn seine Waisen= häuser noch zu sehr in Anspruch. Auch noch 1840 mußte er schreiben: „Noch nicht! Alles, was ich thun kann, ist hoffen!" 1843 hoffte er, den Herzog von Wellington für seine Sache zu gewinnen, aber unerwarter Weise lehnte der hohe Herr ab. Da kam die Zeit, wo er durch das Ausscheiden aus den Vor= ständen der beiden ersten Waisenhäuser etwas freier wurde. Sein Geburtstag — der Tag, an dem die meisten seiner Werke geboren wurden — kam (1846), da schreibt er: „Jetzt will ich zu den Geringsten gehen. Je größer die Gnade, desto größer die Verpflichtung. Der Weg vor mir ist dunkel, sehr dunkel. Werke, die ich zu thun gedachte, sind mir genommen worden; dies Werk ist mir geblieben, und ich will es ausrichten. Zu meiner eigenen Erziehung will ich es betreiben. Ich habe von Natur eine Liebe zu allem Schönen, dagegen einen Wider= willen und Abscheu gegen Gebrechlichkeit und Mißgestalten. Nun will ich gerade das Werk übernehmen, zu dem ich so wenig Lust habe." Um sich nun über sein Werk zu instruiren, setzte er sich in Correspondenz mit Männern wie Séguin, Guggen= bühl; ja, er machte selbst die Reise nach dem Abendberge, später

auch noch eine nach Berlin und Paris. Die praktische In-
angriffnahme aber wurde eigentlich durch eine Mutter bestimmt,
die für ein idiotisches Kind bei ihm Hülfe suchte. Sie war
ein Glied seiner Gemeinde. Am 27. October 1847 bei einem
Meeting, dem der Lord = Mayor präsidirte, erfolgte die Con-
stituirung eines Comités für die neue Anstalt. Der Aufruf,
den man erließ und der das Motto führte: „Wir bitten für
die, die nicht selbst für sich bitten können", war in den be-
wegtesten Ausdrücken abgefaßt. Wir geben hier seinen Schluß.
„Wir erlassen diesen Aufruf mit Vertrauen, mit dem Vertrauen
derer, die schon oft die öffentliche Wohlthätigkeit angerufen
haben und nie umsonst. Kann es jetzt umsonst sein? Wir
bitten für die armen, armen Idioten, für die Idioten, die
Niedrigsten unter allen Gegenständen christlicher Barmherzigkeit;
für die Idioten, die der Liebe am meisten bedürfen, und für
welche die Liebe noch nichts gethan hat. — Wir fordern, daß
sie erhoben werden vom bloßen Existiren zum Leben, vom
thierischen Wesen zur Menschheit, von der Gedankenlosigkeit zur
Vernunft und zum Nachdenken. Wir fordern, daß die ge-
bundene Seele befreit werde, daß sie lerne, mit Verständniß
und Einsicht in die Welt zu blicken und als Menschen mit
ihren Mitmenschen zu reden, daß sie anstatt einer Bürde ein
Segen für die menschliche Gesellschaft werden, daß sie ihren
Schöpfer kennen lernen, daß sie von unserm irdischen unvollkommenen Leben ihre Augen erheben lernen zu der künftigen
ewigen Herrlichkeit." Dieser beredte Aufruf verfehlte seine
Wirkung nicht. Die neue Sache gewann warme und opfer-
willige Freunde und am 26. April 1848 konnte ein Haus auf
Highgate Hill mit den ersten Idioten bezogen werden. Nach
einem Jahre war schon eine Haushaltung von 50 Personen
vorhanden. Der Herzog von Cambridge besuchte öfters das
Haus. Nach kaum 2 Jahren sollte ihm schon eine bedeutende
Erweiterung zu Theil werden. Ein reicher Esquire, Samuel
Morton Peto, schenkte der Anstalt ein neues weites Haus,
Essex Hall bei Colchester. Hierher siedelte ein Theil der Zög-
linge über, der übrigen aber wartete eine noch bessere Zukunft.
Earlswood bei Red Hill an der Brighton = Eisenbahn wurde
angekauft. Zu einem Gebäude für 400 Kinder wurde am 16.
Juni 1852 durch den Prinzen Albert der Grundstein gelegt,

am 15. April 1855 wurde es eröffnet und noch ehe ein Jahr=
zehend verflossen war, wurden 400 Kinder (278 Knaben und
122 Mädchen in dem palastartigen, mit dem schönsten Park
umgebenen Bau verpflegt. Earlswood war nun für die 7
nördlichen Counties da, Essex Hall für die östlichen. Die erstere
Anstalt empfing den Namen Royal Albert Asylum. Im Jahre
1882 hatte sie 482 Zöglinge, 322 männlichen, 160 weiblichen
Geschlechts. Ein ärztlicher Dirigent steht an der Spitze. Er
wird durch das Central=Comité gewählt. Unter diesem stehen
für die einzelnen Counties Lokal=Comités. Bei der Aufnahme
von Zöglingen concurriren die Spender von Liebesgaben. Wer
ein einmaliges Geschenk von 5 Guineen macht, hat eine Stimme
auf Lebenszeit, wer jährlich eine Guinee spendet, hat zwei
Stimmen für die Dauer eines Jahres. Jährlich erscheint ein
gedruckter Bericht. — Andrew Reed — um zu ihm zurück=
zukehren, war es nur bis 1862 vergönnt, die Entwickelung der
von ihm in's Leben gerufenen Unternehmungen zu verfolgen.
Im Alter von 74 Jahren beschloß er am 25. Februar 1862
sein reich gesegnetes Erdenleben. Der treue Gehülfe, der ihm
bei der ersten Aufnahme von Idioten zur Seite stand, W.
Millard, behielt die Leitung von Essex Hall. — Außer den bisher
erwähnten englischen Anstalten nennt Ireland noch die zu Star
Croß, Exeter, gegründet 1864, mit 40 Zöglingen, Normans=
field (1867) mit 94 Zöglingen, Midland Counties Middle-
Class Idiot-Asylum, Birgmingham (1869) mit 20 Zöglingen
und Clapton (1874) mit 335 Zöglingen. — Sir John Ogilvy
und seine Frau, Lady Jane Ogilvy hatten ihr idiotisches Kind
nach dem Abendberg gegeben und dort Hülfe gefunden. Aus
Dankbarkeit stifteten sie die erste Idioten=Anstalt in Schott=
land. Sie wurde zu Baldovan bei Dundee 1854 eröffnet
und dem Board of Lunacy for Scotland unterstellt. Ein
Jahr später entstand das Schwachsinnigen=Asyl zu Larbert bei
Falkirk. Es verdankt seinen Ursprung der selbstverleugnenden
Liebe des Dr. Brodie und seiner Frau. Später kam noch
(1867) Columbia Lodge bei Edinburgh hinzu. Diese drei
schottischen Anstalten zählten 1877 zusammen 156 Insassen. —
Von Irland haben wir nur einen Namen in Erfahrung ge=
bracht: „Stewart Institution", früher Lucan Spa, gestiftet
1869, 43 Zöglinge verpflegend. Bei Erlenmeyer (Uebersicht)

der öffentlichen und privaten Irren= und Idioten=Anstalten aller europäischen Staaten, Neuwied 1863) sind noch einige Irren= Anstalten mit Abtheilungen für Idioten genannt, auch kleine Privat=Institute, die sich mit der Heilung und Pflege von Idioten befassen. Da die Angaben über 20 Jahre alt sind, konnten sie für uns nicht maßgebend sein.

[36]) Auch Nord=Amerika wurde von der Guggenbühl= schen Bewegung erfaßt. Dr. Howe aus Boston, der berühmte Lehrer der Laura Bridgman, brachte vom Abendberge die Ueberzeugung mit, daß auch für die Idioten in der Heimath etwas geschehen müsse. Er bewirkte, daß die Regierung von Massachusetts eine Zählung derselben vornehmen ließ. Das Ergebniß wurde in einer interessanten kleinen Schrift nieder= gelegt. Aber es hatte dabei nicht sein Bewenden. Der Staat bewilligte zum Grunderwerb und Bau 25 000 Dollar und 9000 Dollar zur jährlichen Erhaltung. So bekam Massachusetts die erste Idioten=Anstalt in den Vereinigten Staaten. Gleichzeitig mit Dr. Howe nahm Dr. Hervey B. Wilbur sich der Aermsten unter den Armen an und zwar mit Aufopferung seines Ver= mögens. Er gründete das Newyork Staats=Asyl und die Schule für schwachsinnige Kinder zu Barre. Aus der letzteren wurde er abgerufen erst nach Albany, und als dort das Staats= Asyl vollendet war, nach Syrakus. Er ist im Mai 1883 ge= storben. Zu Barre wurde Dr. George Brown sein Nachfolger. Die Staatsanstalt zu Newyork wurde durch einen Act der Gesetzgebung den 10. Juli 1851 geschaffen, und zwar berechnet auf 150 Zöglinge. Die Ausstattung konnte, weil mit Staats= geldern gearbeitet wurde, eine opulente sein. Unheilbare, mit Gebrechen behaftete Idioten wurden abgewiesen. Es ist dafür gesorgt, daß die Zöglinge keinen Augenblick allein, keinen Augen= blick unbeschäftigt sind. Ganz anders ist es in der Anstalt zu Barre. Hier begegnen uns — in der Privatanstalt — Kinder von verschiedenster Abkunft. Bei denen der Aristokratie ist den Verhältnissen Rechnung getragen, aus denen sie kamen. Es begegnen uns auch neben bildungsfähigen die hülfsbedürftigsten, die nur Gegenstand der leiblichen Pflege sind. Séguin, der beide Anstalten besuchte, meint, es sei schwer zu verstehen, wenn man es nicht sähe, wie dieselbe Arbeit so gut und doch so ver= schieden könne betrieben werden, wie in Barre und Syrakus. —

Nord-Amerika hat außer diesen beiden noch die zu Boston (1848) 80 Zöglinge, Media Pensilv. (1853) 225 Zöglinge, Lakeville [Connect] (1858) 85 Zöglinge, Columbus [Ohio] (1857) 408 Zöglinge, Frankfort [Kentucky] (1860) 120 Zöglinge, Jackson-ville [Illinois] (1865) 100 Zöglinge, Glenwood [Jowa] (1876) 14 Zöglinge. — Diese alle sind Staatsanstalten — Newyork City Randall's Island (1860) 183 Zöglinge wird von der Stadt unterhalten und die Privatanstalt Fayville Massachusetts (1870) 12 Zöglinge. In den 11 Anstalten befinden sich zu-sammen ca. 1500 Zöglinge. Mr. Brady rühmt, daß in der Zeit, wo der Norden und der Süden einander feindlich gegen-über standen, dem Idiotenwerk kein Nachtheil aus diesem Zwie-spalt erwachsen sei, daß vielmehr die Aerzte, Lehrer und Ge-hülfen der nördlichen Anstalten aus ihren Honoraren Opfer gebracht hätten, damit der Verbleib der Kinder aus den Süd-staaten in diesen Anstalten ermöglicht werden konnte.

[37]) Die Geschichte des Idiotenwesens in Frankreich würde in die Notiz zusammengefaßt werden können, daß noch jetzt wie zu Séguins Zeit Idioten im Bicêtre (20) und in der Salpêtrière (50) verpflegt werden, wenn es nicht die großartige Colonie von Laforce hätte, begründet von dem Manne, den Bouvier-Monod „die lebendige These der wahren theologischen Wissenschaft" nennt. John Bost wurde den 4. März 1817 zu Moutier-Grandval in der französischen Schweiz geboren. 12 Jahr alt kam er zu einem Buchbinder in die Lehre. Aber seine Anlage und seine Liebe zur Musik machte, daß er 1835 den Unterricht von Wolff und Lißt sich zu verschaffen wußte, und da gleichzeitig die Liebe zu Pferden sich regte, trat er bei der schweizerischen Cavallerie ein. Doch der Künstler siegte über den Cavalleristen. Den Ersteren zog es nach der Metropole Paris. Hier aber sollte seine Liebe wieder in andere Bahnen geleitet werden. Louis Meyer und Adolf Monod gewannen ihn für die Theologie. Er saß bald als Schüler auf den Bänken des Collegs von Sainte Foy. So geschah es 1842 und bereits am 22. September 1844 wurde er von Frédéric Monod ordinirt, da ihm der Ruf nach Laforce zugegangen, wo die Gemeinde mit dem staatsseitig bestellten Pfarrer nicht zufrieden war. Es entstand eine Dissidentengemeinde, und Bost, den es mehr zu einer Gemeinde der Staatskirche würde hin-

gezogen haben, bequemte sich, ihr Pfarrer zu werden. Der
Eifer des Paſtors und der Gemeinde begegneten ſich und ſo
entſtanden raſch hintereinander eine Kirche, eine Schule und
Presbyterium. Schon lange hatte ihn der Gedanke an ein
Waiſenhaus beſchäftigt. Er reiſte 1846 zu einer Collecte nach
England und kam mit den reichſten Erfolgen zurück. Das
influirte auf ſeine Gemeindeglieder. Sie blieben in ihrer
Mithülfe nicht zurück. Wollte man, was ſie in Naturalien und
Arbeiten beiſteuerten, in Geld umſetzen, ſo würde die Summe
von 16 000 Frcs. kaum ausreichen. Dies Waiſenhaus bekam
den Namen: Famille evangélique. 1854 hatte es bereits 75
weibliche Zöglinge. In dieſem Jahre ſtand plötzlich eines Tags
ein armes, ganz verkommenes idiotiſches Kind vor dem edlen
Menſchenfreund von Laforce. Eine Dame, die vorher über
daſſelbe ihm geſchrieben, aber die Antwort nicht abgewartet
hatte, führte es Boſt zu. Sie eilte ſo raſch von dannen, wie
ſie gekommen war. Das arme Kind blieb zurück. Es wurde
erſt in die „evangeliſche Familie" aufgenommen. Bald kam
ein zweites derartiges Kind; nun machte Boſt ſein Pfarrhaus
zu ihrer vorläufigen Herberge. Jetzt handelte es ſich um die
Gründung eines Aſyls für Idioten. Unter dem Namen Bethesda
wurde es am 15. November 1855 mit 5 Kindern eröffnet.
Kaum ſtand es da, ſo wurde er, der bisher nur der Mädchen
ſich angenommen, gedrängt, auch für Knaben Hülfe zu ſchaffen.
Siloah entſtand im September 1858; zwei Jahre ſpäter be=
fanden ſich in ihm 14 Idioten und Unheilbare männlichen
Geſchlechts. Noch waren die Bauten in Laforce nicht am Ende.
Eines Tages fuhr ein Mann vor mit ſeinem Sohne. „Erſt
vor drei Tagen," ſagte er, „hörte ich von Ihren Häuſern.
Hier iſt mein epileptiſcher Sohn, Sie müſſen ihn aufnehmen."
Vergeblich erwiderte Boſt, daß er bis jetzt noch keine Anſtalt
für Fallſüchtige habe. Aber der arme Vater fuhr fort in ihn
zu dringen. Boſt wurde es ſchwer, ihn abzuweiſen; er brach
in Thränen aus und dachte an jenen Mann im Evangelium,
der mit Bezug auf ſeinen Sohn zu Jeſu ſagte: „Ich habe ihn
zu Deinen Jüngern gebracht und ſie konnten ihm nicht helfen."
Dieſer Fall aber beſtimmte den unermüdlichen Nothhelfer in
Ebenezer und Bethel, 2 Häuſer für Epileptiker männlichen und
weiblichen Geſchlechts zu bauen, jenes 1862, dieſes 1863. Erſt

1861 am 2. Juli, 44 Jahre alt, trat er in den Eheſtand. Er fand in einem ſeiner Gemeindeglieder, Fräulein E. Ponterie, eine Seele, die ihn verſtand und auf ſein Wirken einzugehen im Stande war. Für die Epileptiker erhub ſich 1867 ein eignes Gotteshaus. Bejahrte Frauen niederen Standes er= hielten 1878 in der Retraite, ſolche aus beſſeren Lebenslagen drei Jahre vorher in dem Repos ein Aſyl, um ihren Lebens= abend in ſorgloſer Ruhe beſchließen zu können. Endlich be= gegnen uns unter den Namen Miſéricorde und Compaſſion noch zwei Anſtaltsgebäude, von denen das letztere 1880 den Hülfs= bedürftigen eröffnet ward. Am Ende des Jahres 1880 war zu Laforce ein Perſonal von 57 Helfern an 392 Zöglingen und Koſtgängern in Thätigkeit. 250 000 Frcs. betrug die Ausgabe, zu welcher an Liebesgaben 115 000 Frcs. beigeſteuert wurden. Die ganze Colonie war ſeit dem 4. Februar 1873 unter einen aus 9 Mitgliedern beſtehenden Verwaltungsrath geſtellt. Ueber die gegenwärtige Art der Verwaltung iſt uns nichts bekannt. In Bezug auf den 1. November 1881 aber, wo der Gründer dieſer Liebesarbeit von derſelben abgerufen wurde, ſagt man gewiß mit vollem Recht: „Es fiel ein Großer in Israel.“

[38]) Ueber Belgien, wo bisher für die Idioten noch nichts geſchehen iſt, erfahre ich durch Dr. van Koetsveld, daß einige Geiſtliche von dort ſich die Anſtalt im Haag angeſehen haben, um zu veranlaſſen, daß auch ihr Vaterland ſeine Schuld gegen dieſe Armen abzutragen anfange.

[39]) Skandinavien. In Dänemark war Dr. med. J. R. Hübertz der erſte Fürſprecher der Idioten. Die Gunſt der Königin Wittwe Caroline Amalie ermöglichte es ihm 1852, auswärtige Idioten-Anſtalten in Augenſchein zu nehmen. Als er mit reicher Ausbeute ſeiner Beobachtungen heimkehrte, ſuchte er Männer zu gewinnen, die für die Errichtung einer Idioten= Anſtalt eintraten. Es wurden Gelder angeſammelt und als 1855 Gamle Bakkehuus zum Verkauf kam, dieſer Grundbeſitz für 12 500 Reichsbankthaler (16 666 Mk.) angekauft. Am 1. November 1855 wurde die Heilanſtalt für idiotiſche, ſchwach= ſinnige und epileptiſche Kinder eröffnet. Hübertz leitete ſie nur kurze Zeit. Schon im erſten Jahre des Beſtehens übernahm der bisherige Vorſteher einer Privat-Taubſtummen-Anſtalt, der

cand. theol. H. P. Duurloo, die Direction, die noch jetzt, nach
dreißig Jahren, in seinen Händen ist. Man nahm damals für
das ganze Königreich 2000 Idioten an, von denen ca. 350
zwischen 5 und 15 Jahren. Wenn in den ersten Jahren die
Zöglingszahl der neuen Anstalt unter 20 blieb, so begegnen
wir nach 15 Jahren schon 70; zu Anfang dieses Jahrzehends 116.
Gamle Bakkehus bekam einen edlen Rivalen in den Anstalten
Kellers, benannt nach ihrem Gründer und Leiter Johann Keller.
Dieser am 20. Mai 1884 verstorbene eifrige Menschenfreund
begründete eine Anstalt für intelligente Taubstumme, noch dem
Pavillon = Sistem eingerichtet, eine andere für schwachbegabte,
eine Idioten = Anstalt, und zu Karens Minde ein Asyl für
unheilbare Blödsinnige. In diesen 4 Instituten wird für 420
elende, gebrechliche Menschen gesorgt. Der Sohn Kellers ist
in die Erbschaft eingetreten, hoffentlich unter demselben Segen,
der auf dem Vater ruhte. — In Schweden errichtete die erste
Idioten-Anstalt der Bataillons=Prädicant Glasell (1863). Fräu=
lein Emanuella Carlbeck, welche dieselbe später übernahm, wurde
die Gründerin der Idiotenschule zu Sköfde, bei welcher sich
die Regierung mit einem jährlichen Zuschuß von 2000 Thlr.
betheiligte. 1870 trat durch den „Verein für die Erziehung
schwachsinniger Kinder" die Idiotenschule in Stockholm in's
Leben. Die leitenden Kräfte dieses Vereins, Professor Dr.
Kjellberg, Reichsarchivarius Dr. O. von Feilitzen und Dr. theol.
F. Grafström, haben sich seitdem um das Idioten=Erziehungs=
wesen in ihrem Vaterlande namhafte Verdienste erworben. Sie
waren es auch, die dazu besonders mitwirkten, daß Conferenzen
zu Stande kamen, zu denen sich die Lehrer und Lehrerinnen
abnormer Kinder (blinde, taubstumme, idiotische) vereinigten.
Schweden hat jetzt 11 Institute für Idioten mit zusammen 220
Zöglingen; dieselben nehmen sich zumeist nur der bildungs=
fähigen an; sie stehen fast alle unter weiblicher Leitung. Die
größeren Institute (das größte hat 49, die nächstfolgenden 43,
30, 21, 20, 17, die übrigen 2—9 Zöglinge) werden vom
Staate unterstützt, welcher jährlich 25 000 Kronen auf das
Idioten=Erziehungswesen verwandte. — In Norwegen hatte
sich Dr. Dahl um die Idioten dadurch ein Verdienst erworben,
daß er den Nothstand literarisch feststellte. Aber die praktische
Fürsorge für dieselben ließ lange auf sich warten. Es bestanden

bereits 1 Blinden= und 4 Taubstummen = Anstalten, als mit Ausnahme einiger Idioten, welche die Taubstummen=Anstalten von Balchen und Ziesler aufgenommen hatten, für dieselben noch nichts geschehen war. Mit einer an die Volksschule sich anschließenden Schule für zurückgebliebene Kinder wurde 1876 begonnen in Christiania. Da aber diese Hülfe sich nicht als ausreichend erwies, so entstand schon im Jahre darauf eine Anstalt in der Nähe Christianias, die sich bald in eine für Knaben und eine für Mädchen theilte. Die für Knaben am Ullervedsveien, bestimmt für 100, leitet M. H. Hansen, die für Mädchen, von demselben Umfange zu Thorshaug, J. Lippe= stad, der auf Regierungskosten das Ausland bereiste und der in Folge der in Deutschland gemachten Erfahrungen mit seiner Anstalt eine andere für Epileptiker verband (1883). Außer diesen beiden Anstalten bei Christiania hat Norwegen noch eine zu Uren bei Bergen, geleitet von J. Saethre. Sie ist für 40 Zöglinge eingerichtet. Alle Norwegischen Anstalten werden für Rechnung von Privaten geführt unter Subvention des Staates, die den ärmeren Kindern zu Gute kommt. — Mit den skandinavischen Anstalten verbunden ist die 1876 zu Jakobsstad in Finnland entstandene, die unter einem päda= gogischen Verwaltungsrath steht, dessen Vorsitzender B. Helander ist. Dirigent ist M. Lundberg; die Zahl der Zöglinge 9.

⁴⁰) Die „heilpädagogische Anstalt" in Riga wurde 1854 von dem weiland Taubstummenlehrer Friedrich Platz er= öffnet und ging nach dem Tode desselben (1864) auf seine Wittwe, Frau Therese Platz über. Georgens und Fröbels Gedanken sind es, welche die Leiterin zu verwirklichen sich be= strebt und welche sie auch in Brochüren weiter ausführt. Die Anstalt befindet sich in der Umgebung der Stadt in einem einfachen geräumigen Landhause inmitten eines großen Parkes. 1876 waren für 10—12 Zöglinge „außer der Vorsteherin zwei Damen und zwei Wärterinnen thätig, außerdem das Dienst= personal für die Oeconomie."

⁴¹) Basel. Im Mai 1857 brachte Professor C. G. Jung im Kreise einer philanthropischen Gesellschaft zu Basel das Bedürfniß eines Asyls für schwachsinnige Kinder zur Sprache. Die Gesellschaft hatte finanzielle Bedenken. Sofort legte Jung einen Fünffrankenthaler mit den Worten auf den Tisch: „Mit

diesem Fünffrankenthaler gründe ich auf Hoffnung eine Anstalt für schwachsinnige Kinder. Für das Weitere werde i ch sorgen." Er ging denn auch gleich weiter, miethete ein Haus, erwarb einen Hausvater; seine nächsten Verwandten schafften Mobilien herbei, und so wurde schon einen Monat später, im Juni, die Anstalt mit 3 Kindern eröffnet. Alle Tage besuchte Jung seine Zöglinge; wurden neue angemeldet, die kein Kostgeld zahlen konnten, so griff Jung in die eigene Tasche. Aber es fanden sich auch immer mehr Freunde, die der Sache gern mit ihren Mitteln dienten. Zehn Kinder waren da, da genügte die Wohnung an der Grenzacherstraße nicht mehr. Man siedelte 1860 nach dem sogenannten Doctorgarten am Petersgarten über. Das war auch der rechte Platz noch nicht. Die Findung desselben sollte der edle Stifter nicht mehr erleben. Am 12. Juni 1864 ging Professor Jung heim. Er hatte bereits ein Comité für die Fortführung des Werkes gewählt. Zuerst stand an der Spitze desselben der Stadtrath Hagenbach=Merian, nach diesem Dr. Iselin=Passavant. Die medicinische Gesellschaft unter= nahm es 1866 einen Aufruf zu erlassen, um ihrem Nestor ein bleibendes Denkmal zu setzen. In ganz kurzer Zeit kamen 18 000 Frcs. Kapital und 1800 Frcs. Jahresbeiträge zusammen. So konnte ein Landgut vor dem St. Johannthore erworben werden, auf dem für 38 000 Frcs. die für 25 Kinder be= rechneten Anstaltsräume konnten hergestellt werden. Am 10. October 1867 wurde die neue Anstalt bezogen. Als 1883 die fünfundzwanzigjährige Jubelfeier begangen wurde, konnte ge= rühmt werden, daß aus den eingegangenen reichen Liebesgaben nicht nur die laufenden Ausgaben hätten bestritten, sondern auch die völlige Abtragung der Bauschuld beschafft werden können. 120 Kinder waren bis dahin durch die Anstalt ge= gangen. Der erwähnte Festbericht konnte die erfreuliche Mit= theilung bringen, daß, während bis dahin nur zwei kleine pri= vate Anstalten ähnlicher Art ihm in der Schweiz zur Seite gestanden, der Canton Zürich jetzt eine größere aus Staats= mitteln zu Regensberg eröffnet habe (für Knaben). Da aber alle vier Anstalten nicht mehr als 120 Pfleglinge umschließen können, dies aber wahrscheinlich nur der vierte Theil der anstaltsbedürftigen Idioten in der Schweiz ist, so bleibt noch

viel zu thun übrig. Gott lasse es an Männern wie Jung
nicht fehlen!

⁴²) Auch Oesterreich empfing Anregungen in der Cretinen-
Angelegenheit vom Abendberge aus. Der Oesterreichische Ge-
sandte in der Schweiz, Graf Bombelles, besuchte ihn im Auftrage der Regierung; Dr. Carl Haller hob die Wichtigkeit
einer Zählung und die Errichtung von Anstalten hervor. Der
Minister von Bach (1858—1860) ordnete die erstere an.
Guggenbühl trug dazu bei, durch eine Eingabe, die er 1857
an die k. k. Akademie der Wissenschaften in Wien machte.
Praktische Erfolge hatten diese Federarbeiten nicht. Inzwischen
aber war doch auch schon Einiges geschehen. In der Irren-
anstalt zu Ybbs wurde eine Idiotenschule eingerichtet, die 1864
soweit erweitert wurde, daß sie 40 Kinder aufzunehmen vermochte. 1879 erstreckte sie sich auch auf Handfertigkeits-Unterricht.
Die Levana zu Liesing bei Wien, Georgens' Schöpfung, bekam
im Herbst 1858 auch staatsseitig einige Zöglinge überwiesen;
aber nach einer Notiz in Ther. Platz „die Heilpflege u. s. w.",
welche die Verfasserin offenbar Georgens selbst verdankt, will
der Leiter veranlaßt sein, die Levana aufzugeben, weil die
Jesuiten = Congregation zu Wien und Kalksburg den wohl-
wollenden Bestrebungen des Staates hindernd in den Weg
getreten sei. Eine in den sechszigger Jahren von Dr. Friedmann und
Glinsky zu Zwölfaxing entstandene Idiotenanstalt wurde 1872
behördlich geschlossen. 1871 gründete der St. Anna = Frauenverein zu Prag eine noch jetzt von Dr. Amerling und seiner
Frau geleitete Idioten = Anstalt, die 300 Kinder aufzunehmen
vermag, gegenwärtig aber ca. 60 Zöglinge umfaßt. Dr. Amerling, das Haupt der physiokratischen Gesellschaft in Prag, Be-
gründer der Diasophie oder Orientirungslehre, der in einer
Reihe von Schriften, die nur Eingeweihten verständlich sind,
seine Anschauungen und Speculationen begründete und aus-
führte, hat auch dem Leben seiner Anstalt ein derartiges Gepräge gegeben, daß es sich wesentlich von dem anderer Anstalten
unterscheidet. Seit 1873 ist auch in der nieder-österreichischen
Landes=Irren=Anstalt zu Wien ein Idioten=Unterricht eingeführt,
den der Lehrer Winkler ertheilt. Winkler (1875/76) und der
k. k. Bezirksarzt zu Deutsch = Landsberg in Steiermark, Dr.
Knapp (1879/80), bereisten die ausländischen Anstalten, um

9*

die Resultate für ihre engere Heimath zu verwerthen. 1879 trat zu St. Rupprecht bei Bruck a. d. Mur eine Anstalt in's Leben, welche durch die Congregation der Schwestern zum heil. Kreuz bedient wird. Der verdienstvolle P. Zeininger, Director des Landes-Taubstummen-Instituts zu Graz, hatte hierzu die erste Anregung gegeben. Bis jetzt ist die neueste Anstalt für Idioten in Oesterreich die „Stephanie-Stiftung zu Biedermanns-dorf bei Wien", nach der Frau Kronprinzessin als Protectorin benannt und am 28. November 1883 feierlich eröffnet. Sie verdankt ihre Entstehung dem „Verein zur Gründung eines Asyls für Erziehung und Pflege schwachsinniger Kinder" unter dem Vorsitz des Freiherrn von Hye. Bis zum 23. März 1884 waren 27 Pfleglinge aufgenommen. Fräulein Ruperta Feser fungirt als erste Lehrerin und Vorsteherin der Anstalt. — In Ungarn entstand durch die Commission „zur Arbeit" 1875 eine Idioten-Anstalt unter dem Namen „Arbeit". Dr. Frim klagt die Commission an, daß sie Eitelkeit und Ehrgeiz in das Werk hineingezogen habe und erklärt, daß die Anstalt erst am 1. Februar 1877, als er sie übernahm, „in die Hände eines Mannes gekommen sei, der das Herz auf dem rechten Fleck habe". Die mit 1 Zögling begonnene Anstalt siedelte unter Frim nach Budapest (Waitznerstr., Villa Weiß) über, wo sie neun Zöglinge umfaßte. Der einzige Bericht, den wir kennen und der bis zum Januar 1879 reicht, beklagt sich bitter, daß von den 18 351 Cretins und Idioten Ungarns, von denen 75 % notorisch arm sind und 7970 im schulpflichtigen Alter stehen, nur 13 sich in der Idioten-Anstalt befänden, ein kleiner Theil (17) unter den Irren in der Landes-Irrenanstalt lebe, ein Theil als arbeitsunfähig sich selbst überlassen sei und zur Ziel-scheibe des Spottes diene, der größte Theil aber oft vagabun-dirend, mit schmutzigen Lumpen nothdürftig bedeckt und mit Ungeziefer besäet, mit fratzenhaften Grimassen die Vorüber-gehenden anbettele." Nach einer Notiz, die uns irgendwo zu Gesicht kam, hat in neuerer Zeit Se. Majestät der Kaiser der Anstalt eine Unterstützung auf 3 Jahre bewilligt. — Endlich erübrigt zu erwähnen, daß eine für 200 Kinder bestimmte An-stalt zu Kainbach bei Graz geplant war. Aber ehe es zur Ausführung kam, starb der Stifter, der Prior der Barmherzigen zu Graz, P. Schmid (1882). Dr. Pfleger (a. a. O.) meldet:

„Die Eröffnung ist vor Kurzem erfolgt. Diese Anstalt scheint nunmehr zu einer Bewahr- und Siechen-Anstalt bestimmt zu sein."

§ 21.

Um eine innere Fortentwickelung und Einheit der Arbeit an den Idioten zu erzielen, besteht in Deutschland seit 1874 die Conferenz für Idioten-Heil-Pflege, die seit 1880 ein eigenes Organ besitzt in der Zeitschrift für das Idiotenwesen. Auch die skandinavischen Idiotenfreunde haben in den letzten Jahren zur Förderung ihrer Arbeit eine Conferenz in's Leben gerufen, die auch als Wanderversammlung tagt.

1. In den Wanderversammlungen der Naturforscher und Aerzte war bisweilen gelegentlich die Idiotensache behandelt. Die 1865 zu Hannover gehaltene hatte eine eigene Section zu ihrer Besprechung gebildet. Die Arbeit aber hatte bereits einen zu weiten Umfang erhalten, auch umschloß sie Elemente, die nicht in den ärztlichen Gesichtskreis gehörten, darum erschien die Selbständigkeit der Idiotenfreunde bei ihren Berathungen geboten und die Stunde gekommen, wo die Idiotensache aufhörte, Anhängsel jener blos ärztlichen Versammlungen zu sein. Der Verfasser dieser Schrift besprach im Sommer 1874 diese Angelegenheit mit den Vorstehern der größeren deutschen Idioten-Anstalten, die ihm beipflichteten, und so wurde im September 1874 eine Einladung an alle Freunde der Idioten-Heil-Pflege erlassen. Unterzeichnet war dieselbe von Sengelmann (Alsterdorf), Barthold (M.-Gladbach), Dr. Kind (Langenhagen), Kraft Rall (Mariaberg), Hardeland (Reinstedt) und Landenberger (Stetten). In Folge dieser Einladung wurde die erste Conferenz am 4.—6. November 1874 in der Metropole des Deutschen Reichs gehalten. Die zweite hat vom 16.—18. October 1877 in Leipzig-Wermsdorf, die dritte vom 13.—15. September 1880 in Stuttgart, die vierte vom 4.—6. September 1883 in Hamburg getagt. Für die fünfte, die s. G. w. 1886 zusammentreten wird, ist Graz als Versammlungsort in Aussicht genommen. Das bei der ersten Conferenz gewählte Präsidium (Sengelmann, Präsident, Barthold und Kind, Vice-Präsidenten) wurde bei den folgenden wiedergewählt. Durch die Stuttgarter Versammlung wurde die von Schröter und Reichelt redigirte

Zeitschrift für das Idiotenwesen zum Organ der Conferenz gemacht. — Die Berichte der Conferenz, die in derselben erscheinen, existiren auch in Separat = Abdrücken, die durch das Präsidium zu erlangen sind.

2. Die skandinavische Conferenz tagte zuletzt 1884 in Christiania. — Seit 1867 erschien Nordisk Tidskrift for Blinde-, Dovstumme- og Aandssvageskolen. Seit 1884 hat man angefangen, aus dieser Zeitschrift alljährlich zu geben eine Revue périodique du Journal scandinave des Ecoles d'enfants anormaux.

Die Idioten-Anstalten

A. des Deutschen Sprachgebiets,

    a. in Deutschland,

    b. in Oesterreich,

    c. in der Schweiz,

    d. in Rußland (Ostseeprovinzen);

B. des Britischen Sprachgebiets
(nach einer gütigen Mittheilung des Herrn
Dr. med. Shuttleworth, Director des Royal-Albert-Asyls
zu Lancaster),

    a. in England,

    b. in Schottland,

    c. in Irland,

    d. in Nord-Amerika.

———

A. Des deutschen
a. In

Ort	Name der Anstalt nebst Stiftungs jahr	Oberleitung	Zahl der Zöglinge seit der Stiftung		Gegenwärtige Zöglinge zahl		Es werden unterrichtet		in Klassen	Arbeits- fähig sind		Nur ver- pflegt werden		Angestellt	
			mnl.	wbl.	mnl.	wbl.	mnl.	wbl.		mnl.	wbl.	mnl.	wbl.	mnl.	wbl.
1.* **Möckern** bei Leipzig.	Kernsche Anstalt. 1839. 1847.	Besitzerin der Anstalt Frau Wwe. Dr. Kern.	—	—	36	13	—	—	—	—	—	—	—	7	12
2. **Schreiberhau,** Kreis Hirschberg in Schlesien.	Rettungs= haus 1835 27. Sept., für Idioten 1845 20. Sept.	Ein Direktorium von einigen Pastoren.	99	61	15	8	7	3	1 mit 8 Ab= theilun= gen.	10	6	5	2	1	1
3. **Hubertusburg** in Sachsen.	Er= ziehungs= Anstalt für Schwach= sinnige. 1846.	Staats= Anstalt (Minist. des Innern, IV. Abth.)	324	225	60	50	60	50	11	50	35	—	—	9	12
4. **Maria- berg,** O.=A. Reut- lingen, Kgr. Württemb.	Heil= Anstalt. 1. Mai 1847.	Ein Vereins= Ausschuß von 13 Mit= gliedern.	246	192	69	40	17	15	4	33	6	19	19	11	25
5. **Stetten** i./R., Schloß bei Stetten in Württemb.	Heil= Anstalt. 1849 Rieth, 1851 Winter- bach, 1864 Stetten.	Comité mit einem Vorstand.	798	554	177	123	65	50	7 bis 8	79	53	33	20	36	69

Sprachgebiets.
Deutschland.

Kostgebäude	Unterhal- tungskosten	Der Kopf kostet pro Jahr	Staats- zuschuß	Kirchen- Kollekte	Haus- Kollekte	Liebesgaben	Ertrag der Landwirth- schaft	Ertrag der Werkstätten	Gehalte und Löhne	Beköstigung	Bekleidung
Mark	Mark	Mark	Mark	Mark	Mark	Mark	Mark	Mark	Mark	Mark	Mark
—	—	—	—	—	—	—	—	—	—	—	—
— bis 300	9316 25 Pfg.	456,25	—	—	—	Die Zinsen eines Legats von 150 und 5	—	—	180. Die Ret- tungs- Anstalt stellt die Lehrer.	—	—
54 108 216	50 000	450	35 000	—	—	—	600	1200	—	—	—
750 450 100 bis 150	72 934 16 Pfg.	444	3300	—	—	7439,85	10149,80	800,65	9511,27	31663,17	1453,17
1200 bis 2000 480 bis 800 120 bis 360	173990	480	6600	—	—	9856	9114	1873	27 711	71 350	6772

Ort	Name der Anstalt nebst Stiftungs-jahr	Oberleitung	Zahl der Zöglinge seit der Stiftung		Gegenwärtige Zöglinge Zahl		Es werden unterrichtet		in Klassen	Arbeits-fähig sind		Nur ver-pflegt werden		Angestellt	
			mnl.	wbl.	mnl.	wbl.	mnl.	wbl.		mnl.	wbl.	mnl.	wbl.	mnl.	wbl.
6. Schleswig.	Er-ziehungs-Anstalt für idiotische Kinder. 1852 1. Oktober.	Privat-Anstalt unter staatlicher Aufsicht.	240	126	47	22	40	17	3	40	17	7	5	5	8
7. Ecksberg in Bayern.	Cretinen-Anstalt. 1852.	Staats-Aufsicht Joh. Nep. Leidl, katholischer Priester.	414	249	119	79	22	21	4	54	36	65	43	—	—
8a. Neuen-dettelsau, Mittel-franken, Bayern.	Anstalt für Blöde und Epi-leptische. 1854.	Eigenthum der Diako-nissen-Anstalt Neuen-dettelsau unter Lei-tung des Rektors Pfarrer Fr. Meyer.	61	350	1	132	—	45	2	1	25	—	107	1	13
8b. Polsingen, Filial des Diakonissen-hauses Neuen-dettelsau.	Blöden-Anstalt. 1866 20. Juli.	Direktorium der Diako-nissen-An-stalt Neuen-dettelsau, Rektor Meyer.	197	—	94	—	33	—	3	37	—	57	—	4	16
9. M.-Glad-bach (Prov. Rheinland).	Erziehungs- und Pflege-Anstalt für Blödsinnige Rheinlands und Westfalens, genannt Hephata. 1859.	Ein Verwal-tungsrath von 30—40 Gliedern, aus denen ein aus 9 Mitgliedern bestehender Verwaltungs-Ausschuß.	464	266	112	48	70	45	6 bis 8	80	35	15	4	21	17
10a. Neinstedt (Prov. Sachsen).	Elisabeth-Stift für männliche Blöde. 1861 2. Januar.	Vorstand.	481	—	140	—	59	—	3	91	—	49	—	12	10

Kostenfläche Mark	Unterhaltungskosten Mark	Der Kopf kostet pro Jahr Mark	Staatszuschuß Mark	Kirchen-Kollekte Mark	Haus-Kollekte Mark	Liebesgaben Mark	Ertrag der Landwirthschaft Mark	Ertrag der Werkstätten Mark	Gehalte und Löhne Mark	Beköstigung Mark	Bekleidung Mark
1200 540 und 382 50 Pf.	—	—	Zuschuß der Provinz 7000	—	—	—	—	—	—	—	—
350	70 000	380	—	5029,77	3210	7000	2700	—	6500	31 500	3000
—	29 532	220,03	Kreisbeiträge 1475	2900	—	2270	—	—	2065	18 217	1561
150 220 300	28 942 93 Pfg.	265	1462 81 Pf.	2992,24	—	2002,30	—	—	2710,84	18850,07	1106,86
1200 bis 1600 540 bis 750 216	68 000 bis 72 000	435 bis 450	—	4000 bis 4500	15 000 bis 17 000	1200 bis 3000	—	1500 bis 1900	14 000 bis 15 000	26 000 bis 28 000	4000 bis 5000
450 216 bis 252	40 792 38 Pfg.	289,04	3000	4923,67	—	1943	56,40	404,15	7321,80	18112,45	5581,99

Ort	Name der Anstalt nebst Stiftungs= jahr	Oberleitung	Zahl der Zöglinge seit der Stiftung mnl. | wbl.		Gegen= wärtige Zöglings= zahl mnl. | wbl.		Es werden unterrichtet mnl. | wbl.		in Klassen	Arbeits= fähig find mnl. | wbl.		Nur ver= pflegt werden mnl. | wbl.		Angestellt mnl. | wbl.	
10b. Neinstedt.	Asyl Kreuz= hülfe auf Schloß Detzel bei Neu= haldensleber für weibliche Blöde. 1864 2. Januar.	Vorstand.	—	216	—	70	—	25	2	—	18	—	53	1	15
10c. Neinstedt.	Asyl Kreuz= hülfe bei Thale für weibliche Blöde und Epileptische. 1876 2. Januar.	Vorstand.	69	194	23	122	10	41	3	—	86	23	36	1	25
10d. Neinstedt.	Gnadenthal. Epileptische Anstalt für männliche Epileptiker. 1884 9. Juni.	Vorstand.	78	—	71	—	25	—	2	30	—	41	—	8	7
11. Hasserode, Prov. Sachsen.	„Zum guten Hirten", öffentliche Erziehungs= anstalt für schwach= und blödsinnige Mädchen der Prov.Sachsen und Anhalt. 1861.	Vorstand.	—	107	—	27	—	22	2	—	16	—	11	1	2
12. Kiel.	Idioten= Anstalt. 1862 1. Juli.	Privat= Anstalt. Besitzer: Joh. Meyer.	110	93	30	19	22	12	2	18	13	8	5	3	5 bis 8
13.* Craschnitz, Prov. Schlesien.	Deutsches Sama= riter= Ordens= Stift. 1862.	Oberin: Selma Gräfin v.d. Recke, Volmer= stein.	567		265		—	—	—	—	—	—	—	—	—

Kostenbläße	Unterhaltungskosten	Der Kopf kostet pro Jahr	Staatszuschuß	Kirchen-Kollette	Haus-Kollette	Liebesgaben	Ertrag der Landwirthschaft	Ertrag der Werkstätten	Gehalte und Löhne
Mark	Mark	Mark	Mark	Mark	Mark	Mark	Mark	Mark	Mark
450 216 bis 252	19 659 10 Pfg.	266,70	1850	4923,87	—	1943	—	7,90	3112,48
450 216 bis 252	42 648 44 Pfg.	303,11	1850	4923,87	—	1943	—	20	4584,85
450 288	seit 9. Juni 1884: 13 179 12 Pfg.	400,56	—	4923,87	—	1943	—	—	½ Jahr 1403,42
280 bis 450	9922 70 Pfg.	364,69	2250	228,06	—	1371,56	—	—	1454

Ort	Name der Anstalt nebst Stiftungs-jahr	Oberleitung	Zahl der Zöglinge seit der Stiftung		Gegenwärtige Zöglings-zahl		Es werden unterrichtet		in Klassen	Arbeits-fähig sind		Nur der Pflege werden		Angestellt	
			mnl.	wbl.	mnl.	wbl.	mnl.	wbl.		mnl.	wbl.	mnl.	wbl.	mnl.	wbl.
14. Langenhagen bei Hannover.	Idioten-Anstalt. 1862. 2. Januar.	Das Comité zur Errichtung von Idioten-Anstalten in Hannover.	1015		207	146	105	72	10	123	80	84	66	17	47
15. Alsterdorfer Anstalten bei Hamburg.	Das demselben angehörige „Asyl für schwach- u. blödsinnige Kinder" seit 1863. Pensionat für die höheren Stände seit 1879.	Vorstand.	509	313	213	132	76	46	12	105	65	107	68	48 für alle Anstalten.	36
16. Rückenmühle bei Stettin.	Pflege-, Erziehungs- u. Beschäftigungs-Anstalt für Geistesschwache. 1863. 14. Oktober.	Ein Curatorium (Vorsteher Pastor Bernhard).	506		112	83	42	36	6	44	28	26	19	22	31
17. Potsdam.	Wilhelmsstift. 1865 29. Okt.	Vorstand.	200	95	68	34	40	20	5 bis 6	19	4	9	10	10	12
18. Rastenburg.	Idioten-Anstalt. 1865.	Ein Curatorium aus Privaten bestehend.	168	85	53	17	35	17	3	25	11	15	—	4	3
19. Schwerin in Mecklenburg.	Anstalt für den Unterricht, die Erziehung und die Pflege geistesschwacher Kinder. 1867.	Staats-Anstalt, Großherzogl. Ministerium, Abth. für Medicinal-Angelegenheiten.	71	47	26	24	26	24	4	26	24	—	—	6	8

Kostensätze	Unterhaltungskosten	Der Kopf kostet pro Jahr	Staatszuschuß	Kirchen-Kollekte	Haus-Kollekte	Liebesgaben	Ertrag der Landwirthschaft	Ertrag der Werkstätten	Gehalte und Löhne	Beköstigung	Bekleidung
Mark	Mark	Mark	Mark	Mark	Mark	Mark	Mark	Mark	Mark	Mark	Mark
1000 450 360	122413 9 Pfg.	352 4¼ Pfg.	—	—	—	—	14412,66	484,35	25001,12	44035,76	7758,84
360 bis 400 750 1000 bis 1500	144000 im Ganzen.	415	—	—	—	9000	5000	—	19 000	64 800	12 400
						Die Anstalten im Ganzen.					
1200 bis 1500 600 800 600 450 (180)	83 000	430	3150	1800	12 000	9000	8000	—	13 600	pro Kopf pro Tag 48 bis 50 Pfg.	incl. Betten pro Kopf pro Jahr 45
390 450 600	38 863	—	—	—	—	4000 bis 5000	1074	373	4510	28 686	
360 (300) 240	21 305 25 Pfg.	304,70	—	175,22	—	527	—	—	4095,15	8695,39	3140,41
90 240 900	28 707 80 Pfg.	574 15³/₅ Pfg.	18 000	—	—	—	—	—	5265	14110,30	1900,60

Ort	Name der Anstalt nebst Stiftungsjahr	Oberleitung	Zahl der Zöglinge seit der Stiftung		Gegenwärtige Zöglingszahl		Es werden unterrichtet		in Klassen	Arbeitsfähig sind		Nur verpflegt werden	
			mnl.	wbl.	mnl.	wbl.	mnl.	wbl.		mnl.	wbl.	mnl.	wbl.
20. Neu-Erkerode bei Braunschweig.	Idioten-Anstalt. 1868.	ein Verwaltungsrath.	220	155	104	65	13	11	3	51	33	53	32
21. Darmstadt.	Alice-Stift zu Bessungen, Großherzogliche Anstalt für Blödsinnige. 1869.	Staat. Großherzogliche Provinzial-Direction Starkenburg, Inspector Noth.	180	95	74	56	44	42	4	40	30	24	10
22. Glött bei Dillingen (Bayern).	Cretinen-Anstalt. 13. Septbr. 1869.	Königliche Regierung von Schwaben. Clerus der Diözese Augsburg.	—	202	—	88	—	19	4	—	47	—	22
23. Scheuern b. Nassau a. L.	Idioten-Anstalt. 1870.	Vorstand von 5 Personen.	200	150	100	70	50	30	5	85	30	30	25
24. Leschnitz (Oberschlesien).	Anstalt für Unterricht und Erziehung schwachsinniger aber bildungsfähiger Kinder aus dem Regierungsbezirk Oppeln 6. Octbr. 1871.	Ein aus 12 Herren bestehender Verwaltungsrath.	85	32	18	12	18	12	2	12	9	—	—

Kostensätze Mart	Unterhaltungskosten Mart	Der Kopf kostet pro Jahr Mart	Staatszuschuß Mart	Kirchen-Kollette Mart	Haus-Kollette Mart	Liebesgaben Mart	Ertrag der Landwirthschaft Mart	Ertrag der Werkstätten Mart	Gehalte und Löhne Mart	Beköstigung Mart	Bekleidung Mart
295—450. Nicht-Braunschweiger 450—600	58092,83	400	zuweilen 6000	2651,10	13177,55	4734,18	2076,89 an die Küche gelieferte Werthe: 8473,63	366,55	13526,07	17925,41 und 8473,63	3592,71
380 bis 700	56848	—	6700 bewilligt, nicht verwendet.	—	—	—	5992 (Reinertrag 2500)	—	6764	24400	2500
240	18141,30	214,24	2000	—	—	2551,39	4000	—	150	13918,66	986,67
750 bis 1000 350 bis 600 150 bis 300 75	45800 excl. der landwirthschaftlichen Erzeugnisse.	250 bis 300	Communal-Verband der Provinz 2800	2030	14000	2000	5000	1000	6500	24000 excl. der Erzeugnisse der Landwirthschaft	3000
50 Pfg. pro Tag	11135	371	9000	—	1186	829	—	—	2655	5489	837

Ort	Name der Anstalt nebst Stiftungs-jahr	Oberleitung	Zahl der Zöglinge seit der Stiftung		Gegenwärtige Zöglingszahl		Es werden unterrichtet		in Klassen	Arbeits-fähig sind		Nur ver-pflegt werden		Angestellt	
			mnl.	wbl.	mnl.	wbl.	mnl.	wbl.		mnl.	wbl.	mnl.	wbl.	mnl.	wbl.
25. **Dresden** (Neustadt).	Er-ziehungs-Anstalt für geistig zurück-gebliebene.	W. Schröter.	60	39	34	15	32	13	7	34	15	—	—	6	15
26. **Oberhoffen** bei Bischweiler (Unter-Elsaß).	Blöden-Anstalt 1876.	Privat-Gesell-schaft.	42	32	27	23	7	5	1	13	8	13	16	3	6
26 a. **Herthen** (Baden).	St. Josephs-Anstalt für Cretinen (auch f. aud. Schwach- und Blödsinnige) 1879	Vorstand. Pfr. Rolfus in Herthen, Stadtpfr. Danner in Säckingen.	—	—	77	71	10	15	—	—	—	—	—	3	19
27. **Mosbach** (Baden).	Anstalt für schwach-sinnige Kinder 1880.	Ver-waltungs-rath und Aufsichts-rath.	50	40	32	25	23	14	4	15	11	9	11	4	6
28. **Nieder-Marsberg** (Kreis Brilon).	Idioten-Anstalt des St. Johannes-Vereins zur allge-meinen Irren-fürsorge in Westfalen 1881.	Vorstand des St. Johannes-Vereins zur allge-meinen Irren-fürsorge in Westfalen.	41	42	39	27	23	17	3 bis 4	26	20	19	7	2	14

Kirchen-Kollekte Mark	Haus-Kollekte Mark	Liebesgaben Mark	Ertrag der Landwirth-schaft Mark	Ertrag der Werkstätten Mark	Gehalte und Löhne Mark
—	—	—	—	—	—
—	1346,50	6876,76	100	73,64	2096,78
—	—	8411,20	856	—	1987,67
—	—	4062 und 4111 für einen Neubau	1466	35	2130
—	12979,77	6,51	3635,16 (vom Vieh-stande)	—	1913,05

Ort	Name der Anstalt nebst Stiftungsjahr	Oberleitung	Zahl der Zöglinge seit der Stiftung		Gegenwärtige Zöglingszahl		Es werden unterrichtet		in Klassen	Arbeitsfähig sind		Nur der Pflege werden		Angestellt	
			mnl.	wbl.	mnl.	wbl.	mnl.	wbl.		mnl.	wbl.	mnl.	wbl.	mnl.	wbl.
Dalldorf.	Idioten=Anstalt der Stadt Berlin 1881.	Cura=torium der städtischen Irren=Anstalt.	85	44	66	37	51	21	5	54	26	13	10	8	10
Liegnitz (Prov. Schlesien).	Wilhelm=und Augusta=Stift 1879 (eröffnet den 1. Mai 1881).	Vorstand mit dem jeweiligen Re=gierungs=Präsi=denten des Liegn. Reg.=Bez. als Vorsitzen=dem.	18	16	11	12 (3 Schul=gänger)	5	2	1	7	6	0	1	1	4

Von den mit * bezeichneten Anstalten habe ich die der Direction zugestellten Fragebogen nicht zurückerhalten. Daher sind die Daten nach Laehr (Die Heil= und Pflege=Anstalten ꝛc., 1882) gemacht. Den verehrten Anstaltsvorständen und lieben Collegen, die mir zur Erreichung der größtmöglichen Genauigkeit und Vollständigkeit durch Ausfüllung meiner Fragebogen behülflich waren, sage ich meinen verbindlichsten Dank.   H. S.

Roitgelbläße	Unterhaltungskoften	Der Kopf koftet pro Jahr	Staatszuschuß	Kirchen-Kollette	Haus-Kollette	Liebesgaben	Ertrag der Landwirthschaft	Ertrag der Werkstätten	Gehalte und Löhne	Beköstigung	Bekleidung
Mark	Mark	Mart	Mart	Mart	Mart	Mart	Mart	Mart	Mart	Mart	Mart
höch-ste Pen-fion 900	für 100 Zög-linge 55 400	554	—	—	—	—	—	—	12375	20440	5070
50 Pfg. pro Tag	8351,75	400	—	—	5688,69	787,18	—	—	3109	ca. 3960	660

150

b. In Oesterreich.

Name und Ort der Anstalt.	Leitung.	Zahl der Zöglinge.
Idioten-Anstalt zu Prag. 1872.	St. Annen-Frauen-Verein, Director Dr. Amerling.	50
Pius-Institut, Cretinen-Heilanstalt zu Bruck in Steiermark.	Schwesterschaft vom heil. Kreuz.	40
Stephani-Stiftung für Erziehung und Pflege schwachsinniger Kinder zu Biedermannsdorf bei Wien. 1883.	Ein Verein unter dem Protectorat Ihrer Kaiserl. Hoheit der Frau Kronprinzessin.	26

c. In der Schweiz.

Name und Ort der Anstalt.	Leitung.	Zahl der Zöglinge.
Anstalt „Zur Hoffnung" in Basel. 1867.	Privat-Comité.	17
Anstalt für schwachsinnige Kinder zu Weißenheim bei Bern. 1868.	Eine Direction von 5 Herren und 4 Damen.	30
Anstalt zu Hottingen bei Zürich, gegründet von Frl. Keller.	Ein Unterstützungs-Verein.	18

d. In Rußland (Ostseeprovinzen).

Name und Ort der Anstalt.	Leitung.	Zahl der Zöglinge.
Asyl und heilpädagogische Anstalt für Idioten, Schwachsinnige und Epileptische in Saffenhof bei Riga. 1854.	Frau Therese Platz.	28

B. Des Britischen Sprachgebiets.
a. In England.

Charakter.	Name und Ort der Anstalt.	Pfleglinge.	Dirigent.
1. Hauptstädtische Asyle für arme Schwachsinnige.	Leavesden (für Erwachsene).	2000	Dr. Case.
	Caterham (do.)	2000	Dr. Elliot.
	Darenth I (do.)	800	Dr. Dyer
	Darenth II (für Kinder).	600	Dr. Beach.

Charakter.	Name und Ort der Anstalt.	Pfleglinge.	Dirigent.
	Besonders für Jugendliche:		
2. Wohlthätig= keits= Stiftungen (auch Zahl= fähige auf= nehmend.	Earlswood, Redhill.	600	Dr. Cobbold.
	Royal Albert, Lancaster.	530—600	Dr. Shuttleworth.
	Eastern Counties (Colchester).	100—200	Mr. Williams und Dr. Coombs.
	Western Counties bei Exeter.	100	Mr. Locke.
	Midland Counties bei Birmingham.	50	Miß Slock.
3. Privat=An= stalt für Zög= linge aus besse= ren Ständen.	Normansfield bei London.	150	Dr. und Mrs. Down.

b. In Schottland.

Charakter.	Name und Ort der Anstalt.	Pfleglinge.	Dirigent.
Wohlthätig= keits= und Pri= vat=Anstalten.	Larbert bei Sterling.	150—200	Mr. Skene.
	Baldovan bei Dundee.	50—60	Mr. Douglas.
	Prestonpaus bei Edinburgh.	12—20	Dr. Ireland.

c. In Irland.

Charakter.	Name und Ort der Anstalt.	Pfleglinge.	Dirigent.
	Stewart=Institution.	100?	Dr. Pim.
	Palmerston, Dublin.	—	—

d. In den vereinigten Staaten Amerikas.

Charakter.	Name und Ort der Anstalt.	Pfleglinge.	Dirigent.
Privat.	Barne, Massachusetts.	100	Dr. u. Mrs. G. Brown.
Staatsanstalt.	Connecticut (Lakeville).	90	Dr. Rob. Knight.
do.	Illinois (Lincoln).	350?	Dr. W. B. Fish.
do.	Indiana.	80	Dr. J. W. White.
do.	Jowa.	215	Dr. F. M. Powell.
do.	Kansas (Lawrence).	35?	Rev. H. M. Greem, Senator.
do.	Kentucky (Frankfort).	155	Dr. T. O. A. Stewart.
Privat.	Maryland (Pikesville?).	—	T. Hill (Baltimore).

Charakter.	Name und Ort der Anstalt.	Pfleglinge.	Dirigent.
Staatsanstalt.	Minnesota.	160	Dr. G. H. Knight.
do.	Massachusetts (Boston).	140	Dr. Asbury Smith.
do.	Newyork State (Syracuse).	450?	Vacant, früher Dr. H. B. Wilbur.
do.	Newyork City.	200?	—
Privat.	(Mr. Séguins Schule).	12	Dr. Séguins Wittwe.
Staatsanstalt.	Ohio (Columbus).	600	Dr. G. A. Doren.
do.	Pennsylvania (Elwyn).	450	Dr. Isaac Kerlin.

e. In Canada.

Charakter.	Name und Ort der Anstalt.	Pfleglinge.	Dirigent.
Oeffentliche Anstalt.	Orillia.	250	Dr. A. H. Beatson.

Literatur des Jdiotenwesens.

Vorbemerkung: Da die Bezeichnung Cretinismus von Einigen gleichbedeutend mit Jdiotismus gebraucht wird, so finden sich unter den folgenden Schriften auch solche, in deren Titeln der Cretinismus genannt ist; es mögen aber manche unter den so betitelten Büchern, die wir uns nicht verschaffen konnten, sich vorherrschend mit dem speziell so genannten endemischen vielfach mit Kropf verbundenen Cretinismus befassen, dessen Literatur sonst hier nicht berücksichtigt ist.

A Description of some of the most important Physiological anomalies of Idiots. Journal of mental science. January 1862.

A brief notice of the Bath-Institution for idiot children. Bath. 1849.

Ackermann, J. F. Ueber die Cretinen. Gotha. 1790.

Aeby. Ueber das Verhältniß der Mikrocephalie zum Atavismus. Stuttg. 1878.

Amerling, K. Dr. Die Jdiotenanstalt des Sct. Anna=Frauen=Vereins zu Prag. Prag. 1883.

Andreae, Aug. Quaedam de cretinismo. Dissertatio. Berol. 1814.

Barthold, C. C. G. Der erste vorbereitende Unterricht für Schwach= und Blödsinnige. M.=Gladbach. 1868. 3. Aufl. 1881.

Derselbe. Fibel für den Schreiblese=Unterricht (nach dem Vorwort vorzugsweise für Anstalten für geistesschwache Kinder bestimmt) M.=Gladbach. 1865.

Derselbe. Spruchbüchlein u. s. w., herausgegeben zunächst zum Gebrauch in der Anstalt Hephata. M.=Gladbach. 1871.

Barthold, F. Der Jdiotismus und seine Bekämpfung. Stettin bei Th. v. d. Nahmer. 1868.

Baupré, B. Diss. sur le crétinisme. Frybourg. 1843.

Béguin, C. L. De cretinismo. Diss. Berol. 1851.

Belhomme, Dr. Essai sur l'idiotie. Paris. 1843.

Berkhan, Dr. Bericht über die Jdioten der Stadt Braunschweig (Zeitschrift für Psychiatrie, Bd. XXIV. H. 5.)

Derselbe. Jrrsein bei Kindern. Neuwied b. J. H. Heuser. 1863.

Berichte der Conferenz für die Jdioten=Heil=Pflege 1. 1874. 2. 1877. 3. 1880. 4. 1883. (1 und 2 von Sengelmann. 3 und 4 von Reichelt.)

Bericht über die Versammlung deutscher Irrenärzte zu Eisenach. Berlin. Hirschwald. 1860.

Bericht des Chefs des Departements des Innern zu Bern. Volks= bibliothek. Bern bei Weingart. 1842. Nr. 5.

Berchtold, Dr. Dissert. sur le crétinisme. Frybourg. 1843.

Bich, Dr. Rapporto e osservazioni intorno alla cura dei fanciulli cretini cet. Forino stamperia reale. 1854.

Bösch, W. Meine Erfahrungen über Heilung, Erziehung und Unter= richt von Schwerhörenden, Blöd= und Schwachsinnigen. Berlin. 1858. Selbstverlag.

Boussingault. (Annales de Physique & de Chimie. Tome 48.) Paris. 1831.

Brandes, G., Dr. Der Jdiotismus und die Jdioten = Anstalten mit bes. Rücksicht auf die Verhältnisse im Königr. Hannover. Han= nover. Rümpler. 1862.

Braun, Dr. in Bayr. medicin. Correspondenzblatt. 1841. Nr. 38.

Brodie, Dr. The education of the imbecile and the improvement of invalid youth. 1856.

Buck, Dr, Vortrag über den Cretinismus, gehalten in der Vers. deutscher Naturforscher und Aerzte zu Braunschweig 1842. Ham= burg bei Nestler u. Melle.

Caspers Wochenschrift 1838. Nr. 20.

Chambers, Rob., Dr. Guggenbühls Hospital for Infant Cretins. Edinburgh Journal May 1848.

Chavannes, M. D. A. des crétins à l'Abendberg. Journal de la société vaudoise d'utilité publique N 145. Lausanne. 1844.

Chevers. Wanderings in the shadow of the Joungfrau. London. 1846.

Cheyne, Brady. The training of idiotic and feeble-minded children. 2 edit. Dublin. Hodges, Smith & Co. 1865.

Clarus, J., Dr. Die somatische Pathologie des Blödsinnes. Jn H.z. Archiv X. 1. 1848.

Coldstream, Dr. The Alpine Retrait of the Abendberg. Edinburgh. 1848.

Comptes rendus des séances de l'Académie royale des sciensces 1843. Tom. XVII. p. 1295.

Correspondenzblatt der deutschen Gesellschaft für Psychiatrie 1855. Nr. 8.

Cramer, Dr., A. Iets over het Idiotinismus in Nederland. (In de Allgemeene Konst- en Letterbode Jaarg. 1850 p. 162—166. Jaarg. 1845 p. 113—118.)

Crétins and Idiots. A short account of the progress of the insti- tutions for their relief and cure. London. 1853. Wighton 17 Lower Eaton Street and Davidson 18 Old Boswell Court Carey Street.

Du Crétinisme, de son histoire et de son traitement; avec une notice biographique sur le Docteur Guggenbühl. Traduit d'un mémoire allemand inédit. Tiré de la bibliothèque universelle de Genève Febr. 1850. Genève. Imprimerie de Ferd. Rambog & Co. 1850.

Dahl, Dr. Bidrag til Kindskab om de Sindssyge in Norge 1857.

Damerow. Der Cretinismus in anthropologischer Hinsicht (in Zeitung des Vereins für Heilkunde in Preußen. 1834. Nr. 9 und 10.)

Derselbe. „Zur Cretinen= und Idiotenfrage".

Demaria, P. C., Dr. Dei progressi della educazione dei cretini raggnaglio tratto da un recente scritto del dottore Guggenbühl. Estrato dal Giornale della Scienze Meediche della Reale Academia Medico Chirurgica de Torino. Fasc. I 1854.

Demme, Dr. Ueber endemischen Cretinismus. Eigenthum der Rettungsanstalt für Cretinen auf dem Abendberge. Bern bei Fischer. 1840.

Dissehoff, Jul., Pastor. Die gegenwärtige Lage der Cretinen, Blödsinnigen und Idioten in den christl. Ländern. Bonn. Ad. Marcus. 1857.

Down, Dr. On the condition of the mouth in idiocy, the result of a careful examination of upwards of 200 cases (in der Zeitschr. the lancet).

Dubois in den Mémoires de l'Académie royale de médecine. Paris. 1837. V. p. 553.

Duchek, Dr., A. Ueber Blödsinn mit Paralyse von Dr. Halla und von Heußner, Vierteljahrsschrift, VIII. Jahrg. 1851. Erster Band (XXXII. der ganzen Folge.)

Duncan the method of drill and the manner of teaching speaking for idiots. Churchill. 1861.

Duncan, M. & W. Millard. A manual for the classification, training and education of the feeble-minded, imbecile & idiotic. London. 1866.

Dürr, Dr. in medic. Correspondenzblatt des Württemb. ärztlichen Vereins. Bd. X. Nr. 4 und 5.

Edinburgh Monthly Journal of medical Scieusce. Nov. 1850.

Education and care of Idiots, Imbeciles and harmless Lunatics. Report of a Special Comittee of the Charity Organisation Society. London. 1876.

Engel, H., Pred. Die Hülfe für die Blödsinnigen. Darmstadt. Fr. Würtz. 1865.

Erlenmeyer, Dr. Deutsche Klinik. 1854. Nr. 19.

Derf. Uebersicht der öffentlichen und privaten Irren= und Idioten=Anstalten aller europäischen Staaten. Neuwied. J. H. Heußer. 1863.

Derf. Die Idioten=Anstalt in allen ihren Beziehungen. Koblenz 1858.

Erlenmeyer, Dr. Die Idiotenschule im Haag (Correspondenzbl. der Deutschen Ges. für Psychiatrie. 2. Jahrg. Nr. 19.)

Derf. und Eulenburg. Kropf u. Cretinismus im Kreise Koblenz (Archiv der deutschen Gesellschaft für Psychiatrie. Bd. I.)

Derf. Uebersicht der schweizerischen Irren= und Idioten = Anstalten. Neuwied 1877.

Eschricht, Prof. Om muligheden af at helbrede og opdrage idioter og de fra fødselen aandsløve børn. Kop. 1854.

Esquirol. Die Geisteskrankheiten in Beziehung zur Medizin und Staatsarzneikunde. Uebersetzt von Dr. W. Bernhard. 2 Bände. 1838. Berlin. Vossische Buchhandlung.

Les Etablissements d'instruction d'enfants anormaux dans les pays Scandinaves. Copenhague. 1884.

Eulenberg & Marfels. Zur pathologischen Anatomie des Cretinismus. Wetzlar. 1857.

Feiler, J. Paediatrik. Sulzbach. 1814.

Fellenberg, v. Ueber Cretinismus (Geschichtl. und staatswirthschaftl. Blätter von Hofwyl. 1 Heft. Bern. 1841.)

Ferrus, Dr. Memoire sur le goître et le crétinisme. Paris. 1850.

Foconncan = Dufresne, Dr. Du crétinisme et ses causes, du traitement et l'éducation des crétins dans l'établissement de l'Abendberg et de Bicêtre. Revue medicale de Paris. Juin 1846.

Forbes, John. A physicians holiday or a month in Switzerland. London. 1850.

Fodéré. Essai sur le goître et le crétinisme. Turin. 1792. Deutsch von Lindemann. Berlin. 1796.

Foreest, P. Observatt. et curat. Op. omnia Francof. 1660.

Froriep Notizen aus dem Gebiet der Natur= und Heilkunde. Bd. II. Nr. 7. 1856.

Derf. Ueber den Blödsinn (in Tilts Hygiene des weibl. Geschlechts. Weimar. 1854).

Derf. Die Rettung der Cretinen. Bern, 1857 b. Wüterich=Gaudard.

Frank. Delectus opusculorum Tom. VI. Lettres de Vincent Malacarne an Prof. Frank, à Pavie sur l'état des crétins.

Georgens, Dr. Der Levana=Kindergarten. 4. Aufl. Berlin. 1874.

Derselbe. Die Erziehung u. Heilung der Idioten. Wien u. Leipzig. 1863.

Derselbe und H. Deinhart. Die Heilpädagogik mit besonderer Berücksichtigung der Idiotie und der Idioten = Anstalten. 2 Bde. Leipzig. F. Fleischer. 1861.

Georget. De la folie. Paris. 1820.

Giornale delle Scienze Mediche della Reale Academia medicochirurgica di Turino. Fasc I. Act. 3. 1854.

Gosse, Dr. Lettry sur l'Abendberg. Bibliothèque univers de Genève. Mars 1849.

Greenwell, Dora. On the education of the imbecile. London. Isbister & Co.

Griesinger, Dr., W. Die Pathologie und Therapie der psychischen Krankheiten. 2. Aufl. Stuttg. 1861. 4. Aufl. Braunschweig. 1876.

Groß, Th. Ueber die Ursache des endemischen Kropfs und des Cretinismus. Tübingen. 1837.

Guggenbühl, Dr. In Maltens Weltkunde 1840, Bd. 1.

Derselbe. Die Heilung und Verhütung des Cretinismus und ihre neuesten Fortschritte. Mittheilungen an die schweizerische naturf. Gesellschaft. Bern. Huber & Co. 1853.

Derselbe. Premier rapport sur l'Abendberg. Frybourg 1844.

Derselbe. Europa's erste Colonie für Heilung des Cretinismus auf dem Abendberg und die Versammlung schweizerischer Aerzte und Naturforscher in Freiburg im Aug. 1840 in Häsers Archiv für die gesammte Medicin. Bd. I. 12.

Derselbe. Briefe über den Abendberg und die Heilanstalt für Cretinismus. Zürich 1846.

Derselbe. Sendschreiben an Lord Ashley über einige Punkte des öffentlichen Wohls und der christlichen Gesetzgebung. Basel. 1851.

Gugger, v., Dr. Versuch über die Ursachen und Verhütung des Cretinismus in den Oesterr. Jahrbb. 19. B. 4. St.

Hahn-Hahn, Gräfin Ida. Die Kinder auf dem Abendberg. Berlin. Al. Duncker. 1843.

Hasse, Dr. Die Statistik der Geisteskranken und Idioten im Herzogthum Braunschweig. Zeitschr. für Psychiatrie. XXVII. 4 und 5.

Helferich. Pädagogische Auffassung des Seelenlebens der Cretinen. Bern 1847.

Derselbe. Das Leben der Cretinen mit besonderer Rücksicht auf Psychiatrie, Physiologie, Pathologie, Pädagogik und Humanität. Stuttg. J. B. Müller. 1850.

Helm, Dr. und Dr. Haller in der Beilage zum Wochenblatt Nr. 11 der Zeitschr. der Wiener Aerzte 1856.

Heyer, F., Dr. Beiträge zur Lösung der Idiotenfrage. Berlin. A. Hirschwald. 1861.

Hergt, Dr. Badische Annalen für Staatsarzneikunde. Bd. X.

Heyselder in Schmidts Jahrbüchern 16. B. 1. Heft und Hufelands Journal 1837. 4 St.

Herckenrath, Dr., A. W. F. Het gesticht vor behoftige Cretinenkinder, opergit dor Dr. Guggenbühl op de Abendberg. Amsterdam. ten Brinks et Vries. 1842.

Hoeven, v. d., Prof., J. Over de behandeling en genezing der Idioten (Naar het Deensch) Met een Naschrift (In het Album der Natuur 1855).

Hofkamp, F. Iets over de Idioten en Stompzinnigen, die gedurende korter of lauger tijd in de laatste 25 jaren aan het Instituut voor Doofstommen te Groningen behandeld zijn (Nederl. Tijds. voor Onderw. en Opvoed. Groningen. 1856 p. 171).

Holczabek, J. W. Vorschläge über die Erziehung und den Unter= richt schwachbefähigter Kinder. Wien, Pest, Leipzig. 1876.

Holst, Dr. Om Cretinismus. Norks Magazin for Lagevidenskaben. Cristiania. 1851.

Derselbe. Sindsyge, Blinde, Dovstumme og Spedalske i Norge i 1835 og 1845. Cristiania. 1851.

Howe, Dr. Commonwealth of Massachusetts. Boston. 1848.

Howe, Dr., S. G. On the causes of idiocy. Edinburgh. Maclach- lan & Stewart. 1858.

Derselbe. Report on training and teaching idiots. 1850.

Husemann, Dr. Zur Statistik der Idioten. Beilage zur deutschen Klinik. Nr. 9. 1866.

Hübertz, Dr. Svagsindighed eller idiotisme og dens helbredelighed. Kop. 1855.

Jäger. Beitrag zur Geschichte hirnarmer Kinder. Medicin. Corre= spondenzblatt des Württ. ärztl. Vereins IX. Bd. Nr. 28.

Idiocy (in North American Cyclopaedia geschr. von J. W. Hawes). Idiot Asylums. In The Edinburgh Review. Juli 1865.

Iphofen. Der Cretinismus philosophisch und medicinisch untersucht. II. Th. Dresden. 1817.

Ireland, Dr., W. On Idiocy and Imbecillity. London. 1877.

Kellers (Johan), Abnormanstalter. Kopenhagen. 1885.

Kern, C. E. De fatuitatis cura. Lips.

Derselbe, Dr. Die pädagogisch=diätetische Behandlung Schwach= und Blödsinniger.

Kind, Dr. Ueber das Längenwachsthum der Idioten. (Separat= abbruck aus dem Archiv für Psychiatrie.)

Derselbe. De cranio, cerebro, medulla spinalis et nervis in idiotia primaria. Diss. inaug. Lips.

Derselbe. Ueber die geschwisterlichen Verhältnisse der Idioten. Zeitschr. f. Psychiatrie.

Derselbe. Ueber den Einfluß der Trunksucht auf die Entstehung der Idiotie. Zeitschr. f. Psychiatrie.

Kjellberg, Prof. Några ord om Idioti och uppfostringsanstalter för sinneslöa barn. Stockholm.

Derselbe. Några ord om varden af den växande ungdomens physiska och psychiska helsa.

Derselbe. Om våra skolors inflytande på ungdomens helsa og ut- veckling.

Derselbe. Några ord om vigten och betydelsen af Kroppsöfningar.

Derselbe. Småstycken i bunden och obunden form, utgifna af
Medlemmar af föreningen för sinneslöa barns vård.
Derselbe. Om ungdomens fysiska uppfostran förr och nu. Samson
och Wallin. Stockholm.
Kloſe. Der Jdiotismus in Schleſien. 1858. Jn Henke's Zeitſchr.
Klüpfel. Beitrag zur Lehre von der Mikrokephalie. Tüb. 1871.
Knapp. Dr., B. Bericht über den Beſuch von Jdioten= und Taub=
ſtummen=Anſtalten in Skandinavien und Norddeutſchland. Wien.
1884.
Derselbe. Unterſuchungen über Cretinismus in einigen Theilen
Steiermarks. Graz. 1878.
Derselbe. Beſuch von Jdioten=Anſtalten. Graz. 1881.
Derselbe. Beobachtungen über Jdioten= und Cretinen=Anſtalten und
deren Reſultate. Graz. 1879.
Knolz, Dr., von. Wiener medicin. Wochenſchrift 1852. 13.
Koetsvelb, C. E., van. Het Idiotisme en de Idioten-School cet.
Schoonhoven bij van Nooten. 1856.
Köſtl, Dr., J. Der endemiſche Cretinismus als Gegenſtand der
öffentlichen Fürſorge. Denkſchrift an Se. Excellenz d. H. Miniſter
des Jnnern Dr. Alexander Freiherrn von Bach. Wien. 1855.
Kohl, T. G. Skizzen aus Natur= und Völkerleben. Th. II. Dres=
den. 1851.
Krauß, Dr., Aug. Der Cretin vor Gerichte. Tübingen. 1853.
Köhler, Dr. Ueber Jdiotismus und Jdioten=Anſtalten (Allg. Zeitſchr.
für Pſychiatrie. Band 33. Berlin. 1876.)
Derselbe. Ueber Epilepſie. Zeitſchr. f. Jdiotenweſen.
Derselbe. Jdiotie (in Meyers Converſationslexicon. Suppl. Bd.
1881—82).
Laehr, Dr., H. Die Jdioten = Anſtalten Deutſchlands und der be=
nachbarten deutſchen Länder. Berlin. Reimer. 1874.
Derselbe. Die Heil= und Pflege=Anſtalten für Pſychiſch=Kranke des
deutſchen Sprachgebiets. Berlin. 1882.
Langbon, Down. On some of the causes of Idiocy and Imbecillity.
(British medical Journal. 11. Oct. 1872.)
Leubuſcher, Dr. Wiederkehr des Bewußtſeins vor dem Tode eines
Blödſinnigen. Schmidts Jahrbücher. Bd. 53, Nr. 128.
Maffei, Dr. und Dr. Röſch. Neue Unterſuchungen über Cretinismus.
2 Bde. Erlangen b. Encke 1844.
Marchand, G. Thèses sur le crétinisme. Paris. 1842.
Derselbe. Observations faites dans les Pyrénées pour servir à l'étude
des causes du crétinisme. Paris. 1842.
Meyer=Ahrens, Dr. Mittheilungen über die Verbreitung des Creti=
nismus in der Schweiz (Separatabbruck aus Häſer's Archiv für
die geſammte Medicin. Bd. VII.)

Meyer-Ahrens, Dr. Die Geschichte der Entwickelung der Kenntnisse vom Cretinismus (in Erlenmeyers Archiv der deutschen Gesellschaft für Psychiatrie und gerichtl. Psychologie. Bd. I. Heft 1.)

Derselbe. Die Verbreitung des Cretinismus in Asien. (Deutsche Klinik 1856. Nr. 40.)

Derselbe. Beobachtungen über den Cretinismus. Tüb. 1852.

Meier, Dr. Ueber die Errichtung einer Heil- und Pflege-Anstalt für Cretinen und Blödsinnige im Großh. Baden. (Vereinte Deutsche Zeitschr. für die Staatsarzneikunde 1851. Bd. IX. Heft 2.)

Mayr, Dr., Georg. Die Verbreitung der Blindheit, der Taubstummheit, des Blödsinns und des Irrsinns in Bayern, nebst einer allgemeinen internationalen Statistik dieser vier Gebrechen. München. 1877.

Michaelis, F. H. Skizzen von der Verbreitung des Cretinismus im Canton Aargau. Aarau.

Millard, W. The idiot and his helpers. Simpkin & Co.

Miller, C. Broken gleams. On the education of the Imbecile as exemplified at the Royal Albert Asylum. London. Isbister & Co.

Moldenhawer. Besög i nogle idiotanstalter. Kop. 1855.

Motchell, Dr., Arthur. Jan.-Heft des Edinburgh Medical Journal. 1866.

Müller, Dr., (in Hirschhorn) in den Heidelbg. medicinischen Annalen. 5. Bd. 1. Heft.

Neergaard, Dr. Nogle meninger og betragtninger om idioterne og deres helbredelse. Kop. 1855.

Neumann, Dr., H. Der Arzt und die Blödsinnigkeits-Erklärung. Breslau. Gosohorsky. 1847.

Niepce, Dr. Traité du goître et du crétinisme. Paris. 1851.

Notes on Idiocy. Journal of mental science. July 1861.

Odet. Idées sur le crétinisme. Montpellier. 1805.

On the varieties of idiocy and the principles of education applicable to them. Colchester. 1860.

Pfleger, Dr., L. Ueber Idiotismus und Idioten-Anstalten. (Aus den Mittheilungen des Wiener medicinischen Doctoren-Collegiums. 1882.)

Phillips, Charles, Palmer. The law concerning lunatics, idiots and persons of unsound mind. London. 1858.

Pim. On the necessity of a State provision for the education of the Deaf and Dumb, the Blind and the Imbecile. Dublin. 1865.

Pinel. Philos. medic. Abhandlungen über Geisteszerrüttungen. Wien. 1801.

Derselbe. Traité de l'aliénation mentale. Paris. 1809.

Plater, F. Observationes in hominis affectibus plerisque lib. 3. Basel. 1614.

Platz, Therese. Die Pflege und Erziehung zurückgebliebener schwachsinniger und idiotischer Kinder. 2 Lieferungen. Leipzig 1880.

Dieselbe. Fortsetzung der Mittheilungen. Riga. 1882.

Dieselbe. Was ist Idiotie? Riga. 1876.

Poole, Dr. Treatise on education in Encyclopaedia Edinensis. 1819.

Probst, Jos., Geistl. Rath. Cretinen = Anstalt Ecksberg im Jahre 1872. (Verf. für die Wiener Ausstellung.)

Racolta di Relazioni, Lettere ed Articoli diversi concernenti lo Stabilimento dall' Abendberg. Voltate in lingua italiana dal Cav. L. V. Ferrero di Ponsiglione. Genova. 1854.

Rapport de la commission créée par S. M. le Roi de Sardaigne pour étudier le crétinisme. Turin. 1848.

Report on Insanity and Idiocy in Massachusetts by de Commission on Lunacy under resolve of the Legislature of 1854.

Report on the Committee of the institution for idiot children and those of weak intellect at Bath. Bath 1850.

Ricordi della anatomia chirurgica spettanti al capo e al collo raccolti da Vinc. Malacarne. Saluzzese. Padova. 1801.

Remarks on the origin, varieties and termination of idiocy. Earlswood. 1875.

Reuschert. Heilpädagogische Karte 1 von Europa, 2 von Deutsch= land, Niederlanden und der Schweiz. Metz. 1881.

Revue médicale. Avril 1850.

Rösch, Dr. und Krais, Dr. Beobachtungen über den Cretinismus. 1850. 3 Hefte.

Rösch, Dr. Neue Untersuchungen über den Cretinismus in Württem= berg. Erl. 1844.

Derselbe. Ueber Cretinismus und angebornen Blödsinn in der 18. Versammlung der Naturforscher und Aerzte. Stuttg. 1841.

Derselbe. Die Stiftung für Cretinenkinder auf dem Abendberge bei Interlaken. Stuttg. bei Ebner & Seubert. 1842.

Derselbe. In den Blättern aus Süddeutschland für Volkserziehung u. s. f. Stuttgart. Köhler. 1845.

Derselbe. Ueber Heil= und Pflege-Anstalten für Blödsinnige. Henke's Zeitschr. für Staatsarzneikunde. 1851. 2. Heft.

Rücker, Jul., Hauptlehrer in Brosewitz. Einiges über den Unterricht und die Erziehung nicht vollsinniger Kinder. 1885. Selbstverlag des Verfassers.

Sander, Dr., Art. Idiotismus in Eulenburgs Real = Encyklopädie der gesammten Heilkunde. Wien und Leipzig. 1881. Bd. 7.

Saegert. Ueber die Heilung des Blödsinns auf intellectuellem Wege. Heft I. Berlin. 1845. Heft II. Berlin. 1846. (Schröders Buch= handlung.)

Saint=Lager. Etudes sur les causes du crétinisme et du goître endémique. Paris, chez J. B. Baillière et fils. 1867.

Saint Lager. Deuxième série d'études sur les causes du crétinisme et du goitre endémique. Lyon. Imprimerie d'Aimé Vingtrimer 1868.

Salomon, Dr., E. Om anstalter for idioters vård. Lund. 1869.

Schneider. Beobachtungen über die Verbreitung des Irrsinns, der Melancholie und des Blödsinns im Kanton Bern. Berner Viertel= jahrsschrift 1840. 2 Bd. 3 Heft.

Schausberger, Dr. Beobachtungen über den an beiden Ufern der Donau in Ober= und Unterösterreich häufig vorkommenden Cre= tinismus. Oesterr. medicin. Wochenschrift 1842. 44.

Schröter und Reichelt. Zeitschrift für das Idiotenwesen. Seit 1880.

Schmidts Jahrbücher. Bd. 71 und 73. S. 217.

Schwandner, von. Zur Idiotenfrage. Stuttg. 1875. ——

Scoutetten, Dr. Une visite à l'Abendberg. Bern. 1857.

Séguin, Edouard, Dr. Traitement moral, hygiène et éducation des idiots et des autres enfants arriérés. Paris, chez J. B. Bail- lière. 1846.

Derselbe. Résumé de ce que nous avous fait pendant 14 mois. Esquirol & Séguin. 1838.

Derselbe. Conseils à Mr. O. sur l'éducation de son enfant idiot. 1839.

Derselbe. Théorie et pratique de l'éducation des idiots (leçons aux jeunes idiots de l'hospice des incurables) deux semestres 1841. 42.

Derselbe. Hygiène et éducation des idiots (Annales d'hygiène publique et de médicine légale) 1843.

Derselbe. Images graduées à l'usage des enfants arriérés et idiots. 1846.

Derselbe. New facts and remarks concerning Idiocy. New - York. 1870.

Derselbe. Historial Notice of the Origin and Progress of the Treat-. ment of Idiots. Translated by Dr. J. S. Newbery. Cleveland, Ohio. 1852.

Derselbe Idiocy, its Diagnosis and Treatment by the Physiological Method. Translated by Dr. L. P. Brockett Albany N. Y. 1864.

Derselbe. Idiocy and its Treatment by the Physiological Method. Revised by the son of the author. Dr. E. C. Séguin. William Wood & Co. New-York. 1866.

Derselbe. Training of an Idiotic Hand.

Derselbe. Training of an Idiotic Eye.

Sella, Dr. Uni visita al Abendberg. Torino. 1852.

Derselbe in den Annali universali di medicina V. 135 und 136. Milano. 1850.

Sengelmann, H. Monatshefte des „Boten aus dem Alsterthal" seit 1869.

Derselbe. Denkschrift zur Einweihung des neuen Asyls für schwach= und blödsinnige Kinder zu Alsterdorf 1866.

Derselbe. Norwegen und die ärmsten seiner armen Kinder. Hamb. 1880.

Derselbe. Die Alsterdorfer Anstalten, ein Lebensbild. Frankf. a/M. Johs. Alt. 1871.

Derselbe. Ein Wort für die Idioten (Heft VI. der kl. Bibliothek f. inn. Mission. Dresden.)

Sensburg, Fr. Der Cretinismus mit besond. Rücksicht auf dessen Erscheinung im Unter=Main= und Rezatkreise des Kgr. Bayern. Würzburg. C. W. Becker. 1825.

Seux, Dr. Visite aux enfants crétins de l'Abendberg. Marseille. 1852.

Shuttleworth. The physical features of idiocy in relation to classification and prognosis (Liverpool medico - chirurgical Journal. 5. Juli 1883.)

Derselbe. Some of the cranical characteristics of idiocy. Lond. 1881.

Derselbe. In memory of Edouard Séguin M. D. Lancaster. 1881.

Derselbe. Is legal responsibility acquired by e d u c a t e d imbeciles? reprinted from „The Journal of Mental Science". Jan. 1884.

Derselbe. The health and physical development of idiots as compared with mentally sound children of the same age. London. 1884.

Derselbe. Notes of a visit to American institutions for idiots and imbeciles. 1876.

Sidney. A fête day at Earlswood. London. 1864.

Derselbe. Teaching the idiot one of the lectures, delivered at St. Martins hall in connection with the educational exhibition of the Society of Arts, Manufactures and Commerce. 1854.

Skavlan, Pastor, S. Om en reise, foretagen med offentligt stipendium, for at studere idiotsagen. In Norsk Skoletitende 1882. Nr. 40 fgg.

Stahl, Dr., F. C. Neue Beiträge zur Physiognomik und pathologischen Anatomie der idiotia endemica (gen. Cretinismus). 2. Aufl. Erlangen. Enke. 1851.

Stötzner, H. E. Schulen für schwachbefähigte Kinder. Leipzig und Heidelberg. Winter. 1864.

Derselbe. Der Unterricht schwachsinniger Kinder.

Studemund, G. A. De cretinismo. Diss. Berol. 1850.

(Stutzer, Pastor.) Zur Orientirung über den sog. Idiotismus. Braunschweig. 1869.

Thieme, Dr., O. Der Cretinismus. Weimar. 1842.

Troxler. Der Cretinismus und seine Formen als endemische Menschenentartung in der Schweiz. Zürich. 1836.

Derselbe. Der Cretinismus (Schweiz. Archiv für Medicin. Aarau 1817. Heft 3.)

Derselbe in den Actes de la société helvétique des sciences naturelles. Genève. 1846.

Twining, Dr. Some account of Cretinism and the institution for its cure on the Abendberg. London. 1843.

Valentin, Dr., in Schmidts Jahrbüchern f. d. ges. Medizin. 1845.

Verga, Dr. L'Abendberg ed i Cretini. Rapporto delle commissione creata da S. M. il Re di Sardegna per istudiara il cretinismo. Gazetta medica italiana. 1850. 4.

Viszanik, Dr. Die Irren=, Heil= und Pflege=Anstalten Deutschlands und Frankreichs sammt der Cretinen=Heil=Anstalt auf dem Abend= berg. Wien. 1843.

Voisin, F. De l'idiotie chez les infants. Paris. 1843.

Volksblatt für Stadt und Land (v. Nathusius) 1856. S. 150.

Vorträge über die Idiotenfrage, gehalten auf der Zürcherischen Lehrersynode v. 13. Sept. 1880. Zürich. 1880.

Wells, Dr. Essay upon cretinisme and goître. Lond. 1845.

Wenzel, J. und K. Ueber den Cretinismus. Wien. 1802.

West. Ueber Epilepsie und Irrsinn der Kinder (Journal für Kinderkrankheiten. Bd. XXIII. Heft 1 und 2. Erlangen. 1854.

Wood, K. Einige Beobachtungen über das örtliche Vorherrschen des Blödsinns (Mémoirs of the. lit and plilos. society. Vol. VIII. 1824.)

Zeitschrift für Psychiatrie 1866. 23. Bd. Suppl.=Heft.

Zillner, Dr. Ueber Idiotie im Stadtgebiet Salzburg. 1857.

Derselbe. Ueber Idiotie. In den medicin. Jahrbüchern v. Braun, Duchek, Schlager. XI. Bd. Heft 3. Wien. 1866.

Zschokke, Dr., Th. Ueber den Cretinismus im Bezirk Aarau (Annalen f. Staatsarzneikunde v. Schneider, Schurmayer und Hargt. 5. Bd. 3. Heft. 1840.

III. Praktischer Theil.

A. Vorfragen.

§ 24.

Daß der Idiotismus nicht sich selbst zu überlassen sei, ist gegen=
wärtig sowohl nach dem allgemeinen Gesichtspunkte der Humanität, als
auch von dem speziellen der christlichen Barmherzigkeit anerkannt. Nicht
aber herrscht dieselbe Uebereinstimmung hinsichtlich des Zieles, das bei
der Hülfe zu erstreben ist, sowie in Betreff des Weges, den diese Hülfe
einzuschlagen hat.

    1. Wo befanden sich früher die Idioten? An welchen
Oertern würden wir die jetzigen Insassen der Idioten=Anstalten
und diejenigen, welche bis jetzt noch vergeblich auf die Auf=
nahme in dieselben warten, zu suchen haben? Ein Theil der=
selben hatte seinen Aufenthalt in den Familienhäusern, denen
sie angehörten, wo sie theilweise zum Schrecken der Nachbarn,
oder als Spielball der Rohheit, ihren Eltern zum Kreuz ihr
elendes Dasein führten, oder sie waren in Irren=, Kranken=
und Armenhäusern untergebracht, oder die Kommune hatte sie
in Kost gegeben — zumeist in die Familienhäuser einer länd=
lichen Bevölkerung. Die Unterbringung in den erwähnten An=
stalten wurde staatsseitig meist nur im Interesse der öffentlichen
Sicherheit beschafft. Auch bei der Ueberweisung in Privat=
pflege herrschte gemeiniglich die Rücksicht auf die Wohlfahrt der
idiotischen Individuen nicht vor. Hier wurde dem finanziellen
Billigkeits=Prinzipe mehr Rechnung getragen als der nahe
liegenden Erwägung, daß die Kosteltern in ihrem eigenen In=
teresse die Pfleglinge begehrten, und die Erfahrung bestätigte
es zumeist, daß der Staat oder die Kommune auf diesem Wege
mehr zur Förderung des Blödsinnes als zu seiner Abhülfe ge=
than hatte. Die entweder in den Stubenwinkeln hockenden oder
als Gänsehüter und anderweitige Hirten verwendeten, anfänglich
vielleicht noch besserungsfähigen Kinder stumpften immer mehr

ab, besonders wenn sich die Onanie ihrer bemächtigte. Aber auch die Leistungsunfähigen fanden auf keinem dieser Wege das, was anderweitig zur Milderung ihres trüben Looses hätte ge= schehen können. (S. Disselhoff, die gegenwärtige Lage der Cretinen, Blödsinnigen und Idioten. Bonn 1857.)

2. Die Geschichte des Idioten=Erziehungswesens hat uns gezeigt, daß die ersten Anfänge der Fürsorge für diese Elenden nicht in gleicher Weise wie manches andere Rettungswerk der neueren Zeit spezifisch=christlichen Ursprungs sind. Die innere Mission hat für die Idioten erst ihre Stimme erhoben, nach= dem viel andere Felder des sozialen Elends mit helfenden An= stalten von ihr bebaut waren. Vielleicht mag der Grund darin liegen, daß die hier vorhandene Noth nicht eine ausschließlich sittliche war; zudem auch darin, daß die hier erforderliche Hülfe zugleich die Mitbetheiligung einer Wissenschaft forderte, mit welcher bis dahin die innere Mission sich noch nicht verbündet hatte.

3. Wenn auch die Anerkennung, daß für die Idioten etwas geschehen müsse, eine allgemeine geworden ist, so ist doch hin= sichtlich des zu erstrebenden Zieles noch Abweichung der An= sichten vorhanden. Es giebt eine Richtung — namentlich durch Aerzte vertreten —, welche die ganze den Idioten zu gewährende Hülfe auf die Bewahrung und Pflege beschränken. Sie ruht auf der prinzipiellen Annahme der Bildungsunfähigkeit. Eine andere Richtung — ihr gehören mehrere Idioten=Anstalten an — fordert Bildungsfähigkeit als Bedingung für die zu leistende Hülfe. Anstalten dieser Richtung schließen Individuen, die sich als bildungsunfähig erweisen, aus. Doch hat die Erfahrung manche derselben bisher schon von dieser Ausschließlichkeit zurück= gebracht und die Gründung von Asylen für Bildungsunfähige neben den Heilanstalten für Bildungsfähige veranlaßt.

4. Ursprünglich brachte die erwähnte Verschiedenheit in Auffassung des Zieles auch einen Gegensatz hervor in Annahme der auf die Idioten zu verwendenden Heilmittel. Die Einen wollten nur Bekämpfung des Idiotismus auf medicinischem, die Anderen dieselbe nur auf pädagogischem Wege. Dieser Gegensatz konnte sich jedoch nur so lange halten, als allein die Theorie zu sprechen hatte. Als die Praxis vorhandener Idioten= Anstalten bereits mitreden konnte, waren es Priester und Lehrer, die das Recht des Arztes auf die Blödenhülfe, und Aerzte, die

das Recht des Pädagogen auf die Idioten=Heilung vertraten. Der Medicinalrath Dr. Brandes erklärt, daß hier das Gebiet der ärztlichen Thätigkeit ein beschränkteres als das der Erziehung ist*). Der Priester Probst sagt: Arzt und Pädagog müssen immer zusammenwirken, wenn nennenswerthe Erfolge errungen werden sollen. Ob der Arzt oder der Pädagog Vorstand ist, daran liegt wenig. Die Hauptsache ist das einträchtige Zu= sammenwirken**).

§ 25.

Heilung der bildungsfähigen, Pflege der bildungsunfähigen Idioten ist die zu lösende Aufgabe, und der Weg die physisch=psychische Heil= gymnastik.

1. Der Begriff der Bildungsfähigkeit ist ein sehr schwanken= der. Er ist offenbar zu eng, wenn man nur die Intelligenz zum Maßstabe macht. Wie wir bei dem, den wir einen Ge= bildeten nennen, nicht blos auf sein Denkvermögen achten, son= dern wie auch seine Sitte, seine ganze Haltung bei diesem Urtheil in Betracht kommt, so liegt darin ausgesprochen, daß die bil= dende Thätigkeit sich auf mehr als die eine Seite des mensch= lichen Wesens erstreckt. Für diese Thätigkeit ist also nicht blos der empfänglich, der Lesen, Schreiben, Rechnen, Sprachen lernt; sondern auch von dem, der sein Betragen, seine Sitten bilden läßt, werden wir sagen müssen, er habe sich bildungsfähig er= wiesen. Allerdings wird es freilich der Unterricht sein, aus dem wir vorherrschend das Urtheil über Bildungsfähigkeit ent= nehmen. Aber gewiß dürfen wir ihn nicht zum ausschließlichen Maßstab machen. Was immer in dem Menschen entwickelungs= fähig ist, kommt hier in Betracht. Es ist dies bei verschie= denen Individuen verschieden. Es können uns zwei Idioten zugeführt werden, Beide gleich verthiert und verkommen. Den Einen bringen wir dahin, daß er aus seiner Unsauberkeit heraus= kommt, ein ordentliches Aussehen gewinnt, allerlei kleine Hand= reichungen thut, — aber zum Rechnen bringt er es nicht; der Andere bringt es auch hierin zu einiger Fertigkeit. So be= rechtigt uns diese Verschiedenheit gewiß nicht, den Einen als bildungsfähig, den Andern als bildungsunfähig zu bezeichnen.

---

*) Der Idiotismus pag. 127.
**) Ecksberger Bericht.

Auch der Maaßstab scheint uns nicht der richtige zu sein, wenn man sagt: Wer sich zum selbständigen Fortkommen in der Welt qualifizirt, hat sich als bildungsfähig erwiesen. Zwar ist hier die Beschränkung auf Aneignung von Schulkenntnissen auf= gegeben; es kommt ja Mancher auch durch die Welt, der es zum Schreiben und Rechnen in der Schule nicht brachte. Den= noch ist auch diese Bestimmung der Bildungsfähigkeit eine zu beschränkte. Es werden Zöglinge in allen Idioten = Anstalten sich finden, die zwar soweit gebracht wurden, daß sie innerhalb der Anstalten sich nützlich machen konnten, von denen man aber weiß, daß sie außerhalb dieser Anstalten sofort wieder zurück= sinken und ihre bisher verwandte Kraft bald brach gelegt wer= den würde. Auch diese, obschon sie zu einem selbständigen Fortkommen in der Welt sich nicht qualifiziren, würden als Bildungsunfähige nicht zu bezeichnen sein. Gerade an ihnen aber wird es uns am meisten klar, wo sich die Grenze zwischen der Bildungsfähigkeit und =Unfähigkeit findet. Können sie auch in selbständiger Stellung innerhalb der großen Welt sich nicht nützlich machen, so können sie es doch in der besonderen Atmosphäre des Hauses, dem sie ihre bisherige Entwickelung verdanken. Dadurch unterscheiden sie sich wesentlich von An= deren, die den Einwirkungen des Hauses gegenüber nicht anders als passiv zu sein vermögen. Sie, als diejenigen, welche über= haupt Jemandem nützlich zu werden vermögen, stehen im klaren Gegensatze zu denjenigen, die zu keiner nützlichen Verwendung gelangen. Bildungsfähig erscheinen uns demnach alle Idioten, die in irgend einer Weise sich und Anderen nützlich gemacht zu werden befähigt sind. Mögen die in ihnen ruhenden Keime, die sich als entwickelungsfähig erweisen, noch so geringe, mag der Nutzen noch so klein sein, der aus ihrem Thun ihrer größeren oder geringeren Umgebung erwächst: sie sind wesentlich von der reinen Passivität jener Pfleglinge verschieden, aus denen nichts herauszulocken, deren Denk= und Willenskraft zu nichts zu ver= wenden ist. Hier ist ein spezifischer Unterschied, während zwischen demjenigen Idioten, der nur für häusliche Arbeit innerhalb gewisser Kreise verwendbar gemacht werden kann, und dem, der ein Handwerk lernt, welches ihn für jede Werkstatt befähigt, oder dem, der, mit guten Schulkenntnissen ausgerüstet, in die Welt hinausgelassen werden kann, nur eine graduelle Verschie=

denheit sich findet, nicht anders als zwischen dem Letzteren, wenn ihm etwa das Sprachentalent abgeht, und dem Gelehrten, der diese besondere Befähigung in sich trägt.

2. Die Hülfe, welche den Bildungsfähigen zu gewähren ist, besteht in einer Förderung der Entwickelung der in ihnen liegenden Keime. Man könnte demnach diese Arbeit eine Maieutik (Geburtshülfe) nennen. Sofern die maieutische Wissenschaft mit zur Heilkunde gehört, ist aber auch die erwähnte Thätigkeit gewiß nicht mit Unrecht eine Heilung der bildungsfähigen Idioten genannt, zumal da ja die zu weckenden Keime unter dem Einfluß einer Krankheit, des Idiotismus, stehen. — Bei den Bildungsunfähigen wird dagegen die Hülfe sich auf die Pflege beschränken. Selbstverständlich basirt diese Pflege auf dem Bestreben, den Unglücklichen ihren Zustand nicht blos erträglich zu machen, sondern ihn auch mit denjenigen Annehmlichkeiten, die sich mit ihm vertragen, zu durchdringen. Dies Letztere schließt in sich die Erwartung des Sinnes, der für diese und jene Annehmlichkeit erst empfänglich macht. So ist manchem Unglücklichen dieser Art Ekelhaftes zu entziehen und dann erst der Versuch zu machen, daß man ein Wohlgefallen für das, was man ihm suppeditirte, erwecke. Demnach wird auch die Pflege einen pädagogischen Charakter erhalten.

3. Georgens hat sich des Namens Heilpädagogik bedient, um anzuzeigen, daß es sich hier um „den Anbau eines Zwischengebietes zwischen Medicin und Pädagogik" handle. Der Name Heilgymnastik pflegte sonst nur derjenigen Körpergymnastik beigelegt zu werden, der sich mit der Erzeugung schöner Formen nicht befaßte, sondern lediglich der Stärkung geschwächter und erschlaffter Organe diente. Wir nehmen ihn in dem Sinne, den Georgens mit der Heilpädagogik verbindet. Gewiß sind wir dazu berechtigt, auch die Weckungen der psychischen Anlagen als Gymnastik zu betrachten, und brauchen dabei nicht erst auf die Bedeutung zu recurriren, welche die Griechen mit jenem Worte verbanden. Auch diejenigen Uebungen, welche manche Idioten-Anstalten unter der Benennung Blödengymnastik zusammenfassen, sind ja ebenso sehr Weckungen des Seelenlebens wie sie zur Entwickelung physischer Anlagen dienen sollen. Wir haben übrigens oben diese Heilgymnastik nicht blos als den Weg bezeichnet, auf welchem die Heilung der

Bildungsfähigen zu erstreben ist. Wir sind nämlich der Meinung, daß einzelne Particen derselben auch bei den bildungsunfähigen Pfleglingen werden anzuwenden sein. Man muß diese dann freilich unter den Begriff der Pflege bringen, und von Resultaten, wie man sie bei Bildungsfähigen zu erlangen wünscht, abstrahiren. Hieraus ist übrigens wieder zu entnehmen, daß wir die Pflege nicht in dem dürftigen Umfange fassen, den ein banausisches Krankenwärterthum ihr giebt.

§ 26.

Schon die Pflege, noch mehr aber die Heilung läßt das Privathaus nur in Ausnahmefällen den geeigneten Ort sein, wo die Hülfe für den Idioten zu suchen ist. Nur die eigends für diese Hülfe eingerichtete Anstalt kann der zu lösenden Aufgabe entsprechen, und wird es am genügendsten, je umfangreicher sie sich gestaltet.

1. Das Privathaus kann entweder ein Kosthaus oder das Haus der eignen Angehörigen sein. Idioten als Kostkinder bei Privaten unterzubringen, hat im Allgemeinen schon alles dasjenige gegen sich, was gegen die gleichartige Unterbringung von Waisen und Armenkindern angebracht ist. S. Kröger, Die Waisenfrage, Altona 1848. Im Besonderen aber kommt noch der Umstand hinzu, daß die Deformität dieser Kinder sie den Blinden und Taubstummen ähnlich macht, deren pädagogische Behandlung eine besondere Befähigung erheischt*). — Daß Idioten in den Elternhäusern bleiben, hat zunächst dies gegen sich, daß nur sehr wenige Eltern im Stande sein werden, diesen Unglücklichen die genügende Zeit zu widmen. Von diesen wenigen werden es überdies nur einige sein, die das erforderliche Geschick besitzen. Die meisten Idioten tragen beim Eintritt in die Anstalten die Spuren an sich, daß Ungeschick der Eltern den angeborenen Zustand nur noch mehr verschlimmerte. Entweder wurde Denjenigen, deren Intelligenz sich nicht in gesunder Weise entwickelte, mit roher Strenge begegnet, oder das idiotische Kind wurde mit verzärtelnder Affenliebe umfangen. Auch die Rücksicht auf vorhandene Geschwister macht das Elternhaus zur ungeeignetsten Heil= und Pflegestätte für seine idiotischen Glieder.

---

*) Gegen die Unterbringung von Taubstummen in Privathäusern s. Meißner, a. a. O., pag. 290.

Die letzteren werden von den gesunden Kindern nur allzu oft zu Sündenböcken gemacht, oder es müssen um ihretwillen die vollsinnigen manche Benachtheiligung von Seiten der Eltern erfahren*).

2. Die eigends für Idioten bestimmte Anstalt wird Alles umfassen, was sowohl zur Pflege der Pfleglinge als zur Heilung der Besserungsfähigen erforderlich ist. Da es sich hier um ein Feld handelt, auf welchem das Elend in den verschiedenartigsten Schattirungen auftritt, da die Complicationen der mannich= faltigsten Art sind und außer den hierdurch gebotenen Son= derungen noch die Theilungen nach den Geschlechtern, Alters= stufen und bereits erlangten Fähigkeiten und Fertigkeiten ge= fordert werden, so ist es selbstverständlich, daß eine kleine Anstalt, wenn sie nicht von Zufälligkeiten bei dem Eingehen der Aufnahmegesuche begünstigt wird, nur Ungleichmäßiges wird zusammenwürfeln können. Dadurch aber wird dem Individuum sein Recht nicht zu Theil und es kann geschehen, daß es in der Anstalt nicht blos dasjenige nicht hat, was vorher ihm die Privatverhältnisse boten, sondern daß es auch noch besonderen nachtheiligen Einflüssen ausgesetzt wird. Nur eine große, umfang= reiche Anstalt kann den verschiedenartigen Gestaltungen des idiotischen Elends begegnen, nur ihr ist die Möglichkeit geboten, mehr oder minder Gleichartiges zu verbinden, dagegen das nicht Zusammengehörige zu scheiden. Wir gehören nicht zu Denen, welche dem bildungsunfähigen Idiotismus eine ansteckende Kraft zuschreiben; aber wir meinen doch, daß die Bildungsfähigen beim Unterricht der Fähigen einen nicht geringeren Hemmschuh bilden, als die Schwachbefähigten in der Volksschule es für die Begabteren sind. Wir eifern zwar nicht gegen die gemischte Landschule, aber wir halten doch, wegen mancher gerade bei einem Idioten vorkommenden sexuellen Inclinationen die Tren= nung der Geschlechter für geboten. Wir sind der Meinung, daß die Individualisirung gerade bei der Idioten = Erziehung möglichst zu ihrem Rechte kommen muß, und obschon es den Anschein hat, daß gerade die kleinere Anstalt dies Recht mehr als die größere wahren könne, müssen wir es doch der letzteren

---

*) Competente Aerzte, wie Stahl und Zeller, erklären, „daß bei Cretinen und Blöden keine Heilung zu erwarten sei, wenn die Er= ziehung den Erzeugern überlassen wird." Disselhoff, a. a. O., pag. 165.

zuſprechen. Es liegt ja in dem Weſen der Idioten = Anſtalt, daß ſie bei ihrer Zunahme an Größe durch dieſelbe nicht, wie etwa eine Volksſchule, zur Kaſernenartigkeit gelangen kann. Vielmehr wird die Größe immer die Entſtehung einzelner Gruppen bedingen, die dann aber in ihrer Kleinheit etwas Anderes als beſondere kleine Anſtalten ſind. Nur eine große Anſtalt wird einen Unterrichts=Apparat herzuſtellen, in ſanitätiſcher Hinſicht das zu leiſten und ein Perſonal zu ſchaffen vermögen, das dem Zuſtande des Einzelnen möglichſt annähernd entſpricht*).

§ 27.

Die den Idioten zu gewährende Hülfe fordert keineswegs eine völlige Iſolirung derſelben, ſondern wird um ſo naturgemäßer, leichter und nachhaltiger beſchafft, wenn dieſelben mit vollſinnigen Altersgenoſſen in Berührung kommen.

1. Wenn für das Idioten=Heil= und Erziehungsweſen das Iſolirſyſtem in Anwendung gebracht wird, ſo kann es nur mit Rückſicht auf die geſunden Theile des Organismus geſchehen. Die Rückſicht auf die Leidenden ſelbſt tritt der Iſolirung, die etwas Unnatürliches iſt, entgegen. Man wird freilich ſagen, die Iſolirung ſei ja keineswegs ſtreng durchgeführt. Der Idiot habe in ſeinen Lehrern, Wärtern und Pflegern geſunde Elemente um ſich. Aber fehlt ihm die vollſinnige Jugend als Umgebung, ſo muß doch von Iſolirung geredet werden. Gemildert wird dieſelbe dadurch, daß unter den Bildungsfähigen, mit denen er verkehrt, immer ſolche ſein werden, welche der Vollſinnigkeit möglichſt nahe ſtehen; aber aufgehoben doch nicht. — Iſt der Idiotismus eine Krankheit, ſo iſt der iſolirte Idiot dem im Hoſpitale liegenden Kranken, der nicht iſolirte dem in häuslicher Pflege befindlichen zu vergleichen. Trotz aller Vortheile, die der Erſtere genießen mag, beſitzt der Letztere den Vorzug der naturgemäßen Verpflegung. Dem Letzteren würde

---

*) Brandes, Der Idiotismus, pag. 124, ſagt zwar: „Von der Forderung des Familienlebens ausgehend würden kleinere Anſtalten mit 10 bis 12 Kindern den Vorzug verdienen, wenn nicht der enorme Unterſchied der Koſten für Perſonal, Gebäude, Einrichtungen, Haushalt u. ſ. w. die Errichtung ſolcher kleinen Anſtalten unmöglich machte," ſöhnt ſich aber mit den größeren Anſtalten aus, wenn in ihnen durch Gruppirungen dem Familienprincip Genüge geleiſtet wird.

derjenige Idiot gleichen, der sich in einer Anstalt befindet, welche ihm den naturgemäßen Verkehr mit vollsinnigen Altersgenossen ermöglicht. — Durch solchen Verkehr gestaltet sich auch das ganze Unterrichts= und Erziehungswesen leichter. Einerseits nämlich hat der Blödenlehrer, der nur Idioten unterrichtend leicht erlahmen könnte, in dem Unterrichte, den er Vollsinnigen ertheilt, immer neue Aufrischung; andererseits kann er in manchen Fällen die Vollsinnigen als Vermittler gebrauchen, denen der Idiot in seiner Nachahmungssucht leichter als Einem, der nicht sein Altersgenosse ist, folgen wird. Die Nachhaltigkeit des Unterrichts und der Erziehung durch den Umgang des blöd= sinnigen Kindes mit dem gesunden braucht wohl nicht besonders dargethan zu werden; da ja auch die an Isolirten erreichten Resultate nur dadurch sollen gesichert werden, daß man sie Vollsinnigen überweist. Georgens (Heilung und Erziehung der Idioten, Wien und Leipzig 1863, pag. 36) bekennt sich zu unserer Ansicht, indem er sagt: „Die Idioten sind kindlicher Erzieher, d. h. des lebenweckenden und überall vermittelnden Einflusses gesunder Kinder bedürftig." Ebenso bezeugt der Medicinalrath Dr. Herzog im Blicke auf die Schreiberhauer combinirten Anstalten*): „Das geschäftige Leben beim Spiele oder beim Arbeiten wirkt auf die Blödsinnigen, selbst wenn sie daran selbst nicht Theil nehmen, anregend und aufmunternd und ist wohl im Stande, in ihnen die Aufmerksamkeit zu wecken, manche Begriffe zu erzeugen und zu einigen Willensäußerungen Anstoß zu geben." Die Furcht, daß die vollsinnigen Kinder durch diesen Verkehr leiden würden, wird durch beide Gewährs= männer beseitigt. Beide wissen nur von günstigen Erfolgen dieses Verkehrs. So sagt Georgens a. a. O.: „Sie gewinnen in sittlicher und intellectueller Beziehung dadurch, daß sich be= sondere Verhältnisse des Schutzes und der Fürsorge bilden, und Alle die Schwäche schonen und unterstützen lernen." Aehnlich Medicinalrath Dr. Herzog: „Durch das passive, zurückgezogene und scheue Wesen der Schwach= und Blödsinnigen, welche ihre Unbeholfenheit und Unselbständigkeit in allen Verrichtungen darthun und keine Versuche zu Entgegnungen und Widersetzlich= keiten machen, werden die Gemüther der übrigen oft rücksichts=

---

*) Jahresbericht von 1868.

losen und verwilderten Zöglinge tief ergriffen. Statt des Ge=
fühles der geistigen Uebermacht und des dadurch oft erzeugten
Uebermuths tritt das des Mitleids und der Theilnahme auf,
und man wird bald gewahr, daß sich zwischen ihnen ein Ver=
hältniß des Wohlwollens, der Zuneigung und der Liebe aus=
bildet. Daß Solches auf den Charakter veredelnd wirke und
darum begünstigt werden müsse, dürfe nicht zweifelhaft sein*)."
Der erste Bericht der Mosbacher Anstalt sagt pag. 11: Ich
muß „der Ansicht entgegentreten, daß besser begabte Kinder im
Umgange mit Schwachsinnigen Schaden nehmen. Dies würde
doch wohl nur dann eintreten, wenn nicht in ausreichender
Weise für Unterricht und Beschäftigung derselben gesorgt würde.
Daß, wo die Anstalt richtig organisirt ist, diese Besorgniß un=
begründet ist, bestätigte mir ein Vorsteher der ältesten Anstalten
dieser Art, dessen Gattin in der Anstalt aufgewachsen ist und
der nun auch nach dem Vorgange seines Schwiegervaters seine
eigene Kinderschaar unter schwachsinnigen und epileptischen Kin=
dern frei sich bewegen läßt." Aehnliches hören wir aus dem
Bereich der Taubstummenerziehung. Als man in Wilhelmsdorf
(Württemberg) neben der Anstalt für geistig begabte Taub=
stummen nun für Schwachsinnige zwei einrichtete, war man
anfänglich darauf bedacht, die Zöglinge beider Anstalten streng
auseinander zu halten. Nun aber erklärt der Bericht von 1884
pag. 10: „Wir sind in dieser Beziehung nicht mehr so ängstlich
wie Anfangs. Die normalbegabten Zöglinge verlieren durch
den Umgang mit schwachbegabten und schwachsinnigen Zöglingen
nicht viel und sind im Umgang bezüglich der Anregung und
Belebung ein sehr schätzbares Element."

2. Wie aber ist diese Verbindung zu beschaffen? Gewiß
nicht so, wie auch Rettungshäuser für sittlich verwahrloste Kin=
der Solche aufnehmen, die noch nicht der Rettung, wohl aber
der Bewahrung bedürfen, um in ihnen ein Ferment für ihr
übriges Contingent zu besitzen. Auch nicht so, daß die Idioten=
Anstalt sich eine eigene Gesunden=Abtheilung einrichtet. Georgens,
der a. a. O. pag. 52 dieser Einrichtung das Wort redet, be=
zeichnet es als ein Mißverständniß, wenn man sie in dieser

*) Eine weitere Begründung s. bei Georgens, Heilpädagogik II.,
pag. 256 ff.

Gestalt als Mittel zum Zweck ansehe, ohne jedoch ein Wort zu sagen, durch welches dies Mißverständniß gehoben würde. Ganz anders aber verhält es sich mit seinem sofort angeschlossenen Vorschlage, zwischen den Waisen = Instituten und den Blöden= Anstalten eine Verbindung herzustellen. Ein ähnliches Ver= hältniß ist in Schreiberhau, wo das Idioten=Institut aller= dings anfänglich nur ein Anhängsel des Rettungshauses war, jetzt aber als ebenbürtige Anstalt neben dem letzteren steht. Ebenso in Alsterdorf, wo das Asyl für schwach= und blöd= sinnige Kinder und das St. Nikolai=Stift, eine Bewahranstalt für Kinder, die noch nicht verwahrlost sind, aber in Gefahr der Verwahrlosung schwebten, als Geschwister paritätisch neben ein= ander stehen. Was den letzterwähnten Anstalten=Complex an= langt, so hat das erste Monatsheft des „Boten aus dem Alsterthal" vom Jahre 1869 dieser Verbindung das Wort ge= redet und ihre Vortheile nachgewiesen. Für den Schreiber= hauer=Complex ist Medicinalrath Dr. Herzog als Anwalt auf= getreten. Er begegnet in dem ärztlichen Bericht von 1868 „dem Bedenken", als ob ein Theil der Zöglinge durch den andern leiden, ein Theil dem andern in der Beaufsichtigung und im Unterrichte Opfer bringen, ja sogar, was Betragen, Gesittung und Charakterart anlangt, ein Theil dem andern geradezu Nachtheile zufügen müsse", weist nach, „daß das ge= meinsame Lehrer= und Erziehungs=Personal durch die doppelte Beschäftigung erst recht befähigt werde, seinen schwierigen Wirkungskreis auszufüllen", und kommt, nachdem er die oben erwähnten, den Kindern zu Theil werdenden Vortheile erwähnt hat, zu dem Endurtheil: „Der Gewinn, welchen eine auf die gegebene Art combinirte Erziehungsanstalt für die Ausbildung und Vervollkommnung des Lehrerpersonals hat und welcher wiederum auf die Pflegebefohlenen zurückfällt, ist zu ersichtlich, als daß nicht selbst allgemeiner dahin gestrebt werden sollte, solch verschiedene Elemente unter ein und dasselbe Erziehungs= personal zu vereinigen, wobei eine gemeinsame Behandlung und ein gemeinschaftlicher Unterricht keine nothwendige Bedingung, ja im Allgemeinen zu vermeiden ist." Ja die Behauptung kehrt noch einmal in seinem Berichte wieder, „daß ein solches Zu= sammentreffen von Blödsinnigen mit verwahrlosten Kindern (Zöglingen von Bewahr=Anstalten, Waisenhäusern) eher befördert

als vermieden werden müsse, weil es zu beiderseitigem Vortheil
ausschlage." — Wir wollten im Einverständniß mit dem Vorstehenden nur noch die allgemeine Bemerkung hinzufügen, daß
die lokale Verbindung verwandter Anstalten einen Anknüpfungspunkt für die Colonisation giebt, von welcher die Anstalten wie
in socialer, so in ökonomischer und pädagogischer Hinsicht nur
Gewinn haben könnten, indem dieselbe die naturgemäßeste Herstellung des Anstaltsbodens ermöglichen, die dauernde Fort-
wirkung der Anstalts-Arbeit an den Individuen fördern und
die Subsistenz der Anstalten wesentlich erleichtern würde. Demnach würden wir diejenige Idioten-Anstalt als am günstigsten
situirt betrachten, die mit anderen verwandten Anstalten (Waisen-,
Bewahr-, Rettungs-Anstalt) colonienartig auf einem größeren
Landbesitz zusammengeschlossen wäre. Es bedarf wohl keiner
besonderen Bemerkung, daß wir als ungünstigste Situation diejenige betrachten, wo sie den Appendix einer Irren-Anstalt bildet.
(S. oben § 2.)

B. Die Idioten-Anstalt.

a. Gründung und Verwaltung.

§ 28.

Es wird sich nicht empfehlen, daß die Idioten-Anstalt eine Anstalt des Staates, der Kirche oder einer Privatperson sei. Als öffentliche Anstalt einer freien Genossenschaft wird sie unter genügenden Garantieen sich jedenfalls leistungsfähiger erweisen.

1. Die Frage kann wohl nicht mehr aufgeworfen werden, ob der Staat überhaupt eine Verpflichtung für die ihm ange=hörigen Idioten habe. Aber ob diese Verpflichtung die Anlegung von Idioten-Anstalten seinerseits erheische oder ob er ihr ander=weitig schon genügen könne, ist eine wohl noch unerledigte Frage. Jedenfalls haben bis jetzt nur die königl. sächsische und die groß=herzogl. mecklenburgische und hessische Regierung sich für ver=pflichtet gehalten, selbst die Anlegung von Idioten-Anstalten in die Hand zu nehmen (Hubertusburg, Schwerin, Darmstadt). Dagegen hat sich meistentheils die Thätigkeit der Staatsregierung darauf beschränkt, eine Idiotenstatistik zu schaffen, die Gründung von Anstalten zu befördern, ihnen Haus= und Kirchen=Collecten oder Zuschüsse aus der Staatskasse zu bewilligen, die Kosten für unbemittelte Pfleglinge zu bestreiten, Freistellen zu schaffen und die Leitung zu überwachen. Das Preußische Ministerium der geistl., Unterrichts= und Medicinal=Angelegenheiten sagt in seinem Erlaß vom 24. Dez. 1859: „Es dürfen Bildungs= und Erziehungs=Institute für Blödsinnige nicht etwa mit schon be=stehenden Irrenheilanstalten vereinigt werden, sondern sie be=dürfen einer selbständigen Einrichtung unter Leitung eines pädagogisch durchgebildeten Lehrers und Erziehers von beson=derer Vorliebe und Befähigung für seine Aufgabe. Nach den bisherigen Erfahrungen empfiehlt es sich, die Gründung der=artiger Anstalten vorzugsweise der Privatthätigkeit zu überlassen und die Mitwirkung der Provinzial=Stände, sowie wohlthätigen

Sengelmann, Lehrbuch.   12

Vereinen, zu diesem Zweck als Beihülfe, event. zur Begründung von Freistellen in Anspruch zu nehmen (Ministerial-Blatt f. d. inn. Verwaltung 1860. S. 15.) Uns erscheint diese Beihülfe, die bis jetzt sich praktisch bewährt hat, als eine, bei welcher das Staatsgewissen genügend salvirt ist. Wo nämlich außerordent= liche Mittel zu erlangen sind, wie dies den Idioten gegenüber als den kräftigsten Weckern des allgemeinen Mitleids so leicht möglich ist, da hat der Staat gewiß die moralische Verpflichtung, nicht zu Steuern seine Zuflucht zu nehmen*). Was geschehen soll, falls dieses Mitleid eine Abstumpfung erführe oder falls die Idioten=Anstalten aufhörten, besondere Lieblinge der Privat= wohlthätigkeit zu sein, kann vorläufig dahingestellt bleiben. Der Staat könnte sie dann, wie dies mancherwärts mit Taubstummen= Anstalten**) 2c., die der Privatwohlthätigkeit ihren Ursprung verdanken, geschehen ist, in seinen Organismus aufnehmen; oder auch fortfahren, seine anderweitigen Unterstützungen zu gewähren, nur daß er denselben einen größeren Umfang gäbe. Uns würde der letztere Weg als der ersprießlichere erscheinen.

2. Daß sich unter den von der Kirche hervorgerufenen Wohlthätigkeits=Anstalten keine für Idioten befinden, hat seinen historischen Grund. Jene Anstalten gehören nämlich einer Zeit an, wo die öffentliche Aufmerksamkeit noch nicht auf die Idioten gerichtet war. Die neuere Zeit würde von kirchlichen Idioten= Anstalten nur insofern reden können, als nicht gerade Or= gane des Kirchenregiments die Gründung veranlaßten und die Verwaltung handhabten, sondern kirchlicher Sinn Diejenigen, die sich der Idioten annahmen, verband. Somit aber fielen auch diese Anstalten dem Felde der Privatwohlthätigkeit zu (Idioten = Anstalten, hervorgerufen durch Vereine für innere Mission). Bei solcher Gründung und Verwaltung liegt aber

---

*) Gladstone, Der Staat in seinem Verhältniß zur Kirche, übersetzt von J. Treuherz, Halle 1843, pag. 169: „Die Betheiligung des Staates sollte in der Weise sich kund geben, daß sie die Wohlthätigkeit der Indi= viduen anspornte, nicht aber dieselbe entbehrlich machte, wie ja die Persön= lichkeit und Verantwortlichkeit des Staates die individuelle nicht aufhebt."
**) Bei den Taubstummen=Anstalten liegt dieser Uebergang näher und ist um so berechtigter, wo sie nicht mehr Internate blieben, sondern sich — wie in Preußen — vorzugsweise in Taubstummenschulen auflösten.

die Gefahr confessionalistischer Gestaltung nahe, die doch auf dem Gebiete der Blöden=Erziehung am wenigsten Berechtigung hat*). Die Kirche als Körper ist aber gewiß ebenso wenig geeignet, wie der Staat, Idioten=Anstalten in ihren Organismus aufzunehmen.

3. Privat=Anstalten empfehlen sich auf dem Felde der Idioten=Pflege und Heilung um so weniger, als bei ihnen das Privat=Interesse zu leicht vorherrschend wird und die zu einer allseitigen Wirksamkeit erforderlichen Mittel zu bald die Kraft des Privaten, der die Fürsorge übernahm, übersteigen. Eine Ausnahme machen diejenigen Privat=Institute, die nur den Angehörigen der sog. höheren Stände dienen wollen.

4. Wie die meisten der bisher entstandenen Anstalten durch freie Corporationen (Vereine) in's Leben gerufen sind, so ist das Naturgemäßeste, daß sie auch durch diese geleitet werden. Nur haben dieselben dem Staate genügende Garantien für die zweckmäßige Führung zu leisten. Der Staat wird sich dieselbe durch seine Inspection verschaffen. Aber durch welches Organ? Das der Lokal=Schulinspectoren oder die Ober=Schulbehörde genügt offenbar ebenso wenig, wie die Aufsicht durch aus= schließliche Sanitäts= oder Medicinal=Inspectoren. Das ent= sprechende Aufsichts=Organ wird nur eine aus Medicinalpersonen und Pädagogen zusammengesetzte Commission sein können, welche unter Umständen an die Gutachten von Fachmännern gewiesen ist. Von der Stellung, die das Schulwesen des Landes zur Kirche einnimmt, sowie von der Beziehung, in welcher die Idioten=Anstalt zur Kirche steht, wird es abhängen müssen, ob auch Geistliche de iure zu jener Commission gehören. Die größere Leistungsfähigkeit einer von einer freien Corporation

---

*) So wurde schon vor ihrer Entstehung die Idioten=Anstalt zu Erkerode zum Gegenstande eines confessionalistischen Angriffs abseiten des Kirchenblatts für Braunschweig und Hannover, s. Bote aus dem Alster= thal 1868, Nr. 31. — In Betreff der katholischen Anstalt zu Ecksberg erklärt der Vorstand, Priester Probst: „Da die Anstalt unter katholisch= kirchlicher Leitung steht, so wurde öfter gefragt, ob auch Pfleglinge aus anderen Confessionen aufgenommen werden, und es lautet die Antwort hierauf so: Wenn der Pflegling so tief steht, daß er den Unterschied der Religionen nicht begreift, oder wenn die Angehörigen des Pfleglings die katholische Belehrung und Erziehung desselben zugeben, so kann er auf= genommen werden, sonst nicht." Bericht von 1865/6.

geleiteten Anstalt ist darin begründet, daß die Betheiligung der Leiter nicht auf einem allgemeinen, sondern auf einem besonderen Interesse für die Sache beruht. Dieses läßt erwarten, daß sie alle Hebel für Gewinnung der öffentlichen Theilnahme in Bewegung setzen. Ebenso wird unter ihrer Leitung innerhalb der Anstalt eine freiere Bewegung möglich sein, die — indem sie bei Ausschreitungen durch die Staatsaufsicht das nöthige Correctiv erfährt — dem Gedeihen des Werkes nur förderlich sein kann.

§ 29.

So sehr für die Beziehungen nach außen hin einer collegialischen Oberleitung der Vorzug gebührt, so sehr bedarf die Anstalt für den ganzen Umfang der inneren Verwaltung der freien Hand eines technischen Directors.

1. Unter den Beziehungen nach außen hin verstehen wir die Beziehungen zum Staat, zu den Behörden und der Genossenschaft, die sich an der Erhaltung der Anstalt betheiligt, nicht die Beziehungen zu den Eltern und Angehörigen der Pfleglinge; wenigstens würden wir dieselben in erster Instanz ausschließen und der inneren Verwaltung zuweisen, und nur den Verkehr wegen Aufnahme und Entlassung, sowie eine etwaige Appellation unter die Beziehungen nach außen hin rechnen. Diese Beziehungen werden am vortheilhaftesten durch eine collegialische Oberleitung vermittelt, in welcher die Thätigkeiten nach den Aemtern eines Präses, eines Rechnungsführers, eines Schriftführers, eines Revisors vertheilt sind, zu denen eine alternirende Inspection sich gesellt. Es wird sich empfehlen, die Mitglieder dieses Collegiums den verschiedensten Ständen der Gesellschaft zu entnehmen und darauf bedacht zu sein, daß Aerzte, Pädagogen, Geistliche, Handwerker und Kaufleute sich zu der gemeinsamen Oberleitung verbinden. Für gewisse Fälle wird der Director mit berathender Stimme hinzuzuziehen sein.

2. So lange die Anstalt eine kleine, der einzelnen Familie entsprechende ist, wird die innere Verwaltung des Unterrichts, der Erziehung und Deconomie in die Hand eines Hausvaters gelegt werden können. Sobald aber mit der Erweiterung die Theilung der Arbeit nöthiger wird, so daß eine Vereinigung der öconomischen und pädagogischen, der auf den Unterricht und der auf die Gesundheitspflege bezüglichen Thätigkeiten sich nicht mehr statthaft erweist, fordert die Vermehrung der Zöglinge,

des Personals, des Areals und der Lokalitäten die einheitliche
Oberleitung eines Directors, der, wenn auch hier und dort in
die Einzelarbeiten — meist zwar nur stellvertretend — eingreift,
doch es wesentlich mit der Organisation der Gesammtarbeit der
Anstalt zu thun hat.

3. Ob der Director aus der Zahl der Mediciner oder der
Pädagogen vom Fach zu nehmen sei, wird sich a priori nicht
feststellen lassen; denn die gewöhnliche ärztliche Befähigung
involvirt ebenso wenig die Fähigkeit der Idioten = Behandlung
wie die allgemeine pädagogische Bildung zu ihr tüchtig macht.
Es würde der gewöhnliche Arzt erst eines pädagogischen, der
Pädagog erst eines medicinischen Studiums — wenigstens inner=
halb gewisser Wissenschaftsgrenzen — bedürfen, um die Be=
fähigung für die Arbeit an den Idioten zu erlangen. Die
Geschichte des Idioten-Erziehungswesens weist nach, daß beide
Wege eingeschlagen sind. Der Arzt Séguin hat sich durch
pädagogische, die Lehrer Dr. Saegert, Dr. Kern, Dr. Heyer,
Dr. Georgens durch nachträgliche medicinische Studien für die
Idioten=Pflege befähigt. Aber ebenso liefert die Geschichte den
Nachweis, daß vorzugsweise der letztere Weg eingeschlagen ist.
„Demgemäß wird man," wie Brandes a. a. O., pag. 127
sagt, „im Ganzen annehmen können, daß die unmittelbaren
Leiter derartiger Anstalten öfter aus dem Lehrerstande, als aus
dem ärztlichen hervorgehen werden, wenn auch ein Arzt zur
Beihülfe oder Mitdirection nicht fehlen darf." Die rationelle
Begründung giebt derselbe wie folgt: „Bedenkt man, daß es
sich in den meisten Fällen um abgelaufene Krankheitsprocesse,
um unheilbare Uebel, und demnach mehr um eine diätetisch=
hygienische Einwirkung handelt, so geht daraus schon hervor,
daß das Gebiet der ärztlichen Thätigkeit ein beschränkteres, als.
das der Erziehung ist. Während der Pädagoge täglich und
stündlich auf den Idioten einwirken muß, ist die ärztliche
Thätigkeit nicht so in Anspruch genommen; es genügt, wenn
er den Idioten hin und wieder sieht, die Grundzüge seiner
diätetisch=hygienischen Behandlung feststellt, ohne deren Executive
selbst in die Hand zu nehmen, und wenn er für besondere
Fälle leicht und schnell zu erreichen ist." Dagegen hört man
— freilich vereinzelt — auch Stimmen wie die des Dr. Brodie
(The education of the Imbecile and the improvement of

invalid youth, 1856, pag. 20): That such institutions ought
to be superintended or conducted by property qualified
medical men, who should have the assistance of persons
qualified for the task by patience of temper and by experience
of cases more or less similar (j. The causes of idiocy,
Edinburgh 1858, pag. 79.)

4. Ist der Director (Inspector) ein Pädagog, so wird ihm
ein Arzt zur Seite stehen müssen. Die Aufgabe desselben wird
von Dr. Jacobi (Rastenburger Bericht von 1866) dahin an=
gegeben: 1. Er hat etwaige Krankheitszustände, welche die
Idiotie erzeugt haben und unterhalten oder neben ihr bestehen,
z. B. Krankheiten der Blutmischung (Epilepsie 2c.) womöglich
zu beseitigen, oder, wo dies nicht gelingt, zu mildern; 2. die
Diät und die Lebensweise der Zöglinge zu regeln und zu über=
wachen, um die Entwickelung des Gesammtorganismus und der
einzelnen Organe in jeder Weise zu fördern; 3. endlich das
Nervensystem der Zöglinge in der Weise anzuregen, daß auch
auf diesem Wege die gesammte Entwickelung des Gehirns ge=
fördert werde. — Der Director ist zwar, was die Anstalts=
leitung anlangt, dem Arzt übergeordnet, hat aber für die
Durchführung der ärztlichen Vorschriften Sorge zu tragen. Er
wird namentlich darauf zu achten haben, daß die medicinische
Behandlung in der Hand des Einen Hausarztes bleibe. Nicht
selten wünschen Eltern, daß der bisherige Arzt des Kindes auch
noch die Behandlung in der Anstalt beeinflusse, oder das Wärter=
und Angestellten=Personal versucht Behandlungen auf eigene
Hand. Dem zu begegnen ist die Sache des Directors, damit
die medicinische Behandlung in der Anstalt eine einheitliche
bleibe.

5. Wenn von der freien Hand des Directors die Rede
ist, so ist damit zwar die Beschränkung durch ein Statut und
eine Hausordnung, welche die Oberleitung festzustellen und zu
vertreten hat, nachdem der Director gehört ist, nicht aus=
geschlossen: allein ein weiteres Gebundensein würde auch die
freie Bewegung zum Nachtheil des Werkes finden. Dem Di=
rector muß die Anstellung des Personals, die Vertheilung der
Einzelarbeiten, das Recht, überall einzugreifen, überlassen sein.
Eine directe Controllirung der einzelnen Personen und Arbeiten
durch die Gesammtheit oder einzelne Glieder der Oberleitung,

ein nicht durch ihn vermitteltes Rechenschafts = Verlangen oder
gar Corrigiren, ein specielles Beeinflussen der ihm untergeordneten
Persönlichkeiten würde nur dem Gesammtwirken nachtheilig sein
können. Wenn dies schon bei anderen Instituten gilt, so noch
mehr bei Idioten=Anstalten, in denen gerade systematische Festig=
keit, planmäßige Concentration überall dem zu bekämpfenden
Uebel entgegenzustellen ist.

b. Die Erhaltung.

§ 30.

Wenn die Gründung durch die Privatwohlthätigkeit theilweise oder
ausschließlich veranlaßt ward, so wird die Erhaltung zum Theil durch
freiwillige Gaben (Legate, Geschenke, Jahresbeiträge) zu beschaffen, aber
es wird dennoch vorzugsweise dem Princip der Selbsterhaltung (durch
Kostgelder, Arbeitserträge) Rechnung zu tragen sein.

1. Sobald Idioten = Anstalten als Staats = Institute oder
als Privat=Unternehmungen auftreten, fallen sie natürlich nicht
in den Bereich unserer Betrachtung, was ihre ökonomische,
finanzielle Seite anlangt. Sie sind selbstverständlich auf die
Mittel des Staates oder der Privaten angewiesen. Wurden
Institute theilweise oder unter Mithülfe des Staates in's Leben
gerufen, so läßt sich erwarten, daß der Staat diese Hülfe auch
bei der Erhaltung fortsetzen wird. Dasselbe gilt von der Kirche
oder geschlossenen Corporationen. Dafür werden dann jene
Körperschaften den Anstalten gewisse Verpflichtungen aufzulegen
berechtigt sein; der Staat oder die Betreffenden werden Einfluß
auf die Verwaltung begehren, Freistellen beanspruchen u. dergl.
Wenn der Staat die idiotischen Zöglinge, die er zu versorgen
hat, nichtstaatlichen Institutionen überweist, so ist die Summe,
die er dafür zahlt, nicht als Unterstützungsgeld anzusehen; wohl
aber ist seine Ueberweisung an eine bestimmte Anstalt als eine
moralische Unterstützung dieser anzusehen, sofern er das
Vertrauen zu derselben im Publikum fördert.

2. Die freiwilligen Beiträge treten in der Form von
Legaten und Vermächtnissen auf, doch gewöhnlich erst
dann, wenn eine Anstalt recht populär geworden ist. Können
diese Einnahmen nicht zu den ordentlichen gerechnet werden, so
sind sie auch nicht für die ordentlichen Ausgaben zu verwenden.

Es darf nur Außerordentliches mit ihnen bestritten werden, z. B. Tilgung von Schulden, Erweiterung der Anstalt, Einrichtung neuer Institutionen.

3. Diejenigen freiwilligen Beiträge, welche bei der Bestreitung der laufenden Ausgaben bei Anstalten, die durch den Wohlthätigkeitssinn in's Leben gerufen wurden, wesentlich in Betracht kommen, zerfallen in solche, welche durch eine Gemeinschaft (Verein, Commune, Kirchengemeinde) gespendet, und in solche, die durch Einzelne dargereicht werden. Die ersteren haben verschiedenen Werth, je nach Beschaffenheit der Gemeinschaft. Wenn die einzelnen Glieder des Vereins durch ihre Spende einen Einfluß auf die Verwaltung der Anstalt gewinnen, wie dies z. B. bei einzelnen englischen Stiftungen der Fall ist, oder wenn der Verein durch sein Princip ein besonderes Interesse an dem Gedeihen der Anstalt hat, wie bei einzelnen katholischen Vereinen, so ist offenbar innerhalb dieser Kreise eine zuverlässigere Betheiligung zu erwarten, als bei Communen und Kirchengemeinden, in denen Haus= oder Kirchen=Collecten abgehalten werden. Der Ertrag der letzteren wird mit davon abhängig sein, ob die Kirchengemeinde häufig oder wenig veranlaßt wird, für öffentliche Zwecke die Opferbecken zu bedenken, und die Haus=Collecte wird nicht wenig durch die Begabung Derjenigen beeinflußt sein, die zu ihrer Einsammlung verwendet werden. Freilich den Haupteinfluß wird die Popularität der Anstalt innerhalb des zu besammelnden Umkreises ausüben. — Die von Einzelnen kommenden Gaben sind entweder Jahres= beiträge oder vereinzelte Geschenke. — Jede Zeit hat ihre besondere Form für die Uebung der Wohlthätigkeit. Unsere Vorfahren pflegten, wenn sie Anstalten in's Leben riefen, nicht blos für die Mittel der Begründung zu sorgen, sondern auch auf die Ansammlung von Kapitalien Bedacht zu nehmen, aus deren Zinsen die Erhaltung beschafft werden sollte. Sie machte es den Verwaltern ihrer Anstalten leicht. Die Gegenwart, welche Theilung der Arbeit will, hält die Gründung und Erhaltung auseinander. Sie überläßt für das, was sie schafft, die Erhaltung ihren Nachfolgern. So werden die Erhalter in den Kampf um's Dasein hereingezogen. Wenn nun auch diese den Blick auf die Zukunft nicht allzu weit ausdehnen, so ergiebt sich als nächste Form die freiwillige, sich jährlich wiederholende

Beisteuer, der Jahresbeitrag. Es läßt sich nicht anders er=
warten: Derjenigen Zeit, welche der Anstaltsgründung am
nächsten liegt, wird es am leichtesten, auch Jahresbeiträge für
die Unterhaltung des Geschaffenen zu gewinnen, da ja auch
Manche, die sich gern an der Gründung betheiligt hätten, durch
die dazu erforderlichen größeren Einzahlungen sich abhalten
ließen und es vorzogen, durch die Zeichnung einer jährlich sich
wiederholenden kleineren Liebesgabe sich zu betheiligen. Ist
nun das allmähliche Aussterben der ersten Zeichner sicher, so
ist der gleichmäßige Ersatz durch andere nicht so gewiß. Unsere
entwickelungsreiche, raschlebende Zeit führt hinter einander immer
neue Unternehmungen auf den Plan, die der Gunst des Publikums
bedürfen und sie vorübergehend in besonderer Weise genießen.
Wer weiß, wie lange die Gunst anhält, die man den Idioten,
nachdem sie vorher lange genug übersehen waren, zu Theil
werden ließ? Ob sie nicht den Arbeitercolonien oder anderen
Bestrebungen weichen müssen ebenso gut, wie es mit der Neuheit
der Rettungshäuser u. dergl. aus war, als man anfing, für
die Idioten zu sorgen. Daher ist für die Jahresbeiträge, die
ohne besondere Kraftanstrengung schon jetzt nicht auf ihrer Höhe
zu erhalten sind, keine Dauer zu hoffen. — Die vereinzelten
Geschenke hängen natürlich von zuviel Zufälligkeiten ab, als
daß sie für das Ordinarium der Anstalt mit Sicherheit in
Anschlag gebracht werden könnten.

4. Zwar darf einerseits den Verwaltern von Idioten=
Anstalten die Zuversicht nicht fehlen, die der erste namhafte
Leiter derselben, Guggenbühl, aussprach (s. S. 108), „daß solche
Werke, im Glauben begonnen und fortgesetzt, auch immer das
Nöthige finden werden," dennoch gilt andererseits ebenso sehr
das Herrnwort von dem Manne, der einen Thurm bauen
will, (Lucä 14, 28—30). Bei der Unzuverlässigkeit der Liebes=
gaben ist auf andere Erhaltungsmittel Bedacht zu nehmen, und
zwar auf solche, bei denen die Wege des Erwerbs mehr inner=
halb als außerhalb der Anstalten liegen. Die Frage ist: Ist
eine Selbsterhaltung der Anstalten, und wie weit ist sie möglich?
Ihre Arbeit wird vergütet durch die Pensionen und Kostgelder.
Die Höhe derselben wird bestimmt durch den Aufwand, den die
Anstalt erheischt. Wird derselbe auf die einzelnen Köpfe re=
partirt, so wird von denjenigen Privaten, die auf eigene Kosten

eine Anstalt halten, hiernach der Kostgeldsatz normirt. Wo
Liebesgaben oder sonstige Zuschüsse zu den Kostgeldern hinzu=
kommen, können diese einzelnen Zöglingen für Pensionsermäßi=
gungen zu Gute kommen, oder sie werden von den Gesammt=
Unkosten der Anstalt in Abzug gebracht und so für Alle ein
geringerer Pensionssatz erzielt. Ein fester Grundsatz wird hier
inne zu halten sein. Jedenfalls ist dem Unverstande zu be=
gegnen, der von den Anstalten zuweilen für einzelne Fälle
Kostgeld = Erlassungen begehrt. Man meint, die Anstalt als
Wohlthätigkeits=Anstalt müsse beliebig auch auf jede Vergütung
ihrer Leistungen verzichten; bei ihr um die Aufnahme eines
Kindes sich bewerben, heiße, diesem Kinde helfen. Wer
einem Armen zu Brod oder Kleidung verhelfen will, geht zum
Bäcker oder Schneider für ihn, erwartet aber nicht, daß der
Bäcker das Brod, der Schneider den Rock umsonst liefert. Es
ist eine Wohlthat für den Ort, daß der Bäcker und der Schneider
da sind, und es hört nicht auf eine Wohlthat zu sein, dadurch,
daß diese ihre Lieferungen und Leistungen sich vergüten lassen.
Das Dasein der Idioten=Anstalt ist eine Wohlthat für das Ge=
meinwesen. Daß der Einzelne an dieser Wohlthat participire,
dafür haben Andere, nicht die Anstalt zu sorgen. Die Anstalt
giebt ihrem Charakter als Wohlthätigkeits=Anstalt auch dadurch
einen Ausdruck, daß sie entweder alle Zöglinge an den ihr zu=
fließenden Liebesgaben und Zuschüssen Theil nehmen läßt, oder
dieselben für solche verwendet, für welche sich die verpflichteten
Nutritoren nicht hülfsbereit finden.

5. Jedoch die Kostgelder bilden nicht den einzigen Erwerb
aus der Arbeit der Anstalten. Die Berichte der einzelnen
Anstalten weisen nach, daß manche noch andere Erwerbsquellen
haben. Wir begegnen dem Erlös aus den Arbeiten der in
ihnen vorhandenen Werkstätten, einer Einnahme aus der Feld=
und Gartenwirthschaft. Diese ökonomischen und industriellen
Arbeiten haben bis jetzt ihre Einführung vorwiegend dem er=
ziehlichen Interesse verdankt. Um durch sie eine heilsame Be=
schäftigung für die Zöglinge zu erlangen, fügte man sie dem
Anstaltsgetriebe ein. Die bisherige finanzielle Rücksicht be=
schränkte sich darauf, entweder in billigerer Weise als sonst die
Anstaltsbedürfnisse zu befriedigen, oder Beschäftigungen zu
schaffen, die keine namhafte Auslagen erheischten. Darum treten

auch bei allen Anstalten die Erträge in kleineren Zahlen auf. Es fragt sich nun, ob dieser Arbeit nicht eine weitere Ausdehnung gegeben werden kann. Freilich wird nicht an alle Anstalten diese Frage herantreten. An solche natürlich weniger oder garnicht, die vorwiegend kleinere, der körperlichen Pflege besonders bedürftige Zöglinge umschließen. Wohl aber an solche, die eine größere Anzahl erwachsener Idioten bergen. Hier werden verschiedene Arbeitsfelder in Betracht kommen können. Man findet bei anderartigen theilweise verwandten Anstalten Acker= und Gartenbau mit der Specialität: Samenzucht, Druckerei, Holzschnitzerei, Cigarrenfabrikation, Weberei, Seidenbau, Schuh= und Mattenflechterei, Korbmacherei, Ziegelei. Der letzteren redete auch Probst gegen Brandes (a. a. O., pag. 121) das Wort. Diese Arbeitsfelder sind darin verschieden, daß auf manchen von ihnen mehr in ihrem ganzen Umfange die geistig Schwachbegabten zur Verwendung kommen, während sie auf anderen nur Handreichungen von mehr niederer Art zu leisten vermögen und diese also oft die Herzuziehung vieler normalen Arbeitskräfte erheischen. Eine wichtige Frage aber ist, wer diese Arbeitsfelder einrichten soll. Sollen sie dem Anstaltsgetriebe auch in finanzieller Hinsicht organisch eingefügt werden, so daß sie auf Kosten der Anstalt eingerichtet und bearbeitet werden? Oder sollen sie selbständig der Anstalt als ihre Helferin in pädagogischer und finanzieller Hinsicht zur Seite stehen, so daß, was den Netto=Ertrag der Arbeit anlangt, nur dieser der Anstalt zu Gute kommt? Der erstere Modus empfiehlt sich darum weniger, weil er dem Risiko Mittel zur Verfügung stellt, die nicht zu diesem Zwecke aufgebracht sind, und der Spekulation da eine Thür aufthut, wohin sie nicht gehört. Den anderen Weg finden wir vortheilhaft eingeschlagen bei den Werner'schen Anstalten in Reutlingen, die ihre Ueberschüsse der Erziehung hülfsbedürftiger Kinder zu Gute kommen lassen. Man möchte vielleicht beide Wege combiniren, und z. B. diejenigen Handwerker, die nur für die Anstalt arbeiten, dem Anstalts=Budget einfügen, andere aber als selbständige Betriebe ihre Rechnung neben der Anstalts=Rechnung führen lassen. Hiermit sind wir einverstanden, nur möchten wir diesen Betrieben die Land= und Gartenwirthschaft auch nur dann einreihen, wenn sie in kleinerem Umfange betrieben wird. Arbeitet sie auch für den Absatz, beschäftigt sie sich mit Specialitäten, wie Samenzucht, Baumschulen u. dergl, so muß auch sie unter den neben der Anstalt stehenden Betrieben rangiren. Noth= wendig aber ist, weil mehr oder minder mit Anstaltszöglingen gearbeitet wird, daß alle für die Anstalt arbeitenden Betriebe der Direction derselben unterstellt sind. Eine Abgabe der Anstaltszöglinge an fremde Arbeitgeber ist durchaus nicht zu gestatten. — Wenn die Schaffung dieser Arbeitsfelder mehr oder weniger Anlage=Kapital fordert, so wird die Gewinnung desselben an verschiedenen Orten mehr oder weniger schwer fallen, nirgends aber ohne selbstlose Liebe zu ermöglichen sein, sowie ohne diese auch nie die Kräfte zu erlangen sein werden, welche die Einrichtung und Bearbeitung dieser Arbeitsfelder leiten. Sofern es sich aber um eine einmalige pekuniäre Hülfe handelt, wird der Erwerb der Unterstützungskräfte wahrscheinlich leichter sein, als der von solchen, die sich zum perpetuirlichen Helfen verpflichten, vorausgesetzt, daß der Gewinn für die Anstalt kein zu problematischer ist.

c. Die Gestaltung.

α) Das Personal.

1. Die Zöglinge.

§ 31.

Zur Aufnahme eines Zöglings ist eine mit den gehörigen Belegen begleitete Anmeldung erforderlich, nach welcher die Oberleitung und die Direction gemeinsam entscheiden. Sie wird von der ersteren oder im Auftrag derselben von dem Director vollzogen und durch einen Aufnahme= Contract documentirt.

1. Die Belege, welche die schriftliche Anmeldung begleiten, sind zunächst allgemeiner Art. Diese umfassen den Tauf= oder Geburtsschein, den Impf= oder Vaccinationsschein und bei Aus= ländern den Heimathsschein. Daß die Direction diese Atteste gleich von Anfang in Händen habe, empfiehlt sich für viele Eventualitäten, namentlich für etwaige Berührungen mit der Polizei und bei plötzlichen Todesfällen. Für den eigentlichen Anstaltszweck ist aber von besonderer Wichtigkeit der Abhörungs= bogen, der den physisch=psychischen Zustand des angemeldeten

Kindes feststellt und, wo möglich, für die Aetiologie des Falles die in Erfahrung zu bringenden Nachweise giebt. Es ist wünschenswerth, daß die auf diesem Bogen gemachten Angaben aus ärztlicher Feder herrühren und durch Solche, die dem Kinde im täglichen Leben nahe standen, ergänzt werden. Wir geben im Folgenden die Fragen, welche die Fragebögen oder Ab= hörungsformulare einzelner Anstalten zur Beantwortung vor= legen. Alsterdorf: I. Personalien. Name des Kindes, des Vaters, der Mutter. Alter. Religion. Geburts= und Wohnort. Stand und Beruf der Eltern. Wie viel Geschwister des Kindes sind früher geboren? Wie viel Geschwister sind später geboren? Sind alle Geschwister gesund? II. Körper= licher Zustand. Entspricht die Größe und Entwickelung des Körpers dem Alter oder nicht? Wie ist die Muskulatur? Wie ist die Form des Kopfes? Wie sind die Sinnesorgane? Wie sind die Bewegungen? Wie ist die Sprache? Weiß es seine Hände zu gebrauchen? Wie ist der Appetit und die Verdauung? Kommt Onanie bei ihm vor? Liegt es trocken? Hat es Speichelfluß? Ist es epileptisch? Hat es Anlage zu einer bestimmten Krankheit? III. Geistiger Zustand: Ist es schläfrig und stumpf (apathischer Blödsinn)? Ist es auf= geregt (erethischer Blödsinn? Beschäftigt es sich gern? Ist es anschmiegsam und umgänglich? Ist es störrisch und eigensinnig? Kennt es seinen Namen? Hat es Wiedererkennungsgabe? Wie drückt es seine Wünsche und Bedürfnisse aus? Hat es gefähr= liche Sonderbarkeiten? Kann es sich selbst an= und auskleiden? Lacht oder weint es viel? Hat es einige Kenntnisse und Fertig= keiten? Wie erlangte es dieselben? IV. Ursachen des Blöd= sinns. Ist der Blödsinn angeboren? Oder später und wann eingetreten? Sind die Eltern gesund? Sind sie oder einer von ihnen dem Trunke ergeben? Ist während der Schwanger= schaft ein besonderer Unfall geschehen? Ist bei der Geburt etwas Besonderes geschehen? Sind in der Familie geistes= schwache Mitglieder? Welche Krankheiten hat das Kind durch= gemacht? Von welchem Arzt ist das Kind in denselben be= handelt? Wie lernte das Kind gehen? Wie lernte es sprechen? Wie und von wem ist das Kind bisher verpflegt? — Vor= stehende Angaben sind gemacht von — — — Zur Beglaubigung (Name des Arztes). Craschnitz: 1. Namen, Wohnort, Alter und Confession des Kindes und der Eltern. 2. Ist die Schwach= und Blödsinnigkeit des Kindes angeboren oder durch welche besondere Veranlassung entstanden? 3. Hat die Kopfbildung etwas Außerordentliches? 4. Kann das Kind gehen, sehen, hören, riechen? 5. Kann es sprechen und zwar seinem Alter angemessen deutlich? 6. Hält es den Mund offen und läßt es Speichel fließen? 7. Ist es schwächlich oder kräftig gebaut und seinem Alter angemessen? 8. Zeigen sich besondere Schwächen einzelner Körpertheile? 9. Kann es sich allein an= und aus= kleiden? 10. Kann es allein essen oder muß es gefüttert werden? 11. Meldet es seine natürlichen Bedürfnisse an, oder ist es unreinlich und beschmutzt es sich des Tages oder in der Nacht das Bett. 12. Leidet es an epileptischen Krämpfen? 13. Welche Gemüthseigenthümlichkeiten treten bei dem Kinde hervor? Ist es blöde, scheu, traurig, heftig oder freundlich, zutraulich, sanftmüthig, liebreich und liebebedürftig? 14. Ist es zerstörungssüchtig? 15. Hat es auffallende Angewöhnungen, Unarten oder Liebhabereien? 16. Ist es gegen seine Umgebung theilnehmend oder gleichgültig? 17. Spielt es mit anderen Kindern oder mit Spielzeug oder sitzt es theilnahmlos da? 18. Kann es sich mit etwas Nützlichem beschäftigen, hat es einen Nachahmungstrieb, kann es vorgemachte Körperbewegungen nachahmen und vorgesprochene Worte nachsprechen? 19. Hat es die Schule besucht und mit welchem Erfolg? 20. Welche Krankheiten hat das Kind bereits durchgemacht? 21. War oder ist der Vater oder die Mutter dem Trunke ergeben? 22. In welchem verwandtschaftlichen Verhältniß stehen die Eltern zu einander, und sind sie gesund? 23. Ist ihre Wohnung und die Gegend gesund? 24. In welchem Vermögens= und Lebens= verhältniß und Stande leben die Eltern? M.=Gladbach: 1. Vor= und Zuname des Kindes, Alter desselben. Wie viel Geschwister sind dem blödsinnigen Kinde vor= und nachgeboren? 2. Vor= und Zuname der Eltern; Alter, Wohnort und Stand derselben. 3. Wie liegt die Wohnung der Familie in gesund= heitlicher Beziehung? Ist Sumpf oder langsam fließendes Wasser in der Nähe? Liegt das Haus so, daß es von der Sonne beschienen wird? Wie ist es gebaut? 4. Kommen Wechselfieber dort häufig vor? 5. Sind Krankheiten in der Familie erblich und welche? Sind namentlich Geistes= und

Gemüthskrankheiten oder irgend andere Nervenkrankheiten, wie
Epilepsie, Veitstanz ꝛc. öfters vorgekommen? 6. Wie ist die
Gesundheit der Eltern? Ist der Vater oder die Mutter dem
Trunke ergeben? Sind sie mit einander blutsverwandt? 7. Wie
verlief die Schwangerschaft? War die Mutter während der=
selben krank, litt sie insbesondere am Wechselfieber? 8. Wie
war die Geburt? War umschlungene Nabelschnur ꝛc. da? War
die Entbindung natürlich oder künstlich? Welche Art? 9. War
die Ernährung des Kindes eine natürliche oder künstliche?
10. Wie ging das Zahnen vor sich? Wann lernte das Kind
Gehen und Sprechen? Wie verliefen überhaupt die Kinder=
jahre? 11. Wann bemerkte man die ersten Spuren des Blöd=
sinns? Hält man ihn für angeboren oder erworben, und aus
welcher Ursache? 12. Wie sind die Gesundheitsverhältnisse des
Kindes in diesem Augenblick? (Wir bitten, neben der allgemeinen
Körperbeschreibung speciell die Form und Größe des Kopfes,
den Gesichtsausdruck, Augen, Mund und das Gehörorgan berücksichtigen zu wollen). 13. Kann das Kind unterscheiden,
begreifen, sprechen oder kann es, wenn es nicht spricht, sich
sonst deutlich machen? Versteht es das, was man zu ihm
spricht? Hat es schon Schulunterricht erhalten und mit welchem
Erfolg? Hat es zu leichten Dienstleistungen benutzt werden
können? Wie sind seine Anlagen? Hat es Gedächtniß? Nach=
ahmungstrieb? 14. Wie ist seine Gemüthsart? Ist es willig
oder störrig, still oder lärmend? Ist es gesellig oder sucht es
gern allein zu sein? 15. Hat das Kind auffallende Angewöh=
nungen, Sonderbarkeiten oder Albernheiten an sich? 16. Hält
das Kind auf Reinlichkeit? Meldet es seine natürlichen Bedürfnisse an? Ist es des Lasters der Onanie verdächtig?
17. Wird das Kind für besserungsfähig gehalten? 18. Ist das
Kind augenblicklich hautrein? — Mehr oder weniger sind die
vorstehenden Fragen in allen Abhörungsbogen der meisten
Idioten = Anstalten enthalten. Wir beschränken uns deshalb
darauf, aus denen der folgenden Anstalten nur diejenigen Punkte
hervorzuheben, auf welche — als auf den früheren nicht be-
rücksichtigte — das Augenmerk der Anmeldungen noch hin-
gelenkt wird. — Neudettelsau: 3. Kurze Beschreibung des
Geburts= und gegenwärtigen Wohnorts in Bezug auf dessen
Bodenverhältnisse, Lage (Erhöhung über dem Meere, ob auf

einer Anhöhe oder in einem Thalgrunde oder Thalabhange,
ob auf der Sonnen- oder Schattenseite; ob frei oder von Wäl-
dern oder Bergen umschlossen), Beschaffenheit des Trinkwassers?
4. Kommen in der Familie Krankheiten vor, die sich von Eltern
auf Kinder forterben, wie Skrophulose (Drüsenanschwellungen,
Geschwürbildungen, Augenentzündungen, Knochenfraß), Syphilis
oder Lungenkrankheiten? An welchen Krankheiten sind bereits
Familienglieder gestorben? 2c. 6. Hat das Kind die Fraisen
oder sonst entzündliche Affectionen des Gehirns und seiner
Häute durchgemacht? Erhielt das Kind geistige Getränke,
Branntwein oder einschläfende und betäubende Mittel, z. B.
Abkochung von Mohnköpfen u. dergl.? — Rastenburg:
3. Ist das Haus der Eltern massiv, mit Souterrain? — 5. In
welchem Jahr haben die Eltern geheirathet? — 21b. Ahmt
das Kind auf Befehl Naturlaute nach? c. Gebraucht es ein-
silbige Wörter, um bestimmte Dinge zu bezeichnen? d. Spricht
es Thätigkeitswörter, wenn auch selten und schwer verständlich?
e. Kann es einen einfachen Satz nachsprechen? f. Spricht es
alle einzelnen Wörter oder vielleicht ganze Sätze richtig nach,
aber ohne Aufforderung, ohne inneren Zusammenhang zur un-
passenden Zeit? — 24. Orientirt es sich im Raume? Malt
es gern mit Kreide oder Bleistift? — Erkerode: Hat es
Sinn für Musik? Kann es singen? — Von allen vorstehenden
Fragen geben der Stettener und der Mariaberger Fragebogen nur einen kurzen, einfachen Auszug. Ebenso einfach
sind fast die Punkte, auf welche Duncan und Millard (a. a.
O., pag. 191) das Augenmerk der Auskunft-Ertheilenden hin-
richten: Name — Wohnung — Geburtsdatum — Muthmaß-
liche Ursache des Blödsinns — Kurze Geschichte 1. physische.
— Temperament — Haarfarbe — Augen und Sehkraft. —
Gesichtsfarbe — Form des Kopfes — Entfernung von Ohr
zu Ohr über den Schädel — Abstand des Vorder- und Hinterkopfes, größter und kleinster Durchmesser — Weite des Vorder-
kopfes — Umfang über den Ohren — Weite der Brust —
Tiefe der Brustkörperbewegungen — Muskelkraft — Gang —
Allgemeinbefinden — Appetit — Zähne — Lippen — Größe,
ob dem Alter entsprechend — Gewicht — Gehör — Geruch
— Tastsinn — Gefühl — Gebrauch der Finger — Gebrauch
von Messer und Gabel — Das Kauen — Kann es sich an-

kleiden — Reinlichkeit — Stimm=Organ — Sprache — Schlaf — Circulation des Blutes — Empfänglichkeit für Kälte und Wärme 2. psychisch=moralische. Geistige Entwickelung ob dem Alter entsprechend. — Gewohnheiten — Gemüth — Selbst= erhaltungstrieb. Gedächtniß — Fassungskraft — Aufmerksam= keit — Nachahmung — Beobachtungsgabe — Sinn für Recht und Unrecht — Religiöser Sinn — Kenntniß der Uhr — Kenntniß von rechts und links — Kenntniß des Geldes — Musik — Liebe zu Bildern — Liebe zu Kleidungsstücken — Lesen — Schreiben — Rechnen — Allgemeine Kenntnisse — Nützliche Beschäftigung — Eigenthümlichkeiten und Neigungen — Lieblings=Gegenstände — Verhalten — Fortschritte. — Am tiefsten geht in's Detail „das Regulativ für die Abfassung ärztlicher Gutachten für die in die Erziehungs= und Pflege= Anstalt zu Langenhagen aufzunehmenden geistesschwachen und blödsinnigen Kinder". I. Personalien: Name, Vorname, Alter, Religion, Geburts= und Wohnort. — Alter, Stand und Vermögen der Eltern. Wie viel Geschwister sind dem Kinde vor=, wie viel nachgeboren? II. Beschreibung des körper= lichen und geistigen Zustandes des kranken Kindes. 1. Körperlicher Zustand. Größe und Entwickelung des ganzen Körpers; ob dem Alter entsprechend oder nicht? Ebenmaß, Fettreichthum, Muskulatur, Gesichtsfarbe. Größe und Form des Kopfes, Gesichtsbildung. Sinnesorgane. Sprache. Be= wegungen: Stehen, Gehen, Laufen ꝛc. Gebrauch der Hände. Brust, Hals, Rückgrat, Unterleib, Geschlechtstheile, Arme, Beine, Haut, Zunge, Gaumen. Appetit, Verdauung. Harn=Organe (Incontinentia urinae), Athem, Circulation. Geschlechts= funktionen, Onanie. Schlaf. 2. Geistiger Zustand. Apathische (stupide, torpide) oder aufgeregte (verwirrte, erethische) Form des Blödsinns; geringerer oder höherer Grad; partieller Blöd= sinn. Gesichtsausdruck. Instinkt, Wahrnehmen, Vorstellen, Be= greifen, Urtheilen. Gedächtniß, Nachahmung, Gemüth, Willen. — Behufs Erforschung aller dieser Eigenschaften sind beispiels= weise folgende Fragen zu stellen:

1. Zeigt sich Nahrungs= und Selbsterhaltungstrieb?
2. Beschäftigt sich das Kind? womit? Spielt es für sich? mit anderen Kindern?

3. Kann es eine Bewegung nahahmen? einen Laut, ein
Wort oder einen Satz nachsprechen? Wie weit ist die
Sprache entwickelt?

4. Versteht es den Inhalt des Gesprochenen?

5. Kann es eine Bestellung ausrichten?

6. Hat es Sinn und Gedächtniß für Melodien?

7. Wie drückt es seine Wünsche und Bedürfnisse aus?
Weiß es eine einfache Frage zu beantworten oder
wiederholt es nur die Frage?

8. Kennt es seine Eltern, Geschwister, seine Umgebung?

9. Zeigt es Anhänglichkeit für dieselben? für Thiere?

10. Kennt es seine Namen?

11. Kennt es Farben, Formen, Zahlen? Hat es einen
Begriff von der Zeit (Tag, Nacht, Jahreszeiten 2c.)?

12. Ist es launig, eigensinnig, rachsüchtig, boshaft, folgsam?
wie verhält es sich bei Verboten, gegen Strafen?

13. Zeigt es gefährliche Bestrebungen, Sonderbarkeiten?

14. Hat es Lieblingsbeschäftigungen, besondere Talente?

15. Hat es Kenntnisse, Fertigkeiten (Lesen, Schreiben,
Zeichnen, Stricken 2c.)?

16. Kann es sich ankleiden, waschen? ist es reinlich?

u. s. w.

3. Sonstige körperliche Leiden und Complicationen. —
Epilepsie, Paralysen, Contracturen, Veitstanz, sonstige krank=
hafte Zustände. Skropheln, Rhachitis, Tuberkeln, Katarrhe
(Lungen=, Magen=, Darmkatarrhe), Augenentzündungen, Otitis,
Hernien, Mastdarmvorfall, Kropf, Ausschläge, Geschwüre,
Furunkeln, Krätze, Ungeziefer u. s. w. u. s. w. III. Ursachen,
Entwickelung der Krankheit. Anamnese. — Erbliche
Anlage. Kommen in der Familie des Vaters oder der Mutter
Seelenstörungen, sonstige Fälle von Idiotismus, Gehirn=,
Rückenmarks= oder Nervenkrankheiten (Epilepsie, Veitstanz,
Hysterie, Hypochondrie 2c.), Schwerhörigkeit oder Taubstummheit
vor? — Sind sonstige Krankheiten, namentlich Tuberkeln, in
der Familie erblich? Gesundheitszustand und geistige Phy=
siognomie der Eltern und Geschwister. Sind die Eltern unter=
einander verwandt und in welchem Grade? Wie alt sind die=
selben? Sind Vater oder Mutter dem Trunke ergeben? —
Schwangerschaft, Geburt, Lactation — Geistige oder mechanische

Einflüsse auf die Mutter während dieser Zeit. Deprimirende Gemüthsaffecte. Schwere Geburt wegen hohen Alters der Mutter, wegen engen Beckens 2c. Anwendung der Zange, Wendung, Fuß= oder Steißlage des Kindes, Umschlingung der Nabelschnur, Eindruck am Kopf des Kindes. — Endemische Anlage. Malaria. Sumpfboden, Gebirge, Trinkwasser, Woh= nung, Sonne. Reinlichkeit. Armuth der Eltern. Verwahr= losung des Kindes, schlechte Ernährung 2c. — Fötaler Bildungs= mangel des Gehirns. Vorzeitige Verwachsung der Schädelnähte. Oertliche Erkrankung des Gehirns: Meningitis, Encephalitis, Apoplexie, Hydrocephalus u. s. w. Eclampsie, Epilepsie. Sonstige acute oder chronische Krankheiten: Masern, Scharlach, Typhus, Pertussis, Endocarditis, Skropheln, Rhachitis, Tuber= keln, hereditäre Syphilis. — Vorzeitige geistige Anstrengung des Kindes, Schreck, Angst, Onanie — Ist der Blödsinn an= geboren oder erworben? In welchem Alter wurde er zuerst bemerkt? Trat er plötzlich oder allmählich auf? Zeigt er einen progressiven, stationären, oder retrograden Charakter? Wann lernte das Kind sprechen, gehen? Konnte es sprechen und gehen, als die Krankheit eintrat, und verlernte es dasselbe wieder? u. s. w. — IV. Diagnose, Prognose, bisherige Behandlung und Begründung des Antrags um Auf= nahme in die Anstalt. Bestimmung des Grades (geringerer oder höherer Grad), Unterschied von Taubstummheit. — Ist das Kind bildungsfähig? Begründung dieser Ansicht. Hat eine ärztliche und pädagogische Einwirkung stattgefunden? Worin hat dieselbe bestanden? Weshalb ist die Aufnahme des Kindes in die Anstalt wünschenswerth oder erforderlich? Ist es besserungsfähig, gefährlich, störend oder sehr hülflos? Gehört es in die Erziehungs= oder Pflege=Anstalt? — V. Transport in die Anstalt und Nachweisung über Einziehung etwa noch erforderlicher sonstiger Erkundigungen. Wie ist das Kind in die Anstalt zu transportiren? Wer kann weitere Auskunft über das Kind geben? (Verwandte, Bekannte, Aerzte, Geistliche, Lehrer, Ortsvorsteher u. s. w. namhaft zu machen).

4. Die Verschiedenheit der einzelnen Fälle macht es noth= wendig, daß der mit dem augenblicklichen inneren Anstalts= zustande bekannte Director über die Aufnahme mitentscheide. Er allein weiß um die Zusammensetzung der vorhandenen

Abtheilungen, um die Verwendung des Personals, ist also
allein im Stande, zu bestimmen, ob das angemeldete Kind
sofort ohne Nachtheil für sich und Andere irgendwo eingeführt
werden kann, oder ob seine Aufnahme erst Aenderungen, neues
Personal ꝛc. nothwendig macht. Fälle, bei denen nur innere
Gründe für oder wider die Aufnahme sprechen können, möchten
ihm zur alleinigen Entscheidung zu überlassen sein, während
diejenigen, bei denen höheres oder geringeres Kostgeld, besondere
äußere Ansprüche ꝛc. in Frage kommen, der gemeinsamen Ent=
scheidung durch ihn und den Vorstand bedürfen.

5. Ueber die Aufnahme ist eine schriftliche Urkunde aus=
zustellen. Einzelne Anstalten lassen dieselbe durch die „Auf=
nahme=Bedingungen", welche von den Eltern oder Pflegern
zu unterzeichnen sind, vertreten (z. B. die Kückenmühle); andere
legen eine eigene Urkunde zur Unterschrift vor. Die letztere
lautet in der Langenhagener Anstalt: „Nachdem ich beschlossen
habe, meinen —jährigen Sohn N. N. aus X. von — — —
an der Erziehungs= und Pflege=Anstalt für geistesschwache
Kinder zu Langenhagen zu übergeben, verpflichte ich mich hier=
durch, die auf jährlich — — Thaler festgesetzten Verpflegungs=
kosten desselben, so lange er sich in der Anstalt befinden wird,
in halbjährlichen Raten praenumerando an die Anstalt zu
zahlen und meinen Sohn bei seinem Austritt aus der Anstalt
rechtzeitig auf meine Kosten abholen zu lassen. Datum. Unter=
schrift. — Die eigenhändige Unterschrift des ꝛc. wird hierdurch
bescheinigt. Unterschrift der Obrigkeit oder des Gerichts. —
Die Aufnahme=Bedingungen, welche entweder unterzeichnet oder
vor Unterschrift des Contractes ausgehändigt werden, enthalten
natürlich bei allen Anstalten die Festsetzung des Kostgeldes,
außerdem aber auch die Specifikation der mitzubringenden Klei=
dung, deren Lieferung in natura hier und da (z. B. in Alster=
dorf ganz oder theilweise) in Geld abgelöst werden kann (ganze
Bekleidung 96 Mk.) und die bei einzelnen Anstalten vor=
kommendenfalls ergänzt wird, während andere die Nachlieferung
neuer Kleidung auf Kosten der Eltern beanspruchen. Ueberdies
haben manche Anstalten in jene Aufnahme=Bedingungen einzelne
Parthieen der Hausordnung aufgenommen (z. B. über Trink=
gelder, Besuche, über Leistungen im Todesfall ꝛc.). Die meisten
nehmen auch auf die Kündigungsfrist Bedacht (Gladbach, Stetten,

Alsterdorf ¹⁄₄ Jahr, Rückenmühle 4 Wochen). Am meisten
möchte es sich empfehlen, den Eltern und Angehörigen bei
Unterzeichnung des Vertrages einen Auszug aus der Haus=
ordnung zu übergeben.

§ 32.

Die Zöglinge werden entweder entlassen, wenn sie so weit fort=
geschritten sind, daß sie außerhalb der Anstalt ihr Fortkommen finden
oder, wenn ihr Verbleiben in derselben sich mit dem Anstaltsleben nicht
verträgt. Dem unzeitigen Zurücknehmen derselben abseiten der Angehörigen
oder Derer, denen die Unterbringung oblag, ist nach Kräften entgegen=
zuwirken.

1. Der erstere der erwähnten Entlassungsgründe ist mit
der größten Behutsamkeit zu behandeln, weil einerseits von
außen her die Entlassung der Geheilten oder in der Heilung
Begriffenen oftmals vorzeitig gefordert wird und andererseits
die Erfahrung vorliegt, daß das günstige Resultat der Anstalts=
erziehung zum großen Theil in der Anstaltsatmosphäre mit=
begründet ist, dasselbe also leicht in anderer Gestalt hervortritt,
wenn diese Atmosphäre plötzlich durch eine andere ersetzt wird.
Hier zeigt sich am meisten das Wünschenswerthe oder Noth=
wendige der Verbindung unserer Idioten = Anstalt mit einer
Anstalt für Vollsinnige. Sofern nämlich beide Anstalten von
demselben Geiste durchweht werden, wird nun die letztere die
geeignete Vermittelung zwischen dem früheren Zustande und
demjenigen bilden, für welchen der zu entlassende Zögling be=
stimmt ist. Wo aber kein anderer als der directe Uebergang
möglich ist, ist bei Untersuchung der Entlassungsfähigkeit noth=
wendig in Anschlag zu bringen, daß dieser Uebergang aller
Wahrscheinlichkeit nach zunächst mit einem Rückschritt, wenigstens
mit einem Stillstand der inneren Entwickelung verbunden sein
wird. Für lutherische Kinder die Confirmationsfähigkeit als
Bedingung der Entlassung festzustellen, empfiehlt sich um
deswillen nicht, weil dieser Maßstab durch die Hände, die ihn
führen, ein sehr unsicherer ist und seine Anwendung nicht blos
einzelne Kinder, sondern auch vielfach die betreffende kirchliche
Handlung beeinträchtigen kann.

2. Die Anstalt kann auch in die Lage kommen, Individuen
— bisweilen schon bald nach ihrer Aufnahme — zu entlassen,

wenn sich nämlich herausstellt, daß ihr Zustand ein complicirter ist und die Complication des Blödsinns mehr als dieser Berücksichtigung findet. Demgemäß werden Tobsüchtige an Irren-Anstalten, manche Idioten geringeren Grades, bei denen verschmitzte Diebereien zum Lebenselemente gehören, an Rettungshäuser, andere, die eine Hospital-Behandlung fordern, an Krankenhäuser für immer oder vorübergehend abzugeben sein. Es kommt auf die Organisation der einzelnen Idioten-Anstalten und auf das Vorhandensein oder Nichtvorhandensein besonderer Institute für Epileptische an, ob sie solche, bei denen mehr die Epilepsie als der Blödsinn die Unterbringung in einer Anstalt bestimmte, behalten oder den letzterwähnten Instituten zuwenden wollen. Wo übrigens Taubstummheit und Idiotie combinirt auftreten, möchte mehr die Idioten- als die Taubstummen-Anstalt die berechtigte und verpflichtete Pflegerin sein, vorausgesetzt, daß sie nicht blos Heil-, sondern auch Pflege-Anstalt sein will.

3. Wenn Idioten-Anstalten sich die Aufgabe stellten, nur Bildungsfähigen zu dienen, so liegt es in der Natur der Sache, daß sie Diejenigen, welche sich in der Anstalt als Bildungsunfähige darstellen, ausscheiden. Anstalten dieser Art kommen hier nicht in Betracht. Aber welche auch demjenigen Zögling dienen würden, der sich bei den verschiedenen Unterrichtsversuchen als für die Schule nicht qualificirt zu erkennen gab, müssen oft die Erfahrung machen, daß man den Dienst in diesem Falle als keinen wesentlichen ansieht. Angehörige, ja auch Behörden, pflegen Zöglinge, an denen sich die Idiotenschule als unfruchtbar erwies, sehr bald abzumelden. Die Anstalt wird wohl thun, diesen Abmeldungen mit Vorstellungen zu begegnen, event. Gutachten des Physikats oder der Sanitätsbehörden für die einzelnen Fälle vor der Entlassung zu veranlassen. Dasselbe gilt von denjenigen Abmeldungen, deren Grund darin liegt, daß die Fortschritte der Bildungsfähigen nicht schnell genug vor sich gehen, wobei sehr häufig der Umstand mitwirkt, daß schon bei der Uebergabe ihres Kindes an die Anstalt die meisten Eltern ihr Kind in einem bei Weitem günstigeren Lichte als alle in der Anstalt vorhandenen Zöglinge ansehen. In vielen Fällen wird hier der einzige Trost der Direction der sein, daß es etwas giebt, wogegen selbst die Götter vergeblich kämpfen.

4. Im Interesse der Anstalt ist es, bei der Entlassung ein Protokoll über den psychischen und physischen Zustand des Zöglings, über seine körperliche Reinlichkeit u. s. w., sowie über das Inventar, das ihm mitgegeben wird, aufzunehmen und dasselbe von Dem, der ihn empfängt, unterzeichnen zu lassen.

§ 33.

Für diejenigen Zöglinge, die der Idiotenschule entwachsen, ist durch eine Fortbildungs- und Beschäftigungs-Anstalt möglichst Sorge zu tragen.

1. Die Anstalt, die wir hier erwähnen, ist nur ein Theil der Idioten-Anstalt. Wir denken nicht daran, eine Abgabe von Zöglingen an Werk- und Arbeitshäuser, die für sich allein stehen, zu befürworten. Wir würden es für eine Unbill halten, diejenigen Kinder, die ob ihres Schwach- oder Blödsinns erst Idioten-Anstalten übergeben wurden, wenn diese ihre Arbeit vollbracht haben, dahin zu führen, wo Taugenichtse, Säufer 2c. zur Arbeit angehalten werden. Behörden werden zu dieser Versetzung leicht aus finanziellen Gründen veranlaßt. Dem- gegenüber hat aber die Verwaltung der Idioten-Anstalt den Versuch zu machen, ob sie nicht die Kräfte dieser Zöglinge so verwerthen kann, daß der Unterschied zwischen dem Kost- geldsatz ihrer Arbeitsstätten und dem der anderweitigen öffent- lichen Arbeitshäuser auf ein Minimum zu reduciren sei.

2. Diese Fortbildungs- und Beschäftigungs-Anstalt ist theilweise schon in derjenigen vorhanden, welche für die Besucher der Schule und die schulfreien Stunden derselben eingerichtet ist. Doch auch nur theilweise, sofern nämlich einerseits diese Zöglinge ganz den Arbeitsstätten angehören, welche die Besucher der Schule nur in einigen Stunden frequentiren, und anderer- seits ihnen noch besondere Werkstätten geöffnet werden können, für welche die Arbeitskräfte der noch jüngeren Zöglinge nicht ausreichen. Ein Theil derselben wird die für sie geeignete Fortbildungs- und Beschäftigungs-Anstalt in den häuslichen Verrichtungen besitzen, zu denen sie herangezogen werden, wäh- rend ein anderer da, wo das Colonisations-Princip durchgeführt und demnach mit der Anstalt eine Anzahl von Privatwohnungen verbunden ist, in diesen die Gelegenheit finden wird, seine Kräfte in entsprechender Weise zu verwerthen*).

---

*) Vgl. auch Georgens' Heilpädagogik II., pag. 542, fgg.

3. Ob dieser Zweig der Anstalt auch Solchen zu öffnen, welche nicht aus ihr selbst hervorgingen, ob also eine directe Unterbringung in ihr zu gestatten sei, wird theils nach der Gestaltung der Anstalt selber, theils mit besonderer Berücksichtigung der einzelnen Fälle zu entscheiden sein. Principiell möchte sich gegen solche Benutzung nichts einwenden lassen.

2. Die Angestellten.

§ 34.

Lehrer und Lehrerinnen mit specieller Vorbildung auf den Beruf der Blödenerziehung wird eine Anstalt selten erlangen. Es ist deßhalb für die Ausbildung der Eingetretenen innerhalb derselben Sorge zu tragen. Unter Umständen wird die Verbindung des Lehrer- und Wärterberufes in derselben Person (Lehrer-Wärter) zu empfehlen sein. Völlige Hingabe an den Beruf, Umsicht, Ausdauer und Geduld sind neben den gewöhnlichen die besonderen Erfordernisse Derer, welche Idioten unterrichten und erziehen.

1. Das für den Idioten-Unterricht erforderliche Wissen wird wohl bei jedem Volksschullehrer vorhanden sein. Anders aber verhält es sich mit der Methodik. Wer gewohnt ist, daß der Schüler die nothwendige Empfänglichkeit ihm entgegenbringe, wird nicht sofort über alle zur Erweckung der Aufmerksamkeit, zur Deutlichmachung der Mittheilungen erforderlichen Mittel verfügen. Das Seminar berücksichtigt den Unterricht anderer abnormer Kinder, z. B. der Taubstummen, aber noch nicht den der Idioten; auch ist noch keine Literatur vorhanden, die dem Lehrer der Blöden die genügende Anleitung gäbe. Daher empfiehlt es sich, daß die größere Anstalt sich ihre Lehrer selbst ausbilde, es sei durch eine Präparanden-Anstalt (Alsterdorf) oder durch einen Cursus, den die Lehrer der Anstalt innerhalb derselben durchzumachen haben. Eine Idioten-Anstalt aber, die ein Präparandeum mit sich verbunden hat, wird mit den Eleven desselben nicht ausreichen, da sie jedenfalls Klassen haben wird, welche die Lehrkraft eines jugendlichen Präparanden nicht genügt. Keine Idioten-Anstalt größeren Umfangs wird in der Lage sein, so viele seminaristisch gebildete ältere Lehrer anzustellen, wie die Zahl der Schüler

erheischt, da diese eine Vertheilung in möglichst kleine Klassen fordern.

2. Um dem letztgenanten Uebelstande abzuhelfen, ist wohl auch die möglichst umfangreiche Verwendung weiblicher Lehr=kräfte versucht. Gewiß ist dieselbe nicht bloß aus pecuniären Gründen zu empfehlen. Die Vorschule, die vorbereitenden Kindergärten werden gewiß am vortheilhaftesten von weiblichem Personal besorgt, nicht minder die Elementarklassen der weib=lichen Schüler. Aber bei den größeren Knaben wird schon die Disciplin eine männliche Kraft erheischen und eher bei Lehrern als bei Lehrerinnen die richtige Beherrschung des Lehrstoffs zu erwarten sein.

3. Wenn in den sog. Brüder= und Diakonen = Anstalten die meistentheils dem Handwerkerstande angehörigen Zöglinge auch Anleitung zum Unterrichten empfangen, um späterhin das Erlernte beim Unterricht in Rettungshäusern verwerthen zu können, so darf man wohl annehmen, daß dieselben im Besitze eines Lehrstoffs sind, der auch für den Idioten = Unterricht ge=nügt. Solche Lehrer würden dann zugleich den Wärterdienst mitbesorgen können, vorausgesetzt, daß sie die methodische Befähigung schon besitzen oder noch in der Anstalt empfangen, ihren Lehrstoff auch schwachbegabten Kindern nahe zu bringen. Ist dies der Fall, so wird es jedenfalls manchen wesentlichen Vorzug haben, wenn Unterricht, Pflege und Arbeits=Anleitung in derselben Hand liegen. Auf Spaziergängen und in Frei=stunden läßt sich auf das im Unterricht Vorgekommene recurriren; der Wärter kann oft auf dem Wege der Pflege beseitigen, was ihm als Lehrer bei diesem oder jenem Kinde ein Hinderniß der Aufmerksamkeit war. Unterricht und Erziehung werden einander näher gerückt und die ganze Arbeit an dem Kinde wird mehr aus Einem Guß. Auch ist die Gefahr beseitigt, die dort, wo Lehrer und Wärter verschiedene Personen sind, so leicht eintritt, daß jene sich als Herren erheben, während diese zu Hausknechten herabgedrückt werden. Indessen wird es einstweilen von Zu=fälligkeiten abhängen, ob eine Anstalt solche Lehrer = Wärter halten kann. Die weitere Einführung des Instituts würde nothwendig machen, daß die Anstalt eine Brüder = Anstalt mit sich verbände, in der sie sich die nothwendigen Kräfte heran=zöge, was aber nicht ohne besondere Schwierigkeiten ist.

§ 35.

Die Wärter und Wärterinnen müssen liebevolle, reinliche, bestimmte und pünktliche Personen sein von einer kräftigen Gesundheit und mit diätetischen Kenntnissen und mancherlei Handfertigkeiten begabt.

1. Diejenigen, welche einer Abtheilung vorstehen, werden meistentheils Wärter und Wärterinnen genannt. Manchen ist diese Bezeichnung unliebsam, vielleicht nicht gerade aus triftigen und anerkennungswerthen Gründen. Sie sehen eine zu große Kluft zwischen sich und den Lehrkräften und möchten „Erziehungs= gehülfen" heißen. Wir geben zu, daß der Name „Wärter" nicht ganz der gestellten Aufgabe entspricht. Wenn derselbe an die Bezeichnungen „Aufpasser, Aufseher" erinnert, so beschränkt er sich gar zu sehr auf das Aeußerliche des Dienstes. Ein solcher würde seinem Rufe z. B. genügen, wenn er in den Freizeiten bei den Kindern sitzend nur darauf achtete, daß sie keinen Schaden nehmen und anrichten. Würde man aber er= warten, daß er die feiernden Kinder anregte, daß er den arbeitenden ein Vorarbeiter sei, so übt er eine Thätigkeit, die über die des Aufsehers und Wärters hinausgeht, und die man eher als die eines „Pflegers" bezeichnen könnte. Wenn wir den üblichen Ausdruck „Wärter" beibehalten, so geben wir doch der Bezeichnung „Pfleger" den Vorzug.

2. Die speciellen Aufgaben der Wärter und Wärterinnen werden verschiedene sein je nach der Beschaffenheit der ihnen anvertrauten Pfleglinge. Abtheilungen, die zarte, körperlich sehr gebrechliche Kinder umfassen, stellen an die bedienenden Kräfte andere Forderungen, als solche, die in physischer Hinsicht sich mehr oder weniger selbst helfen können und arbeitsfähig sind. Demnach wird eine Anstalt Kräfte nöthig haben, die sich auf den Krankenpflegerdienst, und solche, welche zu bestimmten Arbeiten anzuleiten verstehen. Bei aller solcher Verschiedenheit der Fähigkeiten und Begabung wird es aber doch gewisse Haupterfordernisse geben, die Allen gemeinsam sind. Abgesehen von diesen wird sich eine Vielseitigkeit der Befähigung empfehlen, damit es der Direction möglich sei, dieselben Kräfte an verschiedenen Plätzen zu verwenden, wodurch dann nicht blos die nöthige Aushülfe in Nothfällen geschaffen, sondern

auch die Einseitigkeit in der Pflege der einzelnen Abtheilungen verhütet wird.

3. Soll die Pflege der Aermsten unter den Armen die rechte sein, so muß die Loosung der Pfleger und Pflegerinnen sein: „Die Liebe Christi dringet uns also!" Die dankbare Liebe gegen den Herrn, dessen Wohlthaten man thatsächlich in etwas vergelten möchte, muß den Antrieb zu diesem schweren, doch aber seligen Beruf hergeben. Alle Arbeit, die diesen Ursprung nicht hat, ist Miethlingsarbeit. Leute, die eine Pfleger= stelle suchen, nur weil sie außer Condition sind oder weil sie ihren bisherigen Beruf satt haben oder weil sie gar das Anstalts= leben für ein bequemeres halten, sind für das Engagement durchaus ungeeignet. Ebenso wenig ist freilich die Qualifi= kation nachgewiesen durch das bloße Reden von der Liebe Christi und durch Nachweise von der Zugehörigkeit zu gewissen religiösen Vereinen und Körperschaften.

4. Eine falsche Liebe hält oft die Anforderungen an Pünktlichkeit und gewisse Ordnungen für minder wesentlich. Die wahre Liebe aber offenbart sich darin, daß sie es pünktlich und genau mit dem Dienste nach allen Richtungen hin nimmt. Im Gegensatz zu weichlicher Sentimentalität ist sie bestimmt und consequent, im Gegensatz zu Härte und Schroffheit offen= bart sie sich mild und schonend. Nicht die eigene Bequemlichkeit suchend ist sie eine demüthig dienende, die es an der Geduld nicht fehlen läßt.

5. Wo das Herz auf dem rechten Flecke ist, da empfängt der Mensch eine eigene Bildung, die man wohl Herzensbildung genannt im Gegensatz zu derjenigen Bildung, die nur von der Intelligenz ausgeht. Diese Herzensbildung darf Keinem fehlen, dem man geistig schwache Kinder anvertraut. Ueberhaupt aber wird man gut thun, die helfenden Kräfte nicht den niedrigsten Culturstufen zu entnehmen.

6. Körperliche Schwächlichkeit darf einem Wärter und einer Wärterin um so weniger Hinderniß des Dienstes sein, als derselbe zu Zeiten nur mit körperlichen Beschwerden geleistet werden kann. Namentlich machen leicht afficirte Nerven un= tauglich zu dieser Arbeit. Auch Schwäche einzelner Sinnes= werkzeuge, besonders der Augen, begründen Dienstuntüchtigkeit.

7. Die Anleitung zur männlichen und weiblichen Hand=

arbeit wird meistentheils selbst da, wo noch ein dritter Stand, der der Arbeitslehrer und Handwerker, vorhanden ist, den Wär= tern und Wärterinnen zufallen, daher wird bei der Anstellung derselben darauf Bedacht zu nehmen sein, daß sie, wenigstens einzelne von ihnen, das Geschick haben, die Mädchen im Stricken, Nähen, Stopfen und Flicken, die Knaben in Garten= und Feld= arbeiten oder bei einzelnen Industriearbeiten, Korbmachen, Rohr= flechten u. s. w., je nachdem sie in der Anstalt betrieben werden, anzuleiten.

§ 36.

Außer den Lehr= und Pflegekräften hat die größere Anstalt ein für die Wirthschaft erforderliches Personal und Dienstboten. Außer der Tüchtigkeit für ihren Beruf kommt es wesentlich in Betracht, daß Jeder von dem Geiste, der das Anstaltsleben durchdringt, erfüllt, wenigstens nicht mit ihm im Widerspruche sei.

1. Hat die Anstalt Feld= und Gartenwirthschaft, so werden ein Oeconom, ein Gärtner nothwendig sein; sie wird außerdem für das Bau= und Bekleidungswesen ihre dem Personal ange= hörige Handwerker haben; überdies erfordern die Küche und die Wäsche eigene Bedienstete. Die in diesen Stellungen Be= findlichen arbeiten mit Anstaltszöglingen, werden auch vielleicht herangezogen, die Wärter und Wärterinnen an ihren dienst= freien Tagen abzulösen. Insofern haben sie auch gegen die Insassen dieselben Obliegenheiten, wie die, welchen diese zur Lehre und Pflege anvertraut sind.

2. Da diese Obliegenheiten aus dem Geist, welcher die Anstalt durchdringt, resultiren, so folgt von selbst, daß auch die erwähnten Angestellten von diesem Geiste durchdrungen sein müssen oder daß, wenn man es bei Manchen nicht voraussetzen kann, diese wenigstens nichts an sich haben, was mit jenem Geiste im Widerspruch steht.

3. Am günstigsten ist eine Anstalt daran, wenn sie ihre Knechte und Mägde sich aus ihren eigenen Zöglingen heran= bilden kann, und sie hat darnach zu streben. Wo dies nicht der Fall, hat sie freilich sich mit den gewöhnlichen Dienstboten zu behelfen. Bei der Schwierigkeit, diese zu gewinnen, empfiehlt es sich, die Zahl der Wärterinnen so zu vermehren, daß die Arbeit der Küche und Wäscherei und die Hausarbeit auf sie

nach einem Turnus mitvertheilt werden kann. Ein Gleiches jedoch wird mit dem männlichen Wartpersonal im Blick auf die Feldwirthschaft weniger zu erreichen sein, da die ständige Arbeit der Knechte beim Viehstande durch einen Turnus unter den Wärtern nicht ersetzt werden kann. Gelingt es aber dem Deconomen, aus seinen Zöglingen solche herauszubilden, denen er die Gespanne oder das Milchvieh zu selbstständiger Besorgung anvertrauen kann, so ist er durch die ermöglichte Entlassung der Knechte eines für die Zöglinge oft so nachtheiligen Ferments entledigt.

4. Die oberen Verwaltungsstellen werden meistentheils mit verheiratheten Personen besetzt sein, die in der Anstalt wohnen. Ob die Verheirathung im Interesse der Anstalt sei oder nicht, ist eine offene Frage. Zu Gunsten der Verheirathung wird angeführt, daß die Anstalt durch die Erlaubnißertheilung sich Kräfte erhalte, die sich ihr bereits bewährt haben, und daß die Familie den Unverheiratheten einen Anhalt biete. Gegen die Verheirathung wird geltend gemacht, daß zwei Angestellte, die vorhin ganz der Anstalt gehörten, nach der Verheirathung kaum für anderthalb Arbeitskräfte zu rechnen seien und daß mit den etwaigen Kindern ein Glied in den Anstaltsorganismus komme, das nicht immer ein günstiges sei. — Die Verheiratheten sind nun entweder solche, die Beide angestellt sind, oder solche, von denen nur der eine Theil Anstaltsdienste zu versehen hat. Was die Kinder derselben anlangt, so verfügt die Dienst= anweisung für die Anstalt zu Langenhagen wie folgt: „Die Angestellten sind für ihre eigenen Kinder in jeder Beziehung verantwortlich und kann selbstverständlich der Dienst in der Anstalt nicht mit der Wartung der eigenen Kinder vereinigt werden. Insbesondere müssen sie dafür sorgen, daß die Kinder niemals ohne genügende Aufsicht sind, daß dieselben nicht in der Anstalt umherlaufen, daß dieselben ihr Spielzeug oder andere Sachen nicht umherliegen lassen, daß dieselben der Anstalt gehörige Gegenstände, Werkzeuge u. s. f. nicht ohne Erlaubniß benutzen, oder gar wegschleppen und verderben, daß dieselben in den Anlagen und Gärten der Anstalt nichts abreißen, daß dieselben nicht fremde Kinder in die Anstalt führen u. s. w. Im Allgemeinen ist so viel als möglich zu verhüten, daß die Kinder der Angestellten mit den Zöglingen öfter und längere

Zeit in Berührung kommen, da dies in der Regel beiden Theilen zum Nachtheil gereicht."

5. Wenn Ein Geist die ganze Anstalt durchdringen soll, so kann die Pflege desselben nicht gedeihen, wenn nicht unter dem gesammten Personal ein enger Zusammenhang stattfindet. Das Vorhandensein amtlicher Conferenzen, die ab und zu einzelne Berufskreise zusammenführen, genügt nicht. Es muß bei diesen Vereinigungen, wenn sie erfolgreich sein sollen, zugleich der Geselligkeit Rechnung getragen werden. Wir empfehlen die Vereinigung zu einem Jünglings- und zu einem Jungfrauen-Verein, wie sie in Alsterdorf stattgefunden hat. Wenn innerhalb der Zusammenkünfte die Pflege des Gesanges und der Musik stattfindet, zu gegenseitigem Gedankenaustausch Gelegenheit geboten wird, manche Abende mit belehrenden, unterhaltenden und erbaulichen Vorträgen ausgefüllt werden, so wird dadurch unnützes und oft schädliches Ausgehen verhindert; es erfolgt ein engerer Zusammenschluß unter einander, die Würze der Erholungsstunden hebt über manche Beschwerden des Dienstes hinweg — und die Anstalt erhält dadurch ein zufriedeneres und ständigeres Personal.

2. Das Leben in der Anstalt.

§ 37.

Die Darstellung desselben hat sich mit dem Unterricht, der Beschäftigung, der Erholung, der Gesundheitspflege und dem Verkehr zu befassen und auf die Lokalitäten Rücksicht zu nehmen.

1. Der Unterricht.

§ 38.

Ausgangs- und Gipfelpunkt des Unterrichts zugleich ist der Religions-Unterricht, bei dem nicht bloß die Ausbildung der Intelligenz, sondern vor allen Dingen Einwirkung auf Gemüth und Willen zu erstreben ist. Er beginnt mit der biblischen Geschichte und vollendet sich in der Vorbereitung auf die Confirmation.

1. Während Viele glauben, die Schwachsinnigen seien vor Anderen für religiöse Einwirkung empfänglich, hört man von Anderen sagen: „Wozu das Gedächtniß dieser Kinder mit

Liedern und Sprüchen anfüllen, welche doch in ihrem Leben einer religiösen Erhebung nicht fähig sind?" Der wahre Sach= verhalt ist dieser: Es giebt unter den Schwachsinnigen allerdings Einzelne, bei welchen die Gemüthsseite des Seelenlebens viel mehr verkümmert ist, als die Erkenntnißseite, welche also an eigentlicher Gemüthsstumpfheit leiden und gefühllos bleiben, wenn auch die Erkenntnißkräfte noch bis zu einem gewissen Punkte entwickelt werden können. Gelingt es nicht durch die Einwirkung der Erziehung und des Unterrichts, diese Gemüths= stumpfheit zu heben, so kann sich die eigentliche Vernünftigkeit, also auch ein religiöses Leben nicht entwickeln, und sie sind als Unfreie, als Kranke zu betrachten. Ihre Zahl ist aber gering. Auf der anderen Seite giebt es auch einzelne Schwachsinnige, bei denen das Gemüthsleben über den Verstand bedeutend vor= herrscht; und im Allgemeinen machen wir die Erfahrung, daß das gemüthliche Leben von der Verkümmerung weit nicht so getroffen ist, wie die Intelligenz. Unsere Kinder äußern Dank= barkeit, Anhänglichkeit an die Vorgesetzten, Liebe zu einander, Mitgefühl bei fremden Leiden; beim Anhören biblischer und anderer Geschichten äußern sie je nach Umständen Freude, Theil= nahme, Eifer, Entrüstung u. s. w.; geht ihnen das zur Ent= faltung des höheren Gemüthslebens nöthige Licht auf, so kommt auch ihr Gewissen zur Thätigkeit und sie zeigen, daß sie für die Erkenntniß und die Liebe Gottes empfänglich sind. — — — Thöricht und doppelt verfehlt wäre es, wenn man solche Kinder mit unverstandenem Memorirstoff füllen wollte. In den Ge= schichten, den Bildern und Gleichnissen der heiligen Schrift hat man ein hinlängliches, aber auch durch nichts zu ersetzendes Mittel, die Wahrheit dem Gemüth und Verständniß auch schwachsinniger Kinder nahe zu bringen. Es erprobt sich, daß die Schrift einem Strome gleicht, aus dem das Lamm trinken kann, den aber der Elephant nicht ergründet." Dr. Müller im 7. Winterbacher Bericht, pag. 9.

2. Landenberger, den wir nach eigener Beobachtung als Meister in der Behandlung der biblischen Geschichte bezeichnen müssen, hat im 20. Stettener Bericht die drei Kurse, die er für diesen Unterricht festgesetzt hatte, skizzirt. Im ersten Kursus herrscht die Anschauung vor. Den Kindern wurde der Leichen= zug zu Nain anschaulich gemacht an einem, wie sie ihn in

Württemberg zu sehen gewohnt waren. Der zweite Kursus setzt schon Schüler voraus, „die gern wissen möchten, wie es jenseit der Heimathberge aussieht." Hier wird die Phantasie in Anspruch genommen und der Leichenzug von Nain nach seiner orientalischen Beschaffenheit ausgemalt und geschildert. Im dritten Kursus kommt es auf den Geist in der Geschichte an; der einzelnen Begebenheit wird ihr Verhältniß zur ganzen Reichsgeschichte angewiesen. Hier handelt es sich um die todten= erweckende Kraft des Herrn und ihre Begründung und Wirkung, wenn die Geschichte vom Jüngling zu Nain erzählt wird. Landenberger giebt zu, daß es nur wenige Schüler sind, die sich bis zu dieser Höhe, die der 3. Kursus in Anspruch nimmt, erheben.

3. Für den Anfang des biblischen Geschichts=Unterrichts beschränke man sich auf eine kleine Anzahl von Erzählungen, bediene sich einer einfachen Sprache in kurzen Sätzen, die das Kind leicht wiederzugeben vermag und unterstütze die Auffassung durch anschauliche, womöglich colorirte Bilder." Spruchbüchlein zur bibl. Gesch. u. s. w. von C. Barthold. M.=Gladbach, 1871.

4. Die Anforderungen, welche an die Confirmanden ge= macht werden, sind sehr verschiedener Art. Sie müssen — namentlich bei den Massenconfirmationen in den großen Städten — oft sehr geringe sein. Es sind uns nämlich Anmeldungen für die Idioten=Anstalt vorgekommen, wo gleichzeitig producirt wurden der Schein über die vollzogene Confirmation abseiten des Geistlichen und der Schein des Arztes fast von demselben Datum, daß der Inhaber ein Idiot sei, der nicht zu lesen vermöge und dem das Begriffs= und Combinationsvermögen abgehe. Ist die Confirmation nur die mit einer gewissen Feier= lichkeit verbrämte Entlassung aus der Schule — wie denn auch vielerwärts für „confimirtwerden" gesagt wird: „aus der Schule kommen", so genügt eigentlich die Altersbestimmung. Wir aber können die Confirmation nicht anders ansehen, denn als das Bindeglied zwischen den beiden Sakramenten. Der durch die Taufe in die Christenheit Aufgenommene und de jure der Kirche Angehörige, soll nun auch ihr de facto Angehöriger, ein an allen ihren Rechten und Pflichten Theil habendes Mit= glied sein. Mit der Confirmation erfolgt die Berechtigung zur Theilnahme am heiligen Abendmahl. Spricht man Jemandem

die Befähigung zu, confirmirt zu werden, so muß man wissen, daß man ihn auch zum Genuſſe des heiligen Abendmahles zu=laſſen kann. Dieſem Schluſſe wird von Einigen widerſprochen. Sie weiſen darauf hin, daß es Kirchengebiete giebt, wo die Confirmation und der erſte Abendmahlsgenuß der Zeit nach oft weit auseinander fallen, z. B. am Rhein, Oſtfriesland. Aber die in jenen Kirchengebieten Confirmirten haben in der Confirmation doch das Recht auf das heil. Abendmahl empfangen, wenn ſie auch von dieſem Recht nicht ſofort Gebrauch machen; man darf alſo mit ihrem Beiſpiel nicht eine Confirmation be=gründen, die das Recht, zum heil. Abendmahl zu gehen, dem Confirmirten noch vorenthält. Eine ſolche Confirmation iſt aber eine ganz neue kirchliche Handlung. Eine ſolche zu ſchaffen mag mancher Geiſtliche, namentlich Anſtaltsgeiſtlicher, ſich ver=ſucht fühlen, wenn manche Eltern in ihn dringen, ihr Kind nicht unconfirmirt in die Welt hinein zu entlaſſen. Aber er hat die Berechtigung nicht, eine ſcheinbare Confirmation an die Stelle der wirklichen zu ſetzen. Eine Verkürzung der in der Confirmation liegenden Rechte kann dem ſubjectiven Er=meſſen nicht überlaſſen ſein. Anders liegt die Sache, wenn wir auf die Vorbedingungen für die Zulaſſung zur Confirmation blicken. Die Feſtſtellung dieſer wird nicht ohne ſubjectives Erachten des confirmirenden Geiſtlichen zu beſchaffen ſein. Darum wird die Hauptfrage ſein: Was muß man bei dem Confirmanden vorfinden, wenn man ihm das Recht, confirmirt zu werden und zum heil. Abendmahl zu gehen, zuſprechen ſoll? Wie weit kann man die Anforderungen beſchränken? — Der=jenige Geiſtliche, der außerhalb aller ſonſtigen Beziehungen zu den Confirmanden ſteht, wird ſich auf das Feld des Wiſſens beſchränken müſſen. Er wird nur auf den Grad des Ver=ſtändniſſes Rückſicht nehmen können, den der Confirmand in Bezug auf die Lehren des Chriſtenthums beſitzt. Daß auch bei ihm dieſe Rückſicht nicht die alleinige iſt, beweiſt er dadurch, daß er, wenn ihm Material für andere Rückſichten geboten wird, auch dieſen Rechnung trägt. Er wird den Confirmanden, der das beſte Wiſſen in Bezug auf die Lehren an den Tag legt, dennoch nicht confirmiren, wenn ihm z. B. bekannt wird, daß derſelbe während der Vorbereitungszeit das 6. oder 7. Gebot übertrat. Nur der Mangel an Bekanntſchaft mit den

Confirmanden veranlaßt die vorherrschende Rücksichtnahme auf das Wissen. Wo die Stellung zu den Confirmanden eine andere ist, wie bei dem Anstaltsgeistlichen, werden die Gründe für oder gegen die Confirmation von mehreren Gebieten her= genommen und in andere Proportionen gebracht werden. Er kennt das Fassungsvermögen, er weiß, in welchem Verhältniß Verstand und Gemüth zu einander stehen, er ist mit dem sitt= lichen Verhalten des Kindes bekannt. So wird er z. B. den Gedächtnißstarken, der gelernte Sprüche und Liederverse wie ein Uhrwerk zu Tage fördern kann, nicht zur Confirmation zu= lassen, wenn er ihn als Narren kennt, der möglicherweise seiner Narrheit am Tische des Herrn freien Lauf läßt. Dagegen wird er dem frommen Gemüthe, mit dem vielleicht eine ge= ringere intellectuelle Fassungskraft verbunden ist, der er die Klarlegung mancher religiösen Begriffe nicht zumuthen kann, den Zugang zum Altare nicht versperren. Es wird demnach vorkommen, daß innerhalb der Anstaltsgemeinde sich mancher confirmationsunfähig erweist, der außerhalb desselben unbedenklich würde confirmirt werden und umgekehrt. — Wenn demnach für die Bestimmung der Reife zur Confirmation bei den schwach= befähigten Kindern dem subjectiven Ermessen des Geistlichen ein weiter Spielraum gewährt ist, sofern sich hinsichtlich des sittlichen und Gemüthslebens keine bestimmte Normen geben lassen, so fragt sich doch, wieviel von dem religiösen Wissen wenigstens gefordert werden muß. Pfarrer Schall erklärte auf der Stuttgarter Conferenz: „Eine alte Nürnberg = Branden= burgische Kirchenordnung sagt: Man soll die Kinder erforschen, ob sie die zehn Gebote, das Glaubensbekenntniß und das Vater= unser können — gewiß ein bescheidenes Maß, daß uns er= muthigt, für unsere schwachsinnigen Kinder noch den einen oder andern Abzug zu machen. Die conditio sine qua non wird sein: Kenntniß der Hauptthatsachen der biblischen Geschichte und einer bestimmten Anzahl von Sprüchen und Liedern, welche sicheres Eigenthum geworden sind." (Bericht pag. 19, 20). Sengelmann (Die Confirmation der Blöden in „Briefen und Bildern" 1880, pag. 24): „Wohl können wir uns entschließen, die Anforderungen an das Wissen zu beschränken. Bis wie weit? Das läßt sich im Allgemeinen schwer sagen. Jedenfalls nicht bis auf Null. Denn dann würden wir in unevangelischer Weise die Handlung zu einem Opus operatum machen, d. h.

zu einem Werk, das an All' und Jedem ohne weitere Be-
dingungen wirksam ist. Es wird hier die Capacität, das
Fassungsvermögen entscheidend sein. Nach dieser Beobachtung
wird auch zu bemessen sein, ob eine Förderung des Verständnisses
noch zu hoffen, mithin die Confirmation noch aufzuschieben sei
oder nicht. Ist für diese Hoffnung kein Grund vorhanden, so
ist das „zu alt werden" möglichst zu verhüten. Jedenfalls ist
aber dafür Sorge zu tragen, daß der Erwerb der Vorbereitung
für die Confirmation hernach nicht verloren gehe."

§ 39.

Der Anschauungs-Unterricht soll an Gegenständen und deren
Bildern die Aufmerksamkeit des Blöden erregen, sein Auge üben, seine
Beobachtungsgabe schärfen, sein Urtheil wecken, seinen Vorstellungskreis
erweitern, seiner Phantasie und seinem Nachahmungstrieb Nahrung geben
und ihm namentlich zur Ausbildung des Sprachvermögens behülflich sein.

1. Die Objecte der Anschauung sind entweder durch die
Umgebung des Kindes gegeben oder sie müssen herbeigeschafft
werden. Das letztere muß vielfach durch Nachbildungen geschehen. So wird sich von selbst ein eignes Cabinet für diesen
Unterricht bilden. Dasselbe wird Gegenstände in natura ent-
halten, z. B. Glashäfen mit Cerealien und anderen Dingen,
die in der Haushaltung vorkommen, oder Nachbildungen in
Holz, Pappe u. dergl., z. B. Thiere, Läden, Küchen und
Küchengeräthe u. s. w. Die letzteren werden theilweise in
natürlicher Größe, theilweise in Verkleinerungen vorhanden sein.
Dasselbe ist bei den für die Anschauung vorhandenen Bildern
der Fall. Daß sich unter ihnen solche befinden, welche die
Gegenstände in natürlicher Größe vorführen, empfiehlt sich sehr
(Käfer, Blätter, Früchte u. s. w.) Von ihnen schreitet man zu den
Verkleinerungen fort, ebenso von denjenigen Tafeln, die nur
Einen zu betrachtenden Gegenstand haben, zu den reichhaltigeren
Bildern. Diese Gegenstände des Cabinets, die plastischen wie
die Bilder, sind von dem Spielzeug der Kinder fern zu halten.

2. Der Anschauungsunterricht der Schule hat seine Vorstufe bereits in der Vorschule. Je nachdem sich diese mit der
Sinnenbildung und der Schärfung der Beobachtungsgabe befaßt
hat, wird sich der Punkt bestimmen, an dem der Anschauungs-
Unterricht der Schule einsetzt. Sein Umfang wird davon ab-

14*

hängig sein, ob man mit ihm nur die im Paragraphen genannten
Zwecke verfolgt, oder ob man ihn zum Vermittler von Real=
kenntnissen machen will. Wo man das Letztere beabsichtigt,
bilden Farben= und Formenlehre, Naturbeschreibung und Natur=
lehre u. s. w. keine besonderen Unterrichtsgegenstände, sondern
es wird, so viel von diesen Unterrichtsgebieten den Blöden ge=
boten werden soll, ihnen im Anschauungsunterricht gegeben.
Je nachdem der Anschauungs = Unterricht in dem einen oder
andern Sinne gefaßt wird, wird er auf eine geringere oder
größere Zahl der Klassen in der Blödenschule ausgedehnt werden.
S. Schlotterbeck, Sinnenbildung. Versuch einer histor. krit.
Darstellung des Anschauungs=Unterrichts. Glogau 1860.

3. Wie man auch über die Verwerthung des Anschauungs=
Unterrichts blos für einen allgemeinen Zweck oder auch für
specielle Zielpunkte (s. 2.) denken mag: in jedem Falle ist
Sprech=Uebung mit ihm zu verbinden. „Jeder Unterrichts=
gegenstand hat neben seinem besonderen Zwecke auch noch die
Aufgabe, die Sprache des Schülers nach ihren verschiedenen
Seiten hin zu fördern.“ (Heil. der Taubstummen, Hildburg=
hausen 1870, pag. 85.) Zur Erlangung des Sprachgegenstandes
trägt in erster Linie der Anschauungs = Unterricht bei. Der
Lehrer aber hat sich vor Abschweifungen und Sprüngen
zu hüten. Er hat vor allen Dingen der mechanischen Sprech=
fertigkeit Rechnung zu tragen, den articulirten Ausdruck zu
erstreben. Treten ihm hierbei bei einzelnen Schülern Hinder=
nisse entgegen, deren Beseitigung die Klasse aufhalten würde
(Stottern, Stammeln): so sind mit diesen Schülern Privat=
Uebungen vorzunehmen. Sofern der Kenntniß der Sprache
und ihrer Formen, die ein eigener Unterricht vermittelt, das
Sprechvermögen vorangehen muß, hat er sich nicht mit der
Ausbildung und Uebung des letzteren beim Anschauungs=Unter=
richte zu befassen.

§ 40.

Der Formen=Unterricht verdient als ein selbständiger Unter=
richtszweig behandelt zu werden. Er hat die Aufgabe, das schwache
Denkvermögen zu schärfen. Das Resultat des Gewonnenen tritt im
Zeichnen zu Tage.

1. Landenberger, der in einem nach seinem Tode er=
schienenen Aufsatz (Zeitschr. für das Idiotenwesen, II. Jahrg.,

pag. 51) dem Form = Unterricht den Werth und die Stellung einer geistigen Heilgymnastik für die Geistesschwachen und Zurückgebliebenen zuschreibt, sagt im 17. Stettener Jahresbericht pag. 9: „Ein Zweig des Anschauungs=Unterrichts, der Form=Unterricht, ist wie berechnet für die eigenthümliche Schwäche des Blöden, für sein mangelhaftes Anschauen und Auffassen. Das Reich der Formen, das mit seiner strengen Gesetzmäßigkeit von jeher den menschlichen Geist beschäftigte und übte, liefert auch für den Blöden einen Stoff, der einen allmähligen lücken= losen Fortschritt vom Leichtesten bis zum Schweren ermöglicht, wie kein anderes Unterrichtsfach, was allein schon dem Form= Unterricht die ihm gebührende selbständige Stellung im Unterricht der Blöden erringen wird.

2. Auch der Formen = Unterricht hat seine Vorübungen schon in der Vorschule. S. C. Barthold, Der erste vorbereitende Unterricht für Schwach= und Blödsinnige, M.=Glabbach, 2. Aufl. 1875, pag. 10.

3. Ueber die Abstufungen dieses Unterrichts in der Blöden= schule s. Laudenberger a. a. O., pag. 9: „Wir behandeln den Form=Unterricht oder den geometrischen Anschauungs=Unterricht in zwei Kursen, denen sich als dritter die eigentliche Geometrie anreiht. Wir betrachten in beiden Kursen mit den Schülern Punkte, Linien, Winkel, geschlossene Figuren, Flächen und Körper — im zweiten Kursus nur eingehender und vollständiger als im ersten. Ueberall handelt es sich darum, daß der Schüler zunächst bestimmt anschaue, sodann sich über das Angeschaute genügend ausdrücke, endlich es entsprechend mit dem Griffel 2c. darstelle. Beim Geometrie-Unterricht, zu dem der Schüler be= fähigt ist, wenn er die beiden Kurse des Form=Unterrichts mit Erfolg durchlaufen hat, muß vor Allem die heuristische Methode angewandt werden: der Schüler muß unter der Leitung des Lehrers möglichst Alles selbst finden.“

4. „Der Formen=Unterricht, der mit Punkten, Linien und Winkeln die mannigfaltigsten Uebungen anstellt, giebt Gelegen= heit, Auge und Hand der Kinder durch die ersten Elemente des Zeichnens zu üben“ (1. Bericht der Kückenmühle, pag. 26). Auch die ersten Anfänge des Zeichnens fallen bereits in die Vorschule. S. Barthold a. a. O., pag. 19. Georgens (Heil= pädagogik II., pag. 383 fgg.) schließt den Zeichnen=Unterricht an

den Arbeits=Unterricht an, er will das plastisch Gearbeitete zur Abzeichnung verwendet wissen (Die Erziehung und Heilung der Idioten, pag. 112). Wichtige Winke, wie „des Kindes Zeichnen= lust", die freilich bei den Idioten nicht allgemein vorhanden ist, zu verwerthen und auszubilden sei, giebt Fr. Fröbel in seinem Aufsatz „Des Kindes Zeichnenlust" (Werke Bd. III, pag. 351 fgg.). „Wir halten das Netzzeichnen für ein vorzügliches, sehr anregendes Bildungsmittel; es enthält schon in seinen ersten Anfängen eine Fülle des instructivsten Bildungsmaterials zur Entwickelung des Sinnes für Form und Farbe, Maß und Zahl, Richtung, Entfernung und Symmetrie. Stets wird dabei ganze, ungetheilte Aufmerksamkeit erfordert; denn jede, auch die kleinste Linie muß abgezählt werden, sie hat ihr fest bestimmtes Maß, das nicht überschritten werden darf. Als besonders werthvoll ist noch hervorzuheben, daß die Leistungen der Kinder immer den Gesetzen des Ebenmaßes und der Schön= heit wenigstens einigermaßen gerecht werden, wodurch der Sinn für das Gefällige und Schöne — der für die Entwickelung auch des blödsinnigen Kindes von der größten Wichtigkeit ist — Uebung und Nahrung erhält. Die Zeichnenstunde ist unseren Kindern eine der liebsten Stunden und groß ist die Freude, wenn wieder was Hübsches fertig geworden ist" (3. Bericht der Rückenmühle, pag. 15 fgg.)

§ 41.

Das durch die Anschauung geweckte und geübte Denken tritt in die Aeußerlichkeit durch das Wort. Die Form des Wortes kann aber eine zwiefache sein. Es kann entweder im Laut oder in der Schrift (Schreibschrift, Druckschrift) zum Ausdruck kommen. Der Unter= richt hat für den Gebrauch und das Verständniß des gesprochenen, ge= schriebenen und gedruckten Wortes Sorge zu tragen. So entsteht der Sprach=, Lese= und Schreib=Unterricht.

1. Wenn auch die Einheit dieses Unterrichts keinem Zweifel unterliegt, so kann doch für die Praxis die Frage ent= stehen, ob er bei der Mittheilung in getrennte Fächer zerlegt werden soll, ob der Lehrplan einen eigenen Sprachunterricht und neben demselben einen Unterricht im Lesen und Schreiben oder einen combinirten Schreib=Lese=Unterricht enthalten soll. Die ältere Unterrichts=Methode betrachtete den Lese- und den

Schreib=Unterricht mehr von der mechanischen Seite. In ihm wurde Sorge dafür getragen, daß Gefäße vorhanden seien, ehe noch ein Inhalt für diese Gefäße da war. Das normale Kind, das von diesem Inhalt doch schon etwas ahnte, wurde trotzdem durch den Schreib= und Lese=Unterricht nicht selten gelangweilt. Um so weniger dürfen wir bei dem schwachsinnigen Kinde Theilnahme für den Lese= und Schreib=Unterricht voraussetzen, wann er rein mechanisch getrieben wird. Auch das weckt und nährt die Theilnahme nicht, wenn den einzelnen Buchstaben der Fibel Bilder beigegeben sind, zumal wenn dem A ein schlecht gezeichneter und leichtsinnig colorirter Affe hinzugefügt ist, den das Kind in natura nicht kennt. Läßt man das Kind erst einen ihm bekannten Gegenstand benennen, dann nach der Lautirmethode das Wort in seine einzelnen Bestandtheile zer= legen und schreibt nun die Zeichen für diese einzelnen Bestand= theile an die Wandtafel, um sie dann von dort auf die Schiefer= tafel zu übertragen, so möchte dies die rationellste Methode sein, nach welcher freilich die Schreibschrift eher als die Druck= schrift erlernt wird. Sind die geeigneten Lehrmittel vorhanden, so wird die Druckschrift gleichzeitig geübt werden können. Aber selbst wenn das nicht der Fall wäre, ist nicht einzusehen, was für einen Nachtheil es haben sollte, daß die Erlernung der Druckschrift der der Schreibschrift folgt oder daß die Kenntniß der Schrift= und Druckzeichen sich nicht nach der Reihenfolge des Alphabets erweitert. Aehnlich ist das Verfahren bei Georgens, die Erziehung u. s. w., pag. 103. Eine Schreib= Lese=Fibel für Idioten=Anstalten verdanken wir C. Barthold, 1. Aufl. 1865.

2. Auch der Schreiblese=Unterricht kann theilweise seinen Ausgangspunkt schon in der Vorschule haben. S. Barthold, der erste vorbereitende Unterricht, pag. 19. Hier kann er auch in einen Anschluß an den Formen=Unterricht gebracht werden, sofern Buchstabenbretter vorhanden sind, ähnlich den Formen= brettern. Sie enthalten einzelne mit Stöpseln versehene, aus= geschnittene Buchstaben, die herausgenommen und wieder ein= gepaßt werden.

3. Die zweite Conferenz für die Idioten=Heil=Pflege, welche den Lese=Unterricht in Idioten=Anstalten behandelte, kam zu keinem Resultat hinsichtlich der Frage über die Verbindung

oder Trennung des Schreib= und Lese=Unterrichts, doch wurde der Vortheil des Schreib = Lese = Unterrichts vielfach bezeugt. Daß für die oberen Klassen, besonders um die Kalligraphie zu üben, außer dem Schreib = Lese = Unterricht ein besonderer Schreib = Unterricht stattfinde, ist nicht ausgeschlossen; ebenso wenig, daß vorgerückteren Schülern ein vom Schreib= und Lese= Unterricht getrennter Sprach=Unterricht ertheilt werde. Vergl. C. Barthold, Das erste Lesebuch für Idioten (Zeitschrift Bd. I, pag. 52).

§ 42.

Der Rechnen=Unterricht, für welchen unter den Schwach= sinnigen am wenigsten Begabung zu sein pflegt, wird sich zum großen Theil mit mechanischen Operationen begnügen müssen, doch kann es dem Lehrer nicht erlassen werden, soweit als möglich auf ein ver= ständiges Operiren mit den Zahlen hinzuarbeiten.

1. Wenn, um durch die Welt zu kommen, fast nichts so nothwendig ist, als daß der Mensch rechnen kann: so ist das Unvermögen des Idioten zu rechnen, der klarste Beweis, daß man sich der Hoffnung nicht hingeben darf, ihn für die normalen Lebensverhältnisse zu befähigen. Zu einer Stellung, die er nicht anders inne haben kann, als mit eigener Berechnung der Einnahme und Ausgabe, kann er es nicht bringen.

2. Es giebt Idioten mit einem enormen Zahlengedächtniß. Ich kannte Einen, der die Ordnungszahlen von weit über 150 Zöglingen dergestalt inne hatte, daß er sich nie versah, wenn man ihn fragte: Wer hat diese, wer jene Nummer? Es war auch Nummer und Person bei ihm so identisch geworden, daß er, wenn ihm diese Nummer anderswo, z. B. am Nummerbrett der Kirche begegnete, sofort sagte: Heute ist Meyer's, Müller's, Schröder's Gesang gesungen worden. Bei Anderen tritt dies Zahlengedächtniß als eine Capacität für Geburtstage auf, die sie von Allen, mit denen sie verkehren, ob ihrer auch noch so viele sind, anzugeben vermögen. Wiederum Andere versehen sich nie im Zählen, ob sie auch bis 1000 und darüber zählen sollten. Es sind auch schon Imbecille vorgekommen, die die größten Zahlen, nachdem sie dieselben einmal angesehen, fehlerlos vor= und rückwärts hersagen, auch mehrstellige Zahlen ohne

Bewußtsein addiren und mit einander multipliciren konnten. Alle diese Erscheinungen stoßen die Behauptung von der allge= meinen geringen Begabung der Idioten für's Rechnen um so weniger um, als ein verstandsmäßiges Operiren mit den Zahlen hier nicht vorhanden ist.

3. Wenn man auch sonst der Dressur der Idioten keines= wegs das Wort redet und bei ihnen nur das als geistigen Erwerb will gelten lassen, worüber sie wirklich zum Verständniß kommen, so begegnen sich die verschiedensten Pädagogen in einem Ausnahme = Zugeständniß in Anbetracht des Rechnens. Landenberger (17. Stettener Bericht, pag. 10) will verständiges Zählen und Rechnen neben der mechanischen Einübung der Zahlenreihen und Operationen. Georgens (Die Erziehung 2c., pag. 108) giebt zu, daß durch die bisherige Rechnenmethode „eine gewisse Rechnenfestigkeit erreicht werden kann, die sich sogar gerade bei Blödsinnigen auf die Spitze treiben läßt."

4. Georgens a. a. O., Heilpädagogik II, pag. 480) will Anlehnung des Rechnen=Unterrichts an den Formen=Unterricht. Er opponirt gegen das sog. Rechnen mit benannten Zahlen; er meint, daß wenn man lieber zehn Aepfel als die Zahl Zehn theilen lassen will, das Kind durch die angenehme Erinnerung an die Aepfel von dem Zahlbegriff abgezogen werde. — Viel anders und gewiß richtiger behauptet Stötzner, „Der Unter= richt schwachsinniger Kinder", pag. 23: „Der Rechnenunterricht muß vorzugsweise praktisch sein. — Die Schulstube muß sich in einen Kaufmannsladen verwandeln, in dem alles Mögliche zu haben ist. Da sind die Kinder theils Käufer, theils Ver= käufer, und müssen mit wirklichem Gelde, mit Maß und Gewicht umgehen lernen, zu welchem Behuf eine Waage, Maße und Gewichte aller Art vorhanden sein müssen. Ein halbes Pfund Kaffee kostet 64 Pfg. Hier ist eine Mark. Wie viel bekommst du heraus? Das ist ein Rechnen, das unmittelbar auf's Leben vorbereitet und nicht nur bei schwachsinnigen Kindern mit Erfolg betrieben werden würde."

5. Das Unterscheiden von Zahlengrößen, jedoch noch ohne Anwendung der Ziffern, ist die Vorstufe des Rechnens in der Vorschule. S. Barthold, a. a. O., pag. 15.

§ 43.

Die recht gehandhabten Singstunden werden dem Gesange der Vorschule das Spielende abstreifen, dem Gedächtniß einen erziehlichen Stoff zuführen, auf den Schönheitssinn heilsam einwirken und das Gemüthsleben fördern.

1. Die Vorschule (Kleinkinderschule, Kindergarten) leitete auch schon zum Singen an. Aber hier hatte der Gesang noch keine selbständige Stellung: er begleitete die Spiele und wurde begleitet von Klatschen in die Hände, Stampfen mit den Füßen u. s. w. In der Schule wird er von diesen Begleitungen befreit; die früher beim Gesange beweglichen Kinder haben ihre festen Stellungen. Auch ist es eine eigene Stunde, die dem Gesange gewidmet ist.

2. Das einzige, was die Gesangstunde außer dem Singen in sich aufnimmt, ist das Memoriren der Texte, die gesungen werden. Auch diese unterscheiden sich von den bisher geübten Texten. Die meisten sog. Spiellieder, die bei den Bewegungs=spielen angewandt werden, sind entweder wie die von Fr. Fröbel selbst gedichteten, zu sehr reflectirenden Inhalts (Stötzner a. a. O., pag. 18) oder mehr kindisch als kindlich. Es giebt natürlich Ausnahmen, zu denen in erster Linie die von Hoff=mann von Fallersleben zählen. Die Schule bietet nun Kinder=, Volks=, Natur= und Andachtslieder. Ob die Texte der Kirchen=lieder (Choräle) auch in den Singstunden zu memoriren seien, oder ob die Religionsstunde dafür zu sorgen habe, daß das Kind mit dem Kirchenliede bekannt werde, wird von den Schul=verhältnissen abhängen.

3. Krummacher (Die christliche Volksschule, pag. 314) sagt: „Je poetischer das Lied der Schule ist, desto besser. Die so=genannten moralischen Lieder, größtentheils nichts als geverste (gereimte) Klugkeitslehren verderben und verwirren Gemüth und Geblüt; wogegen wahrhafte Kernlieder den Geist erzeugen und mittheilen, aus welchem sie geboren sind." Darum ver=bietet die Rücksicht auf den Schönheitssinn, die Kinder Lieder mit flachen, abgeschmackten Texten singen zu lassen. Eben diese Rücksicht aber tritt auch dem Schreien entgegen. J. Fr. Ranke's kleine Schrift: „Die Erziehung und Beschäftigung kleiner Kinder", Elberfeld, 5. Aufl. 1875, die auch Idioten=

Lehrerinnen zu empfehlen ist, sagt hierüber S. 209: „Unter keiner Bedingung dürfen die Kinder schreiend singen; denn abgesehen davon, daß ein solches Singen dem Körper nach=theilig werden kann, kann dasselbe nicht nur nichts nützen, sondern es schadet; dadurch wird die edle Gottesgabe des Ge=sanges mißbraucht und Mißbrauch eines edlen Gutes wird sich stets rächen; schreiendes Singen macht die Kinder roh und wild. Leider aber hat sich manche Lehrerin so an das Schreien ihrer Kinder gewöhnt, daß es ihr gar nicht mehr auffällt, ja sie wohl noch meint, ihre schreienden Kinder sängen schön."

4. Diejenigen Kinder, welche am kirchlichen Gottesdienste Theil nehmen, müssen durch den Gesangunterricht befähigt werden, in der Kirche mitzusingen. Es wird in der Kirche mitsingen zu können, ihnen eine besondere Freude sein, während die Theilnahmlosigkeit beim Gesange ihnen auch die übrigen Theile des Gottesdienstes unfruchtbar zu machen pflegt.

§ 44.

Das Turnen ist für die Idioten = Erziehung von höchster Be=deutung. Die Uebungen aber, die der Turnunterricht vornimmt, sind mit Auswahl zu bestimmen und den Individuen mit Umsicht anzupassen.

1. Der Schwerpunkt des Idiotismus liegt in der fehlenden oder fehlerhaften Willensenergie. Wenn diese nun auf physischem Gebiete zu ihrem Correlat die Muskelschwäche hat, so ist klar, daß Muskelstärkung auch nicht ohne Willensstärkung bleiben kann. Mithin muß ein Unterricht, der jene erstrebt, zugleich physisch und psychisch von Segen sein. Dieser Unterricht aber ist der Turn=Unterricht, Rall (Zeitschr. für das Idiotenwesen 1, pag. 56): „Der Zweck des Turnens giebt sich auch für die Idioten = Anstalt nach zwei Seiten kund, nämlich darin, daß darin nicht nur die Entwickelung und Stärkung der körperlichen Kräfte angestrebt wird, sondern auch darin, daß die Bildung des Ausdrucks, des Anstandes, der guten Haltung und der gefälligen Form in den Bewegungen, sowie die Unterstützung der geistigen Entwickelung des Kindes zur Zucht, zur Ordnung, zum Gehorsam und zum sittlichen Betragen täglich mehr ge=fördert wird." W. Schröter (Zeitschr. Bd. II, pag. 88): „Durch die beim Turnen entstehenden Muskelempfindungen werden diese mechanisch vorgebildeten Bewegungen der Herr=

schaft des Willens unterworfen. Das Kind wird also durch
das Turnen mehr und mehr zum selbständigen Handeln geführt.
Damit wächst Lust und Liebe zur Arbeit. Mit der bei den
Uebungen nöthigen Aufmerksamkeit erstarkt der Sinn für Zucht
und Ordnung."

2. Die dritte Conferenz für Idioten=Heil=Pflege in Stutt=
gart behandelte das Turnen. Man sprach sich allgemein dahin
aus, daß große Apparate nicht erforderlich seien und es be=
sonders auf Freiübungen ankomme, daß bei Gebrechlichen z. B.
an Chorea Leidenden durch Matratzenturnen gute Erfolge erzielt
würden; eines besonderen Turn=Lehrbuchs für Idioten=Anstalten
bedürfe es nicht, da die für Volksschulen herausgegebenen (z. B.
auch das des Königl. Preuß. Ministeriums für geistliche An=
gelegenheiten) dem Idioten=Unterricht sehr wohl angepaßt werden
könnten. Wer übrigens einen speciellen Plan zu haben wünscht,
findet ihn in der Zeitschr. für das Idiotenwesen Bd. II,
S. 89 fgg., wo W. Schröter mittheilt, wie das Turnen in
seiner Anstalt betrieben wird.

3. Nicht alle Schüler werden zum Turnen zugelassen
werden können. Dennoch wird der Lehrer — wie beim Baden
— nicht Jeden, der sich anfänglich sträubt, ausschließen.
Ebenso werden Manche nur von einzelnen Uebungen zu dispen=
siren sein. Es kommt also auf's Individualisiren an, und zwar,
wie Barthold auf der erwähnten Conferenz (Zeitschr. I S. 58)
hervorhob, bei den Mädchen, die im Turnen nicht versäumt
werden dürfen, mehr noch als bei den Knaben.

4. Die Vorstufe des Turnunterrichts in der Vorschule be=
handelt Barthold, Der erste vorb. Unterricht S. 5, wo er die
vorzunehmenden Glieder=Bewegungen aufführt.

§ 45.

Dem Schulunterricht geht ein vorbereitender Unterricht voran; erst
aus der Vorschule geht das Kind in die eigentliche Schule über. Die
Aufgabe der Vorschule ist, das Kind im Allgemeinen unterrichtsfähig zu
machen und die Grundlagen für die einzelnen Unterrichtszweige der Schule
zu liefern.

1. Wenn schon die normale Schule durch Kleinkinderschulen
oder Kindergärten eine wenn auch nicht unbedingt nothwendige,
doch zweckmäßige Vorbereitung empfängt: so kann die Idioten=

schule eine solche Vorschule nicht entbehren. „Denn bei den uns zugeführten Kindern darf in den meisten Fällen sehr Weniges oft gar Nichts vorausgesetzt werden, woran, wie in der Volks= schule, der Lehrer den Unterricht anknüpfen könnte. Bei Manchen ist von einem Gebrauch der Sinne, ja von einem willkürlichen der Glieder ihres Körpers nicht die Rede." (14. Jahresber. v. Mariaberg S. 7.) Um deswillen ist das nächste Erforderniß, daß die Kinder an einen Unterricht gewöhnt werden. Den Torpiden sind Augen und Ohren zu öffnen, die Versatilen an Ruhe zu gewöhnen. Es wird dazu vielleicht erforderlich sein, daß der Lehrkraft noch eine Helferin beigegeben wird, welche mit für die Disciplin sorgt und diejenigen abführt, welche ent= weder natürliche Bedürfnisse zu verrichten haben, oder zeitweilig, um die Anderen nicht zu stören, abgeführt werden müssen. Die Vorschule kehrt indessen noch nicht den Ernst der Schule heraus. Ist das Spiel die hauptsächlichste Lebensäußerung in der Welt des Kindes, so muß es dasselbe auch da, wo es zuerst mit der Schule in Berührung kommt, also in der Vorschule, vorfinden. Ist im Spiel des Kindes der Ernst seines zukünftigen Lebens vorgebildet, so wird das Spiel es am Geeignetsten einführen, wo es für den Ernst des Lebens lernen soll. Wie Fr. Fröbel das Spiel für die Kleinen verwendet hat, ist bekannt. Andere sind ihm darin gefolgt, nicht ohne seinen Bestrebungen heilsame Correcturen zu Theil werden zu lassen.

2. Die meisten Vorschulen für die Idiotenschule zerfallen in drei Stufen. Die Mariaberger theilt die Arbeit wie folgt: 1. Stufe: Uebungen zur Erweckung und Entfaltung einer ge= ordneten Sinnenthätigkeit. 2. Stufe: Uebungen im selbstän= digen Gebrauch der Sinne und Glieder, Bildung einfacher Vorstellungen, nebst entsprechenden Sprechübungen. 3. Stufe: Verbindung der gewonnenen Vorstellungen mit neuen und ihre hörbare Bezeichnung im Worte, Uebungen im Erkennen abge= bildeter Gegenstände, Durchsprechen der Anschauungsgegenstände nach Namen, Farbe, Zahl, Theilen, Gestalt, Stoff, Gebrauch. Allmähliches Herausbilden der verschiedenen Unterrichtsfächer aus dem Gesammtstoffe des Anschauungs = Unterrichts" (14. Jahresber. von Mariaberg S. 8, wo auch die Uebungen der einzelnen Stufen spezialisirt sind). Aehnlich der zweite Langen= hagener Bericht S. 45 fgg. „Der Vorbereitungscursus wird

seiner materiellen Seite noch das Gebiet der sinnlichen Anschauung, wie es die nähere und fernere Umgebung des Kindes
bietet, umfassen, sowie das Kind der formellen Seite nach befähigen müssen, sich über das ihm hier Entgegentretende in
einfachen Sätzen auszusprechen, sei es den Gegenstand benennend
oder denselben nach Zweck theilen, Thätigkeiten und Zuständen,
Stoff, Zahl und Farbe beschreiben." Die erste Stufe ist gleich
der zu Mariaberg. „Ihre Aufgabe ist gelöst, wenn das Kind
eine Anzahl von einfachen Gegenständen erkennt, dieselben wo
möglich benennt und in seinem Sprachverständniß so weit fort-
geschritten ist, daß es einen einfachen Auftrag zu verstehen vermag." Der zweiten Stufe ist es hier wesentlich, daß „das
Kind angeleitet wird, nicht nur den Gegenstand sondern an
dem Gegenstande wahrzunehmen." Hier handelt es sich um
die Unterscheidung der Farben und Formen, wobei das Farben-
und das Formenbrett zu Hülfe kommen. „Der dritten Stufe
ist es besonders bezüglich des Anschauungs=Unterrichts vorbehalten, den Vorbereitungs=Cursus der Anstaltsschule zum Abschluß zu bringen." Zur Weiterführung des Farben= und
Formen=Unterrichts werden mit farbigen Dreiecken Figuren
gelegt. Der Rechnenunterricht beginnt hier mit Bildern von
Zahlen. Auch wird auf dieser letzten Stufe des Vorbereitungs=
Cursus das Lesen begonnen." Der zweite Bericht der Rückenmühle S. 14. spricht sich folgendermaßen über die Vorschule
aus: „Ihr Zweck ist zunächst die Beruhigung des erregten,
Weckung und Belebung des stumpfen und verschlossenen Kindes,
sodann Anleitung und Uebung im freien Gebrauch der Glieder,
ferner Ausbildung der Sinne, namentlich des Auges und Ohres,
um sie fähig zu machen, der Seele Eindrücke der Außenwelt
zuzuführen und dieselben darin festzuhalten, endlich Weckung
resp. Nährung und Ausbildung des Sprachtriebes. Mittel zu
diesen verschiedenen Zwecken sind die mannigfachsten Uebungen
mit Farben, Formen, Bildern, mit Bau=, Mosaik=, Kegelspielen,
ferner gymnastische Uebungen, die freilich nur darin bestehen,
daß die Kleinen gehen, stehen, sitzen, liegen, tragen, heben lernen,
und mehr dergleichen Dinge, endlich noch Articulations= und
Lautirübungen." Ueber die Anwendung der Fr. Fröbel'schen
Spiele für diesen Zweck s. W. Schröter Zeitschrift II S. 45.
Dagegen Bericht der II. Conferenz S. 24. Landenberger (13.

Ber. v. Stetten S. 10) giebt seinem vorbereitenden Unterricht den Namen der „Blödengymnastik". Er führt einige Uebungen derselben auf und sagt, ihr Zweck sei erreicht, wenn der Blöd=sinnige nun über seinen Körper zu verfügen gelernt habe; wenn er vorgemachte Stellungen und Bewegungen gut nachmachen könne; zugleich seien ihm dabei so viele Sinneseindrücke aufge=nöthigt worden, daß er nun für einen eigentlichen Anschauungs=Unterricht befähigt sei. Diesen Zweck will erreichen helfen C. Barthold, Der erste vorbereitende Unterricht für Schwach= und Blödsinnige. 2. Aufl. M.=Gladbach. 1875.

§ 46.

Taubstumme und blinde Idioten können nur an einzelnen Stunden der Schule Theil nehmen. Für die ihnen nicht zugänglichen Fächer tritt ein Separat=Unterricht ein, der ihren organischen Defekten Rechnung trägt.

Die norwegische Regierung überweist die taubstummen Idioten an die Taubstummen=Anstalten. Dagegen spricht sich aus Sengelmann, Norwegen pag. 11, ebenso der Verwaltungs=rath für Einrichtung eines Idiotenheims in Småland. S. Berättelse och redovisning til föreningen för sinneslöa barns vard 1870 pag. 52. Den abnorma Skolans andra Nordiska Läremöte i Stockholm 1876 pag. 119. Die III. Conferenz für Idioten=Heilpflege wünschte, daß schwachsinnige, taubstumme Kinder in besonderen Anstalten unterrichtet werden. So lange aber solche Anstalten nicht in genügender Anzahl vorhanden sein werden — bis jetzt ist erst eine zu Wilhelmsdorf im Königreich Württemberg — werden die Idioten=Anstalten sie nicht abweisen können. Um ihnen und den blinden gerecht zu werden, werden einzelne Lehrer sich mit dem Blinden= und Taubstummen=Unter=richt vertraut zu machen haben und denselben nach Maßgabe der beschränkten Fassungskraft jenen abnormen Kindern ertheilen.

§ 47.

Der Stundenplan läßt sich nicht als für alle Anstalten maßgebend feststellen. Wir begnügen uns im Folgenden die Stundenpläne von Mariaberg, M.-Gladbach, Hubertusburg und Stetten mitzutheilen:

Mariaberg (Bericht von 1869).

Stunden	Montag	Dienstag	Mittwoch	Donnerstag	Freitag	Samstag
8—9	2. Bibl. Anschauungs-U. 3. Bibl. Gesch. 4. Memoriren	2. Anschau.-U. 3. Rechnen 4. Zählen	wie Montag	Anschau.-Unt. (Dictate Schreiben)	wie Montag	(Anschau.-Unt. Erzählungen)
9—9¾	1. Thätigkeits-Uebungen 2. Uebungen mit Stäbchen 4. Formen-Unt.	wie Montag	Formen-Farbenbrett Zählen Rechnen	Thätigkeits-Uebungen Farben-Uebungen Formen-Unterricht	Thätigkeits-Uebungen	wie Mittwoch
9¾—10¼	Unterbrechung eine halbe Stunde					
10¼—11¼	1. Vorübungen auf der Tafel Buchstabenformen 2. Schreiblese-Unterricht 3. Druckschrift-Schreiben 4. Lesen mit Sprechübungen		Sprechübungen Schönschreiben	wie Montag		wie Mittwoch
11¼—11¾	Turn- und Exercier-Uebungen					
2—3	1. Sprech- und Schreib-Ueb. Bilberlesen 3. 4. Industrie-Arbeiten	1. farb. Bauen, Thätigt.-Ueb. 2. Unt., Zeichnen 3. 4. Industrie-Arbeiten	Spaziergang, verschiedene Arbeiten; gemeinschaftl. Spiele	Formenbrett, Bauen, Ansch., Unt., Zeichnen Industrie-Arbeiten	Sprech- und Schreib-Ueb. Bilberlesen Industrie-Arbeiten	
3—4	1. Spiele, Bilberlegen, aufstellen, Bauspiel 2. Zeichnen Schreiben, Dictate, Singen			Spiele, Bilberlegen, Formenbrett Schreiben Zeichnen	Spiele, Bilberlegen, Formenbrett Zählen, Rechnen, Singen	

Nr. 1 bezeichnet die unterste Klasse.

M.-Gladbach (Bericht von 1879).

Stunden	Montag	Dienstag	Mittwoch	Donnerstag	Freitag	Samſtag
8—9	1. 2.} Bibliſche Geſchichte 3. 4. 5.}		1. 2.} Bibliſche 3.} Geſchichte 4. 5.} Katechismus	1. 2.} Bibliſche Geſchichte 3. 4. 5.}		1. 2.} Bibliſche 3.} Geſchichte 4. 5.} Katechismus
9—9¾	Vorſchule: 1 bis 6 Vorſchule:	Unterſcheiden von Gegenſätzen und Farben — Schreiben und Leſen mit ſprachlichen Uebungen — Vorübungen für Schreiben und Zeichnen und Articulations-Uebungen				
10¼—11	1. 2.} Schön- bezw. 3.} Dictirſchreiben 4. 5. 6.}	1. 2.} Formen- 3.} Unterricht 4. 5.	1. 2.} Zahlen- 3.} Unterricht 4. 5. 6.}	wie Montag	wie Dienſtag	wie Mittwoch
11—11¾	Vorſch.: Zahlengrößen unterſcheiden	Gymnaſtiſche Uebungen	Singſpiele.	Gymnaſtiſche Uebungen mit Knaben und Mädchen		
2—3	1. 2.} Zeichnen- 3.} Unterricht 4. 5.	1. 2.} Anſchauungs- 3.} bezw. Realien- 4.} Unterricht 5. 6.} Unterſcheiden v. Stoffen u. Eigenſchaften	Keine Schule	wie Dienſtag	wie Montag	wie Mittwoch
3—4	1. 2.} Zahlen- 3.} Unterricht 4. Vorſchule: Bauſpiel-Thätigkeits-Uebungen Articulations-Uebungen	Vorſchule: Formen legen — Singen		1. 2.} Leſen und Schrei- 3.} ben, bezw. 4.} Aufſatzſchreiben 5. 6.} Articulations-Unterricht	Singen — Articulations-Unterricht	wie Dienſtag — Articulations-Uebungen

Nr. 1 bezeichnet die unterſte Klaſſe.

Hubertusburg (Zeitschrift III, pag. 5).

Stunden	Montag	Dienstag	Mittwoch	Donnerstag	Freitag	Samstag
8—8½	A 1. Bibl. Geschichte B 2. do. C 3. Besprechung bibl. Bilder D 4. Ansch.-Uebungen	D 1. Katechismus C 2. do. B 3. Ansch.-Unterricht A 4. Ansch.-Uebung	wie Montag	wie Dienstag	wie Montag	wie Dienstag
8½—9	A 1. Schreiben (im Buche) B 2. do. do. C 1. do. (auf der Tafel) B 1. Einüben von Buchstaben und Articuliren	wie Montag	A 1. Form.-Unt., Zeichnen D 2. do. C 3. Schreiben B 4. wie Montag	wie Montag	wie Montag	1. 2.} wie Mittwoch 3.} 1. wie Montag
9½—10	A 1a. Lesen B 1b. do. C 2a. do. D 2b. do.	wie Montag	A 1. Lesen D 2. do. B 3. Zeichnen-Ueb. C 4. Schreibversuche	wie Montag	wie Montag	wie Mittwoch
10—10½	A 1a. Deutsche Sprach-übung B 1b. do. C 2a. do. D 2b. do.	wie Montag	C 1. Gemeinnützige Kenntnisse2) D 2. do. B 3. Leseübung A 4. Fröbel's Bausch.3)	wie Montag	wie Montag	wie Mittwoch
10½—11	A 1a. Rechnen B 1b. do. C 2a. do. D 2b. do.	wie Montag	1 und 2 Gedächtniß-übungen und Gesang A., B.	wie Montag	wie Montag	wie Mittwoch
11—11½			1. 2. 3. 4. Turnen1) A B C D			

Nachmittags

Zeit			wie Montag
2—2½	3a. Rechnen 3b. Leseübungen 4a. Anschauungsübungen 4b. do.	C B A D	—
2½—3	3a. Leseübungen 3b. Rechnen 4a. Schreibversuche 4b. do.	B D A C	wie Montag —
3—3½	3.-4. Gedächtnißübungen und Gesang	A ob. B	3. 4. Gedächtnißübungen und Gesang C oder D —

Nr. 1 bezeichnet die oberste Klasse. — A B C D Bezeichnungen für die Lehrer.

1) Hier werden auch Bewegungs= und Singspiele geübt.

2) Unter gemeinnützigen Kenntnissen ist zu verstehen, was für die Kinder faßbar und nützlich ist aus der Naturgeschichte, Geographie ꝛc.

3) Besonders geeignet Gabe III und IV.

Die Grundzüge dieses Planes, nach welchem seit Jahrzehnten mit gutem Erfolg in Hubertusburg unterrichtet ist, stammen von dem früheren dortigen Dirigenten C. Gläsche. Eine ausführliche Besprechung desselben von C. Reichelt findet sich in der Zeitschr. II, pag. 65 fgg.

15*

Stetten (nach dem 24. Jahresbericht).

Stunden	Montag	Dienstag	Mittwoch	Donnerstag	Freitag	Samstag
8—9	Biblische Geschichte					
9—10	Anschauungs- und Real- Unterricht	Form- Unterricht und Geometrie	Anschauungs- und Real- Unterricht	Form- Unterricht und Geometrie	Anschauungs- und Real- Unterricht	Form- Unterricht und Geometrie
11½—12½	Lesen, Schreiben, Deutsche Sprache und Aufsatz					
1½—2½	Zeichnen	Schönschreiben	Zeichnen	Schönschreiben	Zeichnen	frei
2½—3½	Rechnen	Singen	Rechnen	Singen	Rechnen	frei

1. Manche Anstalten arbeiten im Sommer nach einem andern Unterrichtsplan als im Winter. Es empfiehlt sich auch, die Unterrichtszeit im Sommer zu vereinfachen, damit den Kindern die Zeit zur Arbeit und zum Spiel im Freien nicht verkürzt werde. Alsterdorf hat im Sommer keinen Nach=mittags=Unterricht außer dem für die Vorschule, der jedoch wo=möglich nicht im Zimmer gegeben wird. Die Schulstunden liegen alle zwischen 7½ und 12 Uhr Vormittags.

2. Daß auf jeden Lehrgegenstand eine volle Stunde ver=wendet werde, möchte sich nicht einmal für die Oberklassen empfehlen. Wenn irgend möglich sind die einzelnen Unterrichts=stunden durch 5—10 Minuten, die im Freien zugebracht werden, zu trennen. Wo dies geschieht, ist dann freilich das Hinaus=laufen der Kinder innerhalb der Stunden, natürlich mit Aus=nahme derer, bei denen körperliche Schwäche dazu nöthigt, zu verhindern. Die Gesammtzahl der wöchentlichen Schulstunden steigt von 12 bis 32.

3. Ob bei der Bestimmung der Lehrkräfte nach dem Klassen= oder nach dem Fach=System zu verfahren ist, wird oft von der Qualifikation dieser Kräfte abhängen. Doch wird sich fast überall die Combination beider Systeme empfehlen. Wo möglich wird auch zu erstreben sein, daß die Lehrer der unteren Klassen auch in den oberen einigen Unterricht ertheilen, um sie vor Ermüdung zu bewahren. Das Maß der Unterrichtsstunden für die einzelne Lehrkraft wird sich in denjenigen Anstalten anders gestalten müssen, wo die Lehrer auch Aufsicht zu üben, beim Arbeitsunterricht und der Beschäftigung sich zu betheiligen haben, als wo dies nicht der Fall ist, wo sie ausschließlich dem Unterricht leben.

4. Daß die Zahl der Schüler für jeden Lehrer eine mög=lichst geringe sei, ist eine Forderung, die in der geringen Fas=sungskraft der Schüler begründet ist. Es muß dem Lehrer möglich sein, sich mit jedem Schüler genügend zu befassen. Aber eine Normal=Schüler=Zahl für die einzelne Klasse läßt sich nicht festsetzen. Die Direction der Schule aber wird es dem Lehrer erleichtern, wenn auf die richtige Mischung der Torpiden und Versatilen Bedacht genommen wird.

5. Ob eine Grundzahl von Klassen (etwa 4) angenommen und von der 2. oder 3. abwärts eine Zerlegung in Parallel=

klassen stattfinden oder ob das vorhandene Schülercontingent eventuell über 6 Stufen vertheilt werden soll, ist eine Frage, die in ihrer Allgemeinheit nicht beantwortet werden kann. Manchem schwachsinnigen Kinde wird vielleicht erst durch den mehrmaligen Wechsel sein Recht widerfahren, manches wird dadurch in seiner Entwicklung gestört werden können. Es hängt hier viel von dem Naturell und der Begabung der einzelnen Lehrkräfte ab.

6. Es wird von der Größe der Schülerzahl abhängen, ob eine Trennung der Geschlechter im Unterricht herzustellen ist. Sind genügend Mädchen für eigne Mädchenklassen vorhanden, so empfiehlt es sich, dieselben einzurichten. An sich aber ist eine Trennung der Geschlechter in der Schule keine unbedingte Nothwendigkeit, vorausgesetzt, daß die Klassen nicht überfüllt sind und in den Interstitien und Spielzeiten getrennte Spielplätze vorhanden sind. Daß der Turnunterricht beider Geschlechter zu trennen ist, bedarf wohl keiner besonderen Bemerkung.

2. Die Beschäftigung.

§ 48.

Die Beschäftigung der Kinder hat zunächst einen pädagogischen Zweck. Sie ist möglichst früh zu beginnen und den Kräften der Kinder anzupassen. In den häuslichen Geschäften bietet sich die nächste Gelegenheit.

1. Schon die Vorschule hat Thätigkeits-Uebungen. Das Kind wird veranlaßt, einen Stuhl herzuholen, wegzubringen, eine Treppe hinauf-, herabzusteigen. Die eigentliche Beschäftigung aber giebt nun diesen Thätigkeiten bestimmte, auch dem Kind erkennbare Ziele. Es kommen nun Arbeiten, bei denen das Kind merkt, daß durch sie etwas erreicht werden soll. Die Kinder tragen Steine auf einen Haufen und merken, daß dadurch Ordnung geschaffen werden, das Zerstreut-Umherliegen derselben aufhören solle, oder daß sie zum Wegfahren bei der Hand seien. Es wäre verkehrt, ihnen Arbeiten zu geben, die sie hernach selbst wieder aufheben sollen. Würden sie fragen: Warum müssen wir dies thun? und man würde ihnen sagen müssen: Damit Ihr nur etwas zu thun, damit Ihr Beschäftigung habt: so würde der pädagogischen Bestimmung der Arbeit

nicht Rechnung getragen sein. Daher hat der Arbeitsvertheiler über die Beschäftigungen so zu disponiren, daß. er nie mit Arbeitsaufgaben in Verlegenheit sei. Wer als solcher — namentlich in einem größeren Betriebe — zuweilen keine Arbeit für die Kinder hat, verräth, daß es ihm an Umsicht und Dis= positionsgeschick fehlt.

2. Es kann in einem größeren Getriebe zu Zeiten Arbeiten geben, bei denen es daran liegt, daß sie möglichst schnell be= wältigt werden. In solchen Zeiten wird man die verschieden= artigsten Kräfte an dieselbe Arbeit heranziehen, auch solche, die Besseres thun könnten. In gewöhnlichen Zeiten aber wird man sich hüten müssen, die Arbeitsbegabung unberücksichtigt zu lassen. Sie ist eine verschiedene. Sie läuft auch nicht parallel mit der Unterrichtsfähigkeit der Schule. Daher werden auch die Arbeits= abtheilungen und die Schulklassen nicht immer sich decken.

3. Die Arbeit werde benutzt zur Ausbildung der Sinne, der Kraft und des Geschicks. Daher darf die Bewältigung der Arbeit nicht das Erste sein, das Berücksichtigung fordert. Wo dies geschieht, beschränkt man sich auf Solche, die sie bereits verrichten können oder mit geringer Anweisung sie zu beschicken im Stande sind, oder der Arbeitsleiter übernimmt die Be= schickung zum großen Theile selbst. Die fortwährende Anleitung, die Uebung des Einzelnen bringt oft die vorliegende Arbeit nicht so rasch zu Stande. Sie fordert auch mehr Hingebung, Ausdauer und Nachsicht; aber sie ist in pädagogischer Hinsicht das allein Richtige. Wer dies unterläßt, versündigt sich gegen manches Kind, das nicht zu derjenigen Geschicklichkeit und Tüchtigkeit kommt, die es erlangen könnte; auch gegen die An= stalt, sofern manche Kraft brach liegen bleibt, die mit ihrer, wenn auch geringen Arbeit nützlich werden könnte. Bei ge= meinsamen Arbeiten lassen sich auch Ermunterungsmittel mit Erfolg anwenden. Belohnungen in Geld mögen auch solche sein; aber ihnen reden wir nicht das Wort, weil sie in sittlicher Hinsicht schädlich sind, sofern sie die Lohnsucht nähren. Aber manche gemeinsame Arbeit wird dadurch wesentlich belebt und gefördert, daß sie im Takt betrieben oder mit Gesang begleitet oder von einem Lied und Spiel unterbrochen wird.

4. Häusliche Geschäfte sind Stuben=, Fußzeug=, Kleider= reinigung, Bettmachen, Wasserholen, Sorge für das Tischgeräth,

Tischdecken, Besorgung der Oefen, Botengänge in und außer=
halb der Anstalt. Manche derselben setzen besondere Qualifi=
kationen voraus, so daß man mit den Inhabern nicht leicht
wechseln kann. Manche gestatten, daß sie von den Abtheilungs=
gliedern in einem Turnus besorgt werden. Wo das Letztere
möglich ist, empfiehlt es sich, solchen Turnus einzurichten. Müß=
ten Einzelne ausgeschlossen werden, so versäume man doch nicht,
sie auch mit irgend einem ihren Kräften entsprechenden Geschäft
für das Ganze der Abtheilung zu betrauen. Das pädagogische
Ziel dieser Arbeiten sei Weckung der Präcision, Ordnung, Ge=
nauigkeit, Friedfertigkeit und Sauberkeit und des Bewußtseins
der Verantwortlichkeit. Um dieses Zieles halber darf man auch
die Zöglinge bei diesen Arbeiten sich nicht selbst überlassen.
Es ist verkehrt, wenn sie bei Versehen behandelt werden, als
ob sie Angestellte wären, denen die Geschäfte zu selbständiger
Besorgung übertragen wurden. Dies gilt namentlich auch dann,
wenn bei einzelnen Arbeiten größere Zöglinge zur Hülfleistung
bei der Aufsicht herangezogen wurden.

5. Daß die häuslichen Geschäfte in Knaben=Wohnungen
nur von männlichen, in Mädchen=Wohnungen nur von weib=
lichen Zöglingen zu besorgen sind, bedarf wohl keiner besonderen
Bemerkung.

§ 49.

Wenn durch die Besorgung mancher häuslichen Geschäfte dienende
Kräfte erspart werden, so erhält die Kinder=Arbeit auch einen finan=
ciellen Werth. Dies ist noch mehr der Fall bei landwirth=
schaftlichem Betrieb. Die bei demselben zulässigen Kinder=
Arbeiten geben zugleich einen sanitären Gewinn.

1. S. § 36. 3. Dienstboten gerathen in einer Anstalt leicht
in eine Zwitterstellung und können in mancher Hinsicht die
pädagogischen Einwirkungen auf die Zöglinge benachtheiligen.
Daher werden sie in manchen Anstalten durch ein vermehrtes
Wartpersonal, das die Dienstboten=Arbeiten mit besorgen muß,
ersetzt. Wir geben der Ersetzung durch größere Zöglinge den
Vorzug. Daß dadurch der Anstalts-Kasse zugleich ein Vortheil
erwächst, ist klar, selbst wenn die Dienstleistungen der Zöglinge
durch ganze oder theilweise Erlassung des Kostgelds und Ge=

währung freier Station (in engerem oder weiterem Umfange)
vergütet würden.

2. Es wird von der Lage der Anstalt abhängig sein, ob
mit ihr eine Landwirthschaft und in welchem Umfange zu ver=
binden ist. Macht die Nähe einer großen Stadt den Grund=
besitz theuer, so liefert sie auch manche Abzugsquelle für land-
wirthschaftliche Producte (namentlich Milch). Das Letztere wird
freilich nur in Betracht kommen bei einer Großwirthschaft, die
über die Spaten=Cultur hinausgeht. Unter Umständen kann
dieselbe ein wesentliches Erhaltungsmittel für die Anstalt werden,
insofern sie die in ihr verwendbaren Lebensmittel billiger her=
stellt oder Erzeugnisse liefert, für welche ein genügender und
lohnender Absatz vorhanden ist. In letzterer Hinsicht verwenden
manche Anstalten ihre Aecker zu Baumschulen, Saamenzucht
u. dgl., oder betreiben Viehzucht, um durch die Milch, die sie
auf den Markt liefern, sich eine ergiebige Einnahme=Quelle zu
erschließen, sowie für sich selbst ein billigeres Fleisch für ihren
Tisch zu erzielen. Bei der Groß=Landwirthschaft wird nicht
alle Arbeit mit Zöglingen zu bewältigen sein. Von der be=
sonderen Gestaltung derselben wird es abhängen, wie viele und
was für Zöglinge Verwendung finden. Aber auch die größere
Wirthschaft kann neben größeren Zöglingen, die beim Vieh=
füttern, Melken, vielleicht selbst bei den Gespannen Hülfe leisten,
kleinere auf die Aecker schicken, Steine abzulesen, Disteln aus=
zustechen, zu gäten, Maulwurfshaufen zu ebnen ꝛc. Daß diese
Arbeit auch ihren pecuniären Werth hat, ist leicht zu erkennen.
Insofern empfiehlt sie sich, mit Rücksicht auf die Kasse, vor
mancher anderen, bei welcher Material=Beschädigung u. s. w.
nicht selten den Nutzen aufhebt.

2. Wird die Landwirthschaft — die größere — getrennt
von der Anstalt betrieben, so hat sie doch die Grundzüge des
Anstaltslebens in sich aufzunehmen. Sie mag eine andere
Tagesordnung haben, aber die Vorschriften der Hausordnung
gelten auch für sie z. B. in Bezug auf Sonntagsheiligung,
Vermeidung der Spirituosen, Haltung der Dienstboten u. s. w.
Hiernach werden die Einflüsse der landesüblichen Wirthschaft
geregelt. Was die Berechnung anlangt, so ist die der Oeko=
nomie von derjenigen des eigentlichen Anstalts=Etats getrennt
zu halten und die Wirthschaft ist als ein abgegränzter Betrieb

zu betrachten, der, soweit es thunlich ist, nur mit den Ueber=
schüssen, die er liefert, oder den Zuschüssen der Anstalts=Kasse,
die er erheischt, bei der Abrechnung der letzteren in Betracht kommt.

3. Die kleine Landwirthschaft mit Spatencultur kann viel=
leicht die Kinderkräfte noch mehr verwerthen; indessen wird auch
die größere meistentheils Gartenbau zur Seite haben und dieser
bietet viele jener Beschäftungen, die der kleinen Wirthschaft eigen
sind, z. B. die mit Spaten, Schaufel, Hacke u. s. w. Der
kleineren aber aus dem Grunde den Vorzug ertheilen, weil die
Arbeit in ihr eine bessere Vorbereitung für den zukünftigen
Beruf abgäbe, beruht auf einer Illusion, „da nur wenige in den
Anstalten bei der Feldarbeit groß gewordenen Kinder sich später
der Landwirthschaft als Lebensberuf widmen" (S. Brandes,
Die Irrencolonieen. Hannover 1865, pag. 73). Die Gärtnerei
der Anstalt wird zwar in erster Linie sich mit dem Gemüsebau
befassen, um mit den Erzeugnissen desselben den eignen Tisch
zu versorgen Sie wird aber auch gut thun, ihre Arbeiten auf
Baum= und Blumenzucht auszudehnen, nicht sowohl, um darin
einen Erwerbszweig zu finden, was nur in seltenen Fällen ge=
lingen möchte, als vielmehr um die für die eigenen Anpflan=
zungen erforderlichen Gewächse zu gewinnen. Es ist nämlich,
abgesehen von anderen Annehmlichkeiten auch von erziehlicher
Wichtigkeit, daß sich über die Umgebungen der Anstaltshäuser
eine gewisse Anmuth ausbreite, und was die Beschäftigungen
der Kinder anlangt, so liegen zwischen dem Aufsammeln der
Papierschnitzel auf den Rasen und Wegen sowie dem Hacken der
Steige und der Blumenpflege in den Treibhäusern so viele
Stufen, daß die am verschiedensten Begabten ihre Beschäftigung
finden können.

4. Es ist ohne Frage, daß die Beschäftigung in der frischen,
freien Luft die Körperkräfte stählt, den Geist erfrischt und un=
zählige Feinde des Wohlbehagens fern hält, die sich bei fort=
gesetztem Aufenthalt in geschlossenen Räumen so gern und so
leicht einnisten. Dennoch kann auch diese Arbeit nachtheilig
werden, wenn die Aufsicht nicht Sorge trägt, daß Trinken in
der Erhitzung, unvorsichtiges Abkühlen bei der Transspiration,
starke Durchnässungen, Ueberanspannung der Kräfte, sofortiges
Baden nach der Arbeit und andere Unzuträglichkeiten vermieden
werden. Unterbrechungen der Arbeit durch Gänge zum Früh=

stück oder zum Vesperbrot, das füglich mitgenommen und wäh=
rend einer Pause im Garten oder auf dem Feld verzehrt werden
kann, sind auch im Interesse der Gesundheit und der Arbeit
zu vermeiden.

§ 50.

Wenn die Beschäftigung in der Landwirthschaft und Gärtnerei nur
in einem Theile des Jahres die Kräfte der Zöglinge in Anspruch nimmt,
so empfiehlt sich für den anderen Theil, den Winter, industrielle
Thätigkeit. Für einzelne Zöglinge wird freilich im Sommer und im
Winter die Arbeit in den Werkstätten am Ersprießlichsten sein, sowie für
andere die fortlaufende Arbeit in der Oekonomie.

1. Manche Arbeiten sowohl des Oekonomen als auch der
Handwerker gestatten es nicht, daß sie bald von Diesem, bald
von Jenem besorgt werden. Sie werden von eignen Oekonomie=,
Gärtner= und Handwerker=Abtheilungen zu beschaffen sein. In
dieselben werden solche der Schule entwachsenen Zöglinge auf=
zunehmen sein, die entweder in der Anstalt ein bleibendes Asyl
gefunden haben oder für einen bestimmten Beruf noch sollen
ausgebildet oder vorbereitet werden. Die größere Anstalt wird
nicht blos im Interesse dieser Zöglinge, sondern auch zu Gunsten
der Anstalts=Kasse ihre eigenen, dem Anstaltsverbande ange=
hörigen Handwerker haben, Schuster, Schneider, Bäcker, Tisch=
ler, Maurer, Maler, Schmiede u. s. w. und den Einzelnen die
geeigneten größeren Zöglinge für ihre Arbeit zutheilen, während
ihr Leben außerhalb der Arbeitszeit gruppenweise geführt und
von einem der Handwerker als Wärter oder einem separaten
Pfleger geleitet wird.

2. Die Schulknaben, die nur während gewisser Stunden
des Tages zu beschäftigen sind und ihnen gleichstehende, die
keine Unterbringung zu perpetuirlicher Arbeit in der Gärtnerei
und Landwirthschaft und in den Werkstätten finden, haben im
Winter einen eignen industriellen Unterricht. Gegenstände, die
sich für denselben empfehlen, sind Mattenmachen, Rohrflechten,
Bürstenbinden, Matratzen= und Pantoffelmachen, Korbflechten,
Buchbinden, Laubsägen, Korbflechten. Die Handhabung wird
eine verschiedene sein, je nachdem sie von Arbeitsleitern
betrieben wird, die nach der Clauson Kaas'schen Methode
gebildet wurden, oder von Sachverständigen, die früher eine

der genannten Beschäftigungen geschäftlich betrieben. Die Ausbildung der Kinder muß das erste Augenmerk fordern, weniger die Einträglichkeit der Producte. Da aber bei mancher dieser Arbeiten eine Ueberproduction eintreten kann, welche den Absatz übersteigt, so ist dieselbe von vornherein gehörig zu be= schränken und vielleicht nur dem Verbrauch in der Anstalt Rechnung zu tragen. Der Verkauf der erzeugten Industrie= Gegenstände wird immerhin ein schwieriger sein, wenn nicht etwa öffentliche Verkäufe stattfinden, bei denen der Wohlthätig= keitssinn mit auf die zu zahlenden Preise influirt. Schwierig auch um deswillen, weil die Waare oftmals nicht den Vergleich mit anderer, namentlich durch Maschinen= und Fabrikarbeit er= zeugter aushält und weil der Selbstkostenpreis oft schon durch vergeudetes Material ꝛc. ein höherer geworden ist, als daß er mit den gewöhnlichen Preisen concurriren könnte. Hat man um deswillen vorgeschlagen, auch in den Anstalten die Arbeit, soweit es geht, fabrikartig zu betreiben, so mag das für die Kasse Vortheile haben, aber für die Ausbildung der Kinder gewiß nicht. Mehr oder weniger müssen wir an die industri= ellen Arbeiten der Idioten = Anstalten dieselben Anforderungen stellen, die J. C. Kröger (Die Waisenfrage. Altona, 1848) an die der Waisenhäuser stellt pag. 105: „Sie müssen 1) der Gesundheit nicht Nachtheil bringen, weder an sich durch zu vieles Sitzen (oder in diesem Falle dürfen sie nur kurze Zeit dauern) noch durch das Material, Ausdünstung, Stauberregung u. s. w., sondern Anstrengung des Körpers mit Rücksicht auf die Kräfte des Kindes, mäßige Bewegung erfordern; 2) nicht den Geist durch Einförmigkeit und Mechanismus verdummen, noch so lange dauern, daß sie die Kräfte erschöpfen, sondern dem Nach= denken, dem Geschmacke, der Erfindungsgabe vielfache Anregung bieten und durch Manchfaltigkeit und Verschiedenheit der Pro= ductionen die Lust zu der Arbeit wohlthätig befördern; 3) nicht zu große Umstände in Bezug auf die Herbeischaffung des Ma= terials, der Werkzeuge oder des Absatzes verursachen; 4) bei ihrer Einführung und Fortsetzung nicht zu bedeutende Kosten verursachen, nicht zu viel Zeit zur Erlernung erfordern, aber immer ernsten Zweck haben, so daß dadurch wirklich etwas Nützliches geschaffen wird."

3. Es werden sich vielleicht immer Einige finden, die

durchaus nicht zu irgend einer industriellen Thätigkeit heranzu=
ziehen sind. Diese zu beschäftigen wird bisweilen schwer sein.
Doch ist ein unthätiges Herumsitzen derselben in keinem Falle
zu gestatten. Aussuchen von Hülsenfrüchten zur Reinigung
derselben, Steine sammeln und derartige einfache Beschäftigungen
mögen mit Spielen und Spaziergängen abwechseln.

4. Wenn in den der Feld= und Gartenarbeit gewidmeten
Zeiten Regentage fallen, so wird es vielleicht schwer sein, die
dadurch außer Thätigkeit Gesetzten industriell zu beschäftigen.
Hier wird vielfach Vorlesen, Erzählen, gemeinsames Singen,
Spielen aushelfen müssen. Der das zu leiten hat, muß aber
nicht erst sich rüsten wollen, wenn diese Störung eintritt, sondern
immer etwas zur Hand haben, wovon er alsdann sofort Ge=
brauch machen kann.

§ 51.

Die Mädchen sind zu weiblichen Handarbeiten anzuhalten und
im Hausstande zu beschäftigen. Ob sie auch an der Arbeit in Feld und
Garten theilnehmen, wird von Umständen abhängig sein. Ebenso läßt
sich über die Theilnahme der Knaben an weiblichen Handarbeiten keine
allgemein gültige Bestimmung treffen.

1. Hauptsächliche Gegenstände des weiblichen Handarbeits=
Unterrichts sind Stricken, Stopfen, Nähen, Flicken. Für Fort=
geschrittene mag Häkeln, Sticken u. s. w. hinzukommen. Doch
darf unter der Uebung der feineren Arbeiten nie die der ge=
wöhnlichen leiden. Bei den einzelnen Arbeiten ist aber auch
das Naturell der Kinder wohl zu berücksichtigen, da z. B. die
Nerven des Einen nicht das Stricken vertragen, während einem
Andern das gebeugte Sitzen beim Nähen unzuträglich ist und
manches Kind seiner Augen wegen mit gewissen Arbeiten ver=
schont werden muß. In mancher Anstalt findet der Handarbeits=
unterricht getrennt von der Garderobe statt, so daß diese mit
Hülfe eigner Abtheilungen die Reparaturen 2c. beschafft, während
in anderen der Handarbeitsunterricht seine Aufgaben von der
Garderobenverwaltung empfängt und Alles, dessen die Garderobe
bedarf, liefert. Die Combination beider Wege empfiehlt sich
wohl am meisten; sodaß der Handarbeitsunterricht einen Theil
des Erforderlichen liefert, ein anderer Theil — namentlich
Reparaturen — von den Wärterinnen beschafft werden und ein

dritter Theil durch eine eigne mit der Garderobe verbundene Nähstube, in welcher einige ältere Zöglinge unter Aufsicht und Anleitung arbeiten, besorgt wird.

2. Die Hausarbeiten in den Mädchen=Abtheilungen werden ebenso von den Mädchen, wie die in den Knaben=Abtheilungen von den Knaben besorgt (s. § 48, 4).

3. Es wird meistentheils keine Veranlassung sein, auch die Mädchen mit einigen Arbeiten des Hausfleißes (z. B. Matten= machen, Bürstenbinden u. s. w) zu beschäftigen, da sich für sie andere Arbeitsfelder finden. Einige werden in der Nähstube (s. Nr. 2) beschäftigt sein, andere bei der Zurichtung des Ge= müse für die Küche und bei sonstigen Küchenarbeiten, wieder andere in der Wäscherei. So lange für das Kartoffelschälen keine wirklich genügende Maschine vorhanden ist, giebt dasselbe für viele Mädchen eine Beschäftigung; doch hat man sich zu hüten, dieselbe nur Einzelnen perpetuirlich zu überweisen.

4. Die weiblichen Industrie=Arbeiten unterscheiden sich dadurch von denen der Knaben, daß sie im Sommer nicht pau= siren können, weil sie mit dem fortgehenden Haushalt der An= stalt im engsten Zusammenhange stehen. Um deswillen schon wird nicht leicht die Möglichkeit vorhanden sein, daß die Mäd= chen sich an der Arbeit in Feld und Garten betheiligen. Für die Einbuße, die sie dadurch in der Einathmung frischer Luft erleiden, müssen sie durch Spiel und Bewegung im Freien ent= schädigt werden. Auch wird man es zu ermöglichen suchen müssen, daß gewissermaßen zur Erholung eine Betheiligung an dem Einsammeln der Beerenfrüchte und anderer Ernten ihnen bereitet wird.

5. Hie und da werden auch die Knaben zum Strumpf= stricken angehalten. Die Rücksicht auf den Vortheil der Anstalt darf dazu nicht bestimmen, weil sonst manche Knaben vielleicht in ihrer industriellen Entwicklung aufgehalten werden. Bringt man den Knaben gelegentlich die Fähigkeit bei, sich in ihrer Kleidung einen Knopf einzunähen, einen Riß, wenn auch nur vorläufig zu schließen, so wird ihnen damit eine Wohlthat er= wiesen. Im Allgemeinen aber muß als Regel gelten, daß der Knabe nicht zu Arbeiten herangezogen werde, die das Leben einmal zum Monopol des weiblichen Geschlechtes gemacht hat; sowenig das Mädchen zu Arbeiten, die auf Erwerb berechnet

sind, — wenn die Anstalt solche hat — herangezogen werden darf. Wir konnten einer fabrikmäßigen Arbeit für die Knaben der Anstalt nicht das Wort reden, noch weniger einer solchen für die Mädchen.

3. Die Erholung.

§ 52.

Um zum Unterricht und zur Arbeit neue Lust und neue Kräfte zu empfangen, ist für das Kind nicht sowohl eine gänzliche Ausspannung derselben, als vielmehr ihre Leitung in andere Bahnen erforderlich. Eine dieser Bahnen ist das gemeinsam betriebene Spiel. Dasselbe will ein Ganzes von Bewegungen und Thätigkeiten nach eigner Construction oder als Nachahmung darstellen und dabei dem Streben nach Sieg im Wetteifer unter einander Rechnung tragen. Die Kinder sind eben so wenig beim Spiel wie beim Unterricht und bei der Arbeit sich selbst zu überlassen. Aber die Aufsichtführenden haben sich sorgfältig zu hüten, daß sie durch eine polizeiliche Ueberwachung die kindliche Unbefangenheit stören, und nur anleitend, eventuell durch eigne Selbstbetheiligung am Spiel, helfend zu dienen.

1. Wenn man von einem Kranken sagt: Er erholt sich, um damit seine Genesung zu bezeichnen, so gebraucht man auch wohl dafür den Ausdruck: „Er kommt wieder zu sich selbst". Die Erholung ist also die Rückkehr des Menschen zu seinem eignen Ich, weshalb die Lateiner sich des bezeichnenden Ausdrucks Recreatio bedienen. Das Kind nun hat während des Unterrichts und der Arbeit gewissermaßen sein eigenes Ich verloren, es ist über sich selbst hinausgeführt. Was kann es aber wohl so auf sein eignes, wirkliches Ich zurückführen, wie das Spiel. „Spiel ist des Kindes Leben, und alles Leben ist ihm nur Spiel." Vgl. A. Köhler in der Einleitung zu „Die Bewegungsspiele des Kindergartens." Weimar, 1866.

2. Das Spiel, das uns als Erholung nach der Arbeit begegnet, ist ein anderes als das des Kindergartens oder der Vorschule. Es ist ein selbsterzeugtes, nicht ein gegebenes wie dieses, es ist frei von der Schulatmosphäre, die dem letzteren eigen ist. In das Spiel der Erholungsstunden legt das Kind mehr sein ganzes eignes Ich hinein, als in dasjenige, wo es spielend unterrichtet wird. Daher ist die Wahl des Spieles —

vielleicht durch einen Rath beeinflußt — aber doch in den Willen der Kinder gestellt, sofern nicht sittliche oder sanitäre Hindernisse im Wege stehen oder durch sie Störungen herbei= geführt werden, welche die Ordnung nicht gestattet. Wie aber soll der Vorgesetzte sich während des Spiels verhalten? Man hört nicht selten, daß die Kinder ihn einladen, mitzuspielen. Thut er's, so hat er es um so leichter, das Spiel in den rechten Schranken zu halten und die spielunlustigen, die schwerfälligen Kinder mit in die Bewegung hineinzuziehen. Bei dem letzteren Geschäft werden ihm am besten die vollsinnigen Kinder helfen können, wenn die Anstalt solche hat. Bei combinirten Anstalten ist es nämlich von Wichtigkeit, die normalen Kinder beim Spiel mit den abnormen zu vereinigen. Der pädagogische Werth ihres Einflusses auf dem Spielplatze ist kein geringer. Um aber auf den Erwachsenen zurückzukommen, so ist vielfach behauptet, daß er das Spiel der Kinder verderben könne. Und in der That ist das der Fall, wenn er sich bei demselben als Con= stabler aufstellt, fortwährend gebieterisch unter die sich Tummeln= den hineindonnert, die sich Zurückziehenden mit Gewalt hinein= zieht und so die Unbefangenheit der Spielenden bannt. Daß das Mitspielen die Autorität des Lehrers oder Pflegers be= einträchtigen sollte, haben wir noch nie wahrgenommen. Es kann nur da geschehen, wo der, der mit den spielenden Jungen ein Junge war, auch in der Schulklasse oder Abtheilung als Junge auftrat.

3. Es kann geschehen, daß die Spielenden nicht so bald zum Entschlusse kommen, welches Spiel gespielt werden soll, daß sie sehr bald eines Spieles satt sind oder daß sie bis zum Ueberdrusse bei einem und demselben Spiele verweilen. Hier hat sich die Aufsicht und Leitung zu betheiligen. Ebenso bei ausbrechenden Zänkereien, bei Wildheiten und Rohheiten, nicht minder kann und soll sie durch freundliche Einreden verhindern, daß jeder tüchtige Spieler nur den gleich tüchtigen zum nächsten Mitspieler an sich zieht. Desgleichen hat sie zu verhüten, „daß die Spielstunden sich zu Spieljahren ausdehnen" (J. Paul Levana § 54).

4. Ausschließung vom Spiel wird für Solche, die gern spielen, eine empfindliche Strafe sein. Dieselbe bei Denjenigen anwenden, die man erst zum Spiele heranziehen muß, wäre unpädagogisch).

5. Wenn die Witterung und die anderen Verhältnisse es gestatten, so werden die eigentlichen Bewegungsspiele immer den Vorzug haben. Ihnen zunächst steht das die Kraft der Arm= muskeln und die des Auges stärkende Kegelschieben. Die dazu nöthige Kegelbahn gewährt auch dem männlichen Angestellten= Personal in seinen Freizeiten Erholung, wenn dafür größere Kegel und Kugeln als für die Kinder vorhanden sind. Uebung des Auges giebt auch das Vogel= und Scheibenschießen, das jedoch für besondere Veranlassungen (häusliche Feste) sich eignet und zu dem alsdann auch nur die fähigeren Knaben herzuge= zogen werden können. Die für winterliche Abenderholungen sich eignenden Spiele wie Domino=, Damen=, Mosaikspiele, müssen in den Hintergrund treten, wenn die Möglichkeit, im Freien zu spielen, vorhanden ist.

6. Wohl giebt es einzelne Idioten, die zu weinen an= fangen, wenn die Töne eines Instruments ihr Ohr berühren, im Allgemeinen aber werden sie durch Musik heiter gestimmt, Viele prägen sich auch mit Leichtigkeit die gehörten Melodieen ein. Daher gestatte man gern, wenn nicht etwa Bläserchöre unter den Angestellten sind, dem vorüberziehenden Leiermann den Eintritt. Seine Töne werden vielleicht auch die Füße in Bewegung setzen. Diesen Tanz (bei Vielen nur ein Hüpfen) gestatte man gern, wenn die Geschlechter geschieden sind. Ein An= deres aber ist es mit dem eigentlichen Tanz und seiner Uebung auf Kinderbällen. Jean Paul (Levana, § 55) hat Recht, wenn er dieselben die Vorreisen und Hauptpas zum Todtentanz nennt.

§ 53.

Spaziergänge und Wanderungen wirken theils durch die körperliche Bewegung vortheilhaft, theils dadurch, daß sie den Gesichts= kreis der Kinder erweitern, ihr Gemüth bereichern und den Gemeinschafts= sinn und Anstand pflegen.

1. Die freiere Bewegung des Spiels wird beim Spazier= gang eine ruhigere, mäßigere. Dennoch ist die Strammheit des Marschirens ebenso ausgeschlossen, wie das ungeordnete, haufen= weise Hin= und Herschweifen. Das letztere ermüdet vor der Zeit, und das erstere gestattet kein Fragen, Erinnern, Hin= weisen u. s. w., was gerade dem Spaziergang und der Wanderung das rechte Leben giebt. Die Kinder sehen Dinge,

worüber sie Aufschluß wünschen, und Diejenigen, die nicht selbst beobachten, werden aufmerksam gemacht. Gesang giebt Ab= wechselung; ein Waldhorn giebt die nöthigen Signale, ein Banner erhält das Bewußtsein der Zusammengehörigkeit. Die Wanderung, die einen ganzen Tag in Anspruch nimmt, kann natürlich nur mit den Kräftigeren unternommen werden, es sei denn, daß ein Gefährt (oder mehrere) zur Aufnahme der Ma= rodeure oder zur Beförderung der Schwächeren den Zug be= gleitet. Das Sichlagern zu den Mahlzeiten, die Abweichung von der häuslichen Ordnung, etwaige kleine Abenteuer, Ueber= windung von allerlei Schwierigkeiten des Weges u. dgl. er= höhen den Genuß. Wird auch das Maß der gewöhnlichen Kraft= anstrengung überschritten, das erweckt keine Aengstlichkeit, nament= lich wenn dafür gesorgt ist, daß der Wanderung ein Ruhetag folgt.

2. Die Begleiter haben für die Wanderung ein doppelt schar= fes Auge nöthig. Sie bewegen sich im Zuge gehörig vertheilt; keinem ist eine Zahl zugewiesen, die für seinen Blick zu groß ist. Wiederholt ist Mannszahl zu halten, dabei auf die Ordnung der Bekleidung zu achten, auch zu beobachten, ob etwaige Hülfen für die Fortsetzung der Tour bei Einzelnen anzuwenden sind.

3. Die Wanderung hat ein Ziel. Ein bestimmter Wald, ein Dorf kann es sein oder dgl. Wenn eine Großstadt nahe ist, die einen zoologischen Garten hat, oder wo zu Zeiten Schaustellungen aus dem Thierreich und dem Völkerleben statt= finden, so geht das Streben gern dorthin, und der intellectuelle Gewinn hiervon ist nicht zu unterschätzen. — Winterliche Ver= gnügungen, wie Eispartieen, sind mit Vorsicht zu behandeln. So gern sie gewandteren Kindern zu gestatten sind, so sind doch nicht Alle, die eine Aversion gegen dieselben an den Tag legen, zwangsweise heranzuziehen. Auch ist der Empfindlichkeit in Betreff der Kälte, die manchen Idioten eigen ist, Rechnung zu tragen.

§ 54.

Anstalten, die auf dem Lande liegen, können ihren Angehörigen auch dadurch Freude bereiten, daß sie den Einzelnen kleine Gärtchen zur freien Bearbeitung und Nutznießung überweisen. Auch Anstalts= und besondere Kinderfeste sind Lichtpunkte im Leben der Kinder.

1. Hinsichtlich dessen, was man den Kindern zur Selbst= bearbeitung und =Pflege überweist, gewähre man ihnen möglichst

freie Hand, doch nicht, ohne ihnen Rath zu ertheilen, Anleitung zu geben, wo man sieht, daß sie dessen bedürfen. Man wird bei diesen Gärtchen bald beobachten, ob mehr das Schönheits= oder das Nützlichkeitsstreben prävalirt. Falls das Letztere der Fall ist, so wird man vielleicht öfter Gelegenheit haben, einem gewissen Tausch= und Schachergeiste, der oft auch Unredlichkeiten und Zänkereien im Gefolge hat, entgegenzutreten. Wenn da= gegen das Streben sich bemerkbar macht, durch die Erzeugnisse Eltern und Angehörige zu erfreuen, so ist dasselbe zu nähren; Anderen gewähre man es, dieselben bei eignen kleinen Fest= mahlzeiten zu verspeisen.

2. Daß die Kinder zu ihrem Vergnügen sich Thiere halten, Kaninchen, Meerschweine, Vögel ist im Ganzen zu viel mit Thierquälerei verbunden, als daß es unbedingt empfohlen wer= den könnte.

3. Größere Anstalten können zwar nicht jeden Geburtstag eines Zöglings mit einem Feste feiern; doch werden sie dem Geburtstage jedes Kindes eine gewisse Auszeichnung für das= selbe zu Theil werden lassen. Kinderfeste aber werden sich an Erlebnisse der kleinen Anstaltswelt anschließen; sie haben ihren Platz, wo gewisse größere Arbeiten beendigt sind, an Geburts= tagen von Vorgesetzten, an Gedenktagen der Anstaltsgeschichte. Vogelschießen, Aufführungen im Freien oder im Zimmer, je nach der Jahreszeit, machen diese Feiern genußreich.

4. Die größeren Anstaltsfeste, die meistentheils zugleich öffentlich gefeiert werden, tragen gewöhnlich den Kindern weniger Rechnung. Aber wenn auch Alles mehr für die Freunde der Anstalt, die fremden Gäste, überhaupt die Erwachsenen berechnet ist, so liegt doch für die Kinder schon in den Zurüstungen und in dem Zuschauen eine genußreiche Unterbrechung der Alltäglichkeit.

5. Durch die Feier der patriotischen und kirchlichen Feste ist die Vaterlandsliebe und der kirchliche Sinn zu pflegen. Wenn unter den kirchlichen Festen das Weihnachtsfest dazu be= sonders geeignet ist, so liegt es in der Natur der Sache, daß die Anstalt gerade dieses Fest zu einem Glanzpunkt ihres Lebens macht. Dazu wird eine Festbescheerung beitragen. Aber die Anordnungen sind darnach zu treffen, daß die Festfreude nicht ganz in der Bescheerungsfreude aufgehe, damit über dem Aeu= ßeren nicht das Innere zu kurz komme. Wenn das in der

Christenheit üblich gewordene Sichbeschenken am Weihnachtsfeste erst eine Nachbildung davon ist, daß Gott in der Sendung seines Sohnes der Welt das größte Geschenk machte, und wenn die Liebesbeweise der Menschen unter einander erst den Dank für die uns zu Theil gewordene Liebe darstellen, so hat wohl die Bescheerung ihren richtigeren Platz nach als vor der Feier. Erst im festlichsten Glanze kirchlich Weihnacht feiern, dann — doch nicht etwa unmittelbar darauf — die Bescheerung vor sich gehen lassen, verhilft jedem Theile zu seinem Recht. — Die Kinder gewöhnen, daß sie nicht blos Freude am Empfangen, sondern auch am Geben haben, ist ein Zweck, der auch bei Gelegenheit der Weihnachtsfeier erreicht werden kann. Man lasse sie für die Ihrigen dies und das zur Weihnachtsfreude anfertigen. Ob man weiter gehen, ob man ihnen behülflich sein soll, für arme Kinder eine Weihnachtsbescheerung zu beschaffen, ist eine Frage, deren Beantwortung sich nach den besonderen Verhältnissen richtet; jedenfalls hüte man sich vor etwas künstlich Gemachtem, dem die innere Wahrheit abgeht.

4. Die Gesundheitspflege.

§ 55.

Den Kindern ist unter Berücksichtigung ihrer Entwicklung eine naturgemäße, leicht verdauliche, nahrhafte und wohlschmeckende Kost in richtig proportionirten Zwischenräumen zu reichen und dafür zu sorgen, daß sie in guter Ordnung und mit Anstand genossen werde.

1. Wenn die Anstalt kleinere und größere Pfleglinge neben Zöglingen umfaßt, welche mit Feld= und Gartenarbeiten oder im Handwerk beschäftigt sind, so versteht es sich von selbst, daß dieselben in verschiedener Weise zu beköstigen sind. Leichtere und schwerere Kost wird auf dem Küchenzettel stehen. Die größere oder geringere Verdaulichkeit der Nahrungsmittel ist in Beziehung zu setzen zu dem Kraftverbrauch. Aber nicht dieser allein kommt in Betracht, sondern auch die Constitution, so daß z. B. Schwarzbrod, Cerealien ꝛc. Demjenigen nicht geboten werden, der in Folge seiner Arbeit wohl auf sie Anspruch haben könnte, durch den Genuß aber sich Verdauungsbeschwerden zuzieht.

2. Die Nahrhaftigkeit eines guten Brodes ist zwar nicht in Zweifel zu ziehen, dennoch ist dem Hange mancher Kinder,

sich fast ausschließlich vom Brode zu nähren, nicht nachzugeben. Die Zwischenmahlzeiten, welche diese Brodesser sich verschaffen, verhindern die nöthige Ruhe des Magens; sie erzeugen Appetit= losigkeit bei der Hauptmahlzeit. Ueberdies pflegen diese Kinder auf unerlaubtem Wege sich meistentheils das Brod zu verschaffen, es in den Taschen mit sich zu führen und so ist der Unordnung ein weiter Spielraum geschaffen. — Wenn zum Trinken den Kindern Brod gegeben wird, so ist nicht gerade nothwendig, daß dasselbe mit Butter bestrichen sei. Mus von Obstsorten, oder Syrup, Honig ersetzt den Ueberstrich nicht, wenn er auch etwas Einladendes hat. Das fehlende Fett auf dem Brode ist durch die Anwendung von Fettsubstanz bei anderen Mahlzeiten auszugleichen.

3. Trotz des Umstandes, daß der Geschmack bei vielen Idioten wenig ausgebildet ist, ist ein Haupterforderniß, daß nur wohlschmeckende Speise auf den Tisch komme. Dasselbe macht sich besonders geltend, wenn die Vorgesetzten mit den Kindern dieselbe Kost genießen und das Mahl theilen. Eine solche Mahlzeit hat ihre Vorzüge — in pädagogischer und sitt= licher Hinsicht — vor der, wo die Kinder allein unter den Augen wachthabender Aufseher speisen, wenn sie auch kost= spieliger herzustellen ist, als ein besonderer Angestelltentisch neben einem Zöglingstische.

4. Das Küchenpersonal, dem es so leicht wird, den Kin= dern außer der Mahlzeit Speisen zugänglich zu machen, bedarf besonderer Aufsicht. Ebenso ist sorgfältig darüber zu wachen, daß kein unreifes Obst in die Hände der Kinder komme. Der Naschhaftigkeit stets zu begegnen, gehört mit zu der Sorge für die gesunde Ernährung.

5. Die Aufsicht bei Tische hat den unmäßigen Genuß zu verhindern, sowie für den Anstand beim Essen und Trinken zu sorgen. Sind Pfleglinge zu füttern, so ist Bedacht darauf zu nehmen, daß sie sich möglichst bald an das Alleinessen gewöhnen. So lange sie aber zu füttern sind, ist zu vermeiden, daß ein großes Quantum oder zu heiße Speise in den Mund komme. Ob größere Kinder Messer und Gabeln bekommen oder mit Löffeln essen, wird von den Individualitäten abhängig zu machen sein. — Wenn alle oder mehrere Abtheilungen in einem ge=

meinsamen Speisesaal essen, so wird derjenige, der die Ober=
aufsicht hat, das Tischgebet sprechen, was, wo in einzelnen
Abtheilungen gespeist wird, von dem Wärter oder der Wärterin
geschieht. Bei Mahlzeiten, die Abfälle ergeben (Schlauben,
Gräten, Knochen), müssen hierfür Gefäße auf dem Tische sein,
damit die Verbreitung derselben über den ganzen Tisch nicht
die Sauberkeit und Appetitlichkeit störe.

6. Eine Mahlzeit, bei welcher Alle durch einander reden
und schreien, hat nichts Anziehendes, aber auch diejenige nicht,
wo die Tischgenossen gleich dem Stallvieh stumm ihr Deputat
zu sich nehmen. Der rechte Tischleiter wird den Mittelweg
herausfinden. — Er wird auch durch Beobachtung ausfindig
machen, wie viel dem Einzelnen dienlich ist und nicht das Ver=
langen der Kinder ausschließlich zu seinem Maßstab machen.

7. Besondere Rücksicht fordern die Bettnässer. Es empfiehlt
sich, bei der letzten Mahlzeit die flüssige Nahrung ihnen zu
beschränken. Manchen soll fette Kost vor dem Schlafengehen
ersprießlich gewesen sein.

8. Die Nahrungsmittel und Leckerbissen, welche Besucher
mitbringen, dürfen nicht direct in der Kinder Hände gelangen.
Sie sind in mäßigen Portionen ihnen während der gewöhnlichen
Tischzeiten zu reichen.

9. Die, welche die Kinder zu Tische führen, haben dafür
zu sorgen, daß sie wohl gereinigt und gekämmt erscheinen, auch
so essen, daß die Kleidung nicht befleckt werde, event. sie mit
einem Schutz, namentlich der Brustbekleidung zu versehen. Die
Erziehung der Kinder am Tische ist ein wesentliches Stück der
Erziehung überhaupt.

10. Das Geschirr, das beim Essen und Trinken gebraucht
wird, ist zu schonen. Mit Beulen versehenes und unsauberes
macht einen unappetitlichen Eindruck. Die Reinigung des
Tisches und des Geschirres, wenn es von den Zöglingen be=
sorgt wird, fordert eine genaue Controlle.

11. Der Küchenzettel wird sich meistentheils der landes=
üblichen bürgerlichen Kost anschließen, daher im Norden und
im Süden verschieden gestalten. Er wird auch im Sommer
und im Winter ein verschiedener sein. Doch ist die Mittheilung
einiger Küchenzettel verschiedener Anstalten nicht ohne Interesse.

Speisezettel für die Anstaltszöglinge in Mariaberg.

	Morgens	Mittags	Abends	Gemüse
Sonntag	Milch mit Schwarz= brod	Brodsuppe und Reisbrei mit Zucker und Zimmt	Griessuppe und Kalbsbraten	im Sommer: Bohnen, Kohl
Montag	Gries mit Milch	Reissuppe mit Rindfleisch	Niebelessuppe mit Brod	
Dienstag	Brennsuppe	1. Erbsensuppe und Griesbrei mit Brod 2. Dampfnudeln mit Milch oder Schnitz	Griessuppe mit Fleisch	
Mittwoch	Gries mit Milch	1. Reissuppe mit Fleisch 2. Brodsuppe, Bohnen, gelbe Rüben mit Fleisch	Niebelessuppe mit Brod	im Winter: Linsen, gelbe Rüben, Kohlraben, (Süßkraut), Kartoffel= gemüse und gesottene Kartoffeln
Donnerstag	Brodsuppe mit Milch	1. Brodsuppe, Kartoffelgemüse oder Kohlraben, Fleisch 2. Brodsuppe, Linsen oder Süßkraut mit Fleisch	Griessuppe mit Brod	
Freitag	Brennsuppe	1. Erbsensuppe und Griesbrei mit Brod 2. Dampfnudeln mit Milch oder Schnitz	Niebelessuppe mit Fleisch	
Samstag	Gries mit Milch	Gerstensuppe mit Fleisch (im Winter auch Kartoffeln)	Gries= oder Brodsuppe mit Brod oder Kartoffeln	

Schleswig (Bericht von 1863).

Morgens und Abends: Buchweizengrütze mit Butterbrod, Nachmittags Weißbrod,

Mittags:

Am Sonntag: Fleischsuppe mit Reis, gestobte Kartoffeln mit Suppenfleisch;

am Montag: dünner Reis, Klöße oder Pudding mit Sauer;

am Dienstag: wie Sonntag;

am Mittwoch: dünner Reis, Fisch mit Kartoffeln;

am Donnerstag: im Sommer wie Sonntags, im Winter: gelbe Erbsen, Kartoffeln mit Fleisch und Speck;

am Freitag: wie Sonntag;

am Sonnabend: Milch und Klöße oder Fricassee mit Kartoffeln und Weißbrod.

Hubertusburg (16.—22. Febr. 1873).

Morgens: Eichelkaffee;

Sonntag. Mittags: Schweinebraten mit Selleriesalat, Abends: Käse zu Butterbrod;

Montag. Mittags: Nudeln mit Fleischmachsel, Abends: Biermilchsuppe;

Dienstag. Mittags: saure Kartoffeln mit etwas sauren Gurken, Abends: Griessuppe;

Mittwoch. Mittags: Bratwurst mit Erbsen, Abends: Reis in Milch;

Donnerstag. Mittags: Kohlrüben mit Fleischmachsel, Abends: Kartoffeln in der Schale;

Freitag. Mittags: Rindfleisch mit Kartoffelstückchen, Abends: Reissuppe;

Sonnabend. Mittags: Hirse in Milch, Abends: Kartoffelsuppe.

Krankenkost daselbst:

Sonntag. Mittags: Kalbsbraten mit gebackenen Pflaumen, Abends: Käse zu Butterbrod;

Montag. Mittags: Rindfleisch mit Fadennudeln, Abends: Biermilchsuppe;

Dienstag. Mittags: Schöpsfleisch mit Möhren, Abends: Reis in Milch;

Mittwoch. Mittags: Rindfleisch mit Kartoffelstückchen, Abends: Griessuppe;

Donnerſtag. Mittags: Rinderbraten mit Braunkohl,
Abends: Kartoffeln in der Schale;
Freitag. Mittags: Schweinscotelett mit Kartoffelmus,
Abends: Reisſuppe:
Sonnabend. Mittags: Rindfleiſch mit feinen Graupen,
Abends: Kartoffelſuppe.

Scheuern in Naſſau.

7 Uhr Frühſtück: täglich Kaffee mit Butterbrod oder Kraut=
oder Honigbrod — nach Bedürfniß. Die Elenden,
d. h. Schwachen und Kränklichen erhalten Milch und
Weißbrod;

10 Uhr Schmierbrod (Brod mit Honig, Butter oder Mus);
die Geſunden;
Feinbrod mit Kaffe die Schwächeren;
Roggenbrod mit Fleiſchbrühe diejenigen Schwächeren,
welche der Stärkung mehr bedürfen und guten Magen
haben;
Milch und Feinbrod die Schwächſten;

12 Uhr täglich Fleiſchſuppe, gehacktes Rindfleiſch mit Kartoffeln
und Gemüſe (geſondert). — Das Gemüſe wechſelt mit
Grün und Dürr — mitunter Obſt; die Schwachen
und Kränklichen erhalten das Fleiſch gehackt in brei=
artiger Suppe mit etwas Brod;

4 Uhr wie früh Morgens;

7½ Uhr Milch oder Mehlſuppe mit Brod (trocken) reſp. blos
Butterbrod (die Bettnäſſer).

Alſterdorf.

Morgens: Grütze mit Milch oder Kaffee mit Weißbrod;

Mittags:

Am Sonntage: Suppe mit Fleiſch und dickem Reis, dazu
Weißbrod;

am Mittwoch: Suppe mit Fleiſch und dünnem Reis, dazu
Weißbrod;

an den anderen Tagen eins der folgenden Gerichte:
(Erbſen=, Bohnen= oder Linſen=)Suppe mit Fleiſch und
Kartoffeln,
(Erbſen= oder Bohnen=)Suppe mit Klößen und Fleiſch (oder
Speck),
Suppe, Rindfleiſch in brauner Sauce und Klöße,

Graupenſuppe, Kartoffeln und Rindfleiſch,
Brodſuppe, Hering und geſtobte Kartoffeln,
Suppe, Kohl (Kohlrabi, Wachsbohnen, gelbe Wurzeln, Steck=
    rüben, Erbſen), Kartoffeln und Fleiſch,
Suppe, geſtobte Kartoffeln und Wurſt,
Suppe, dicke Linſen, Wurſt und Kartoffeln,
Suppe, Syrupsklöße und Speck,
Saure Suppe mit Klößen, Kartoffeln und Speck,
Suppe, Sauerkohl, Kartoffeln und Fleiſch,
Suppe, Braten mit Kartoffeln und rothe Beet oder Backobſt,
Reis mit Zucker
Reis mit Pflaumen   } gewöhnlich Montags,
Fruchtſuppe mit Klößen
wenn das Gericht für die Schwächeren ſich nicht eignet, er=
halten dieſelben:
Suppe, Fricadellen (Braten) und geſtobte Kartoffeln,
Krautſuppe, Arme Ritter,
Suppe, Fricadellen und Kartoffelmus,
Suppe, Pfannkuchen und Pflaumen,
Suppe, Fleiſch, Sauerampfer (grüne Bohnen, Erbſen),
Suppe, Schinken und Kartoffelmus;
Abends: Thee oder Kaffee oder (Milch=, Brod=, Gries=, Reis=,
    Reismehl= oder ſüße) Suppe mit Brod.
    Den größeren Zöglingen wird das Schwarzbrod mit Butter
oder Schmalz beſtrichen.

§ 56.

Ob die Anſtalt eine beſtimmte Anſtaltskleidung habe, wird vielfach
davon abhängen, ob ſie oder die Angehörigen der Kinder die Pflicht
haben, dieſelben zu kleiden. Die Verſchiedenheit der Zöglinge und ihres
täglichen Lebens wird es nicht leicht zu einer allgemeinen Tracht kommen
laſſen. Weſentliche Erforderniſſe ſind: daß die Kleiderſtoffe der Tem=
peratur entſprechend und dauerhaft, daß die Farbe nicht zu empfindlich,
ſowie daß die Form einfach und bequem ſei und keinerlei Unzuträglich=
keiten Vorſchub leiſte.

    1. Wenn größere Anſtalten für ihre Angeſtellten eine
einfache Uniform haben, ſo iſt das im Intereſſe der Nettigkeit,
fördert die Ordnung und iſt auch für Beſucher der Anſtalten
oftmals nicht ohne Werth. Gleiche Kopfbedeckungen und Blouſen

von demselben Schnitt und derselben Farbe genügen bei dem
männlichen, uniforme Kleider, Schürzen und Tücher bei dem
weiblichen Personal. Selbstverständlich erstreckt sich das Tragen
nur auf die Dienstzeit in der Anstalt.

2. Gleiche Bekleidung der Kinder macht ebenfalls einen
wohlthuenden Eindruck und erleichtert das Bekleidungswesen,
Ausbesserungen 2c. Aber wenn Anstalten auf die Beihülfe von
Naturallieferungen angewiesen oder die Nutritoren gehalten sind,
die Kleidung zu liefern, vielleicht gar in Stand zu halten, so
wird die Uniformirung schwer durchzuführen sein. Dazu kommt,
daß Pfleglinge anderer Bekleidung als Landarbeiter bedürfen.
Dennoch wird in den verschiedenen Schichten eine Kleidung die
vorherrschende sein und eine allzu große Buntscheckigkeit ver=
mieden werden.

3. Im Interesse der Ordnung ist aber darauf zu halten,
daß jedes Kind seine eigene Unter= und Oberkleidung und
Fußzeug habe — mit Nummern oder Zeichen versehen. Auch
darf es an dem genügenden Vorrath für den Wechsel nicht fehlen.

4. Daß schwächliche Kinder wärmer als robuste zu kleiden
sind, daß denen, die zu Erkältungen des Unterleibs neigen, ge=
höriger Schutz durch entsprechende Unterkleidung gewährt werde,
versteht sich von selbst. Für Knaben empfehlen sich als Kleider=
stoffe englisch Leder, Soldatentuch, Cord, im Sommer: Drillich,
für Mädchen Wollstoffe und gedruckte Stouts.

5. Ob eine eigene Sonntagsbekleidung eingeführt oder
das gewöhnliche Zeug im ersten Jahre zum Sonntagsanzug
solle verwendet werden, darüber läßt sich keine allgemein gültige
Bestimmung geben. Im Allgemeinen wird das Corps der Zög=
linge am Sonntage weniger als am Werktage uniform in seiner
Kleidung auftreten.

6. Durchgänglich wird die geschenkte Knabenkleidung sich
eher den Bedürfnissen anpassen lassen, als die weibliche, bei
der zu Zeiten nach Beseitigung der anstaltswidrigen Façons
wenig nutzbares übrig bleibt.

7. Große Vorsicht ist bei den Knaben, die Hang zur
Selbstbefleckung haben, in der Anfertigung der Hosen, namentlich
auch in der Anbringung der Taschen anzuwenden. Die letzteren
erfordern auch eine besondere Beaufsichtigung bei Denen, die

am Sammeltriebe leiden. Man beschränke sie dergestalt, daß sie nur der Aufbewahrung des Schnupftuchs dienen können.

8. Schnupftücher, Hosenträger, auch Kopfbedeckungen werden von den Knaben sehr leicht verloren; um so mehr müssen die Wärter auf dieselben Acht haben.

9. Die Kinder sind in Bezug auf die Reinhaltung ihrer Kleider verschieden beanlagt. Bei manchen aber ist die Unrein= lichkeit in körperlichen Defecten begründet. Die am Speichel= fluß Leidenden bedürfen eines sog. Buschens, das bei Größeren aus Guttapercha, Ledertuch oder anderem wasserdichten Stoff besteht. Nässer und Schmutzigmacher sind sofort mit trockener Kleidung zu versehen.

10. Bei Knopfabdrehern ist die Kleidung so einzurichten, daß der Verschluß hinten stattfindet.

11. Besondere Kleidungen sind: 1) Die Zwangsjacke, die den Zerstörern angelegt wird, aber nie benutzt werden darf, um nur eine Erleichterung der Aufsicht herbeizuführen, wenn diese, ordnungsmäßig gehandhabt, ausreicht; 2) Die Zwangs= handschuhe, die das Sichzerkratzen, das Lutschen und Nägelkauen verhindern; 3) Die bunte Hose, die den Wegläufer kennzeichnet.

12. Das Barfußgehen im Sommer ist nicht zu gestatten; das Laufen auf Holzpantoffeln verschlechtert den Gang und ist nur für gewisse Arbeiten zu gestatten. Sind die Schuhe oder Stiefel mit Schnallen oder Schuhbändern versehen, so erkennt man den ordentlichen Wärter daran, daß das Fußzeug seiner Kinder stets guten Anschluß hat.

13. Es empfiehlt sich, mit den noch unbeholfenen Kindern eigne Uebungen im An= und Auskleiden vorzunehmen.

§ 57.

Die Pflege der Haut fordert, daß dem Waschen und Baden eine besondere Sorgfalt gewidmet werde. Das Letztere findet im Sommer, wo möglich, im Freien statt. Mit dem Waschen hängt das Putzen der Zähne, das Schneiden der Nägel und Haare und das Kämmen der letz= teren zusammen. Die Direction hat sich von Zeit zu Zeit die Zöglinge unbekleidet zur Revision vorführen zu lassen.

1. Manche Zöglinge waschen sich ungern; gegen das Baden ist bisweilen noch größere Aversion. Zu dem letzteren, nament= lich beim Baden im Freien, in einem Fluß, einem See darf

man wohl nicht alle zwingen; aber in Bezug auf das Waschen
darf keine Nachsicht geübt werden. Zöglinge, die sich selbst
waschen und am Halse die Grenzlinie zeigen, bis wie weit das
Wasser gekommen, dienen nicht zur Empfehlung des Wärters
oder der Wärterin. Stärkeren Kindern ist das Waschen mit
kaltem Wasser nicht zu erlassen, während bei schwächeren nichts
anderes als lauwarmes anzuwenden ist. Pfleglinge, die sich
beschmutzen, empfangen am besten gleich Morgens ein warmes
Wannenbad.

2. Das kalte Bad im Freien, das nicht blos zur Reinigung,
sondern auch zur Erfrischung genommen wird, darf weder bald
nach dem Essen, noch gleich nach einer Arbeit genommen werden,
die den Körper in Transspiration setzte. Bei dem Bade im
Freien ist wie der Gesundheit, so auch dem Anstand genügend
Rechnung zu tragen. Das gehörige Abtrocknen des Körpers
ist eine wesentliche Pflicht.

3. Nach den Bädern im Hause ist das Abreiben mit einem
groben Handtuch für die Pflege der Haut von Wichtigkeit.
Mit den Handtüchern aber darf durchaus nicht sparsam ver=
fahren werden; namentlich dürfen mit den Handtüchern derer,
die an Ausschlägen leiden, oder deren Augen nicht gesund sind,
Andere sich nicht abtrocknen. Auch durch Zahnbürsten und
Kämme können Krankheiten übertragen werden. Daher sind
diejenigen, die von Defecten benutzt werden, Anderen nicht zum
Gebrauch zu gestatten.

4. Die Zähne sind vielfach eine schwache Seite der Idioten.
Sie werden bei ihnen sehr leicht unrein und krank. Daher ist
das Putzen derselben eine Hauptsache bei der körperlichen Reinigung.

5. Sehr häufig bilden sich Schorfe auf den Köpfen der
Idioten. Die Stellen, wo dies geschieht, sind alsbald vom
Haar zu befreien. Geschieht es nicht, so entsteht sehr bald Un=
geziefer. Daher ist der geringsten Unreinigkeit der Kopfhaut
die größte Aufmerksamkeit zu widmen. Bei den Mädchen kann
die Pflege des Kopfes oft nicht anders geschehen, als durch Ab=
stutzung des Haupthaars. Wenn dieselbe von den Angehörigen
meistentheils nicht gern gesehen wird, so ist sie zwar so lange
als möglich zu vermeiden. Dennoch lasse man sich dadurch
nicht abhalten, im Interesse der Reinlichkeit und Gesundheit
zu handeln.

6. Zum Waschen der Hände vor und nach dem Essen, sowie beim Uebergang von einer gröberen zu einer solchen Arbeit, die durch ungewaschene Hände leiden kann, müssen die Zöglinge angehalten werden.

§ 58.

Die Kinder schlafen unter Aufsicht, einzeln gebettet in Betten, die einander nicht zu nahe stehen, in wohlventilirten Räumen. Die Unterbetten sind hart, die Bedeckung, mäßig warm, richtet sich nach der Jahreszeit. Für die Bettnässer sind Vorkehrungen zu treffen, daß die Gesundheit derselben und die Betten möglichst wenig Schaden leiden. Besondere Aufmerksamkeit fordern die Kinder, die nicht bald einschlafen oder zu früh erwachen und die unruhig schlafenden, damit die Selbstbefleckung vermieden werde. Viel schreiende Kinder sind zu isoliren.

1. Da die idiotischen Kinder stark auszudünsten pflegen, so ist durch gute Ventilation der Schlafräume dafür zu sorgen, daß Nachts nicht allzu schlechte Luft eingeathmet werde. Wo die Ventilation durch das Oberlicht der Fenster beschafft werden muß, sind die Glasscheiben mit Stramei=Rahmen zu vertauschen, die nach Bedürfniß aus= und eingehängt werden können.

2. Das Zusammenlegen zweier Kinder in ein Bett ist mit zu großen Nachtheilen verbunden, als daß es bei Raummangel gestattet werden könnte. — Schon das Nahestehen zweier Betten ist unzuträglich.

3. Die Wärter und Wärterinnen müssen bei den Kindern schlafen, ehe sie selbst sich niederlegen, eine Inspection ihrer Zöglinge halten und auch des Nachts, wenn sie erwachen, an die einzelnen Betten gehen. Einzelne Kinder pflegen gern den Kopf unter die Bedeckung zu bringen, andere die Hände am Unterleibe zu haben: die Lage dieser ist stets zu corrigiren.

4. Die Unterbetten, mit Seegras, Roßhaar oder Stroh gestopft, können aus einem Stück bestehen oder dreitheilig sein. Ist das letztere der Fall, so sind die einzelnen numerirten Stücke täglich so zu vertauschen und umzulegen, daß sie gleichmäßig benutzt werden. — Zur Bedeckung können Federbetten, mit Watte gefütterte Steppdecken oder wollene Decken benutzt werden. Die letzteren haben entschieden den Vorzug, sofern sie die Möglichkeit gewähren, die Bedeckung der Jahreszeit ent=

sprechend vorzunehmen und namentlich den Bettnässern eine stets trockene Bedeckung zu bieten.

5. Das Unterbett der Bettnässer ist entweder mit einer wasserdichten Unterlage zu belegen oder so einzurichten, daß das Mittelstück die Feuchtigkeit durchläßt, was im südlichen Deutsch= land durch Füllung desselben mit sog. Spreuer (Hülsen des Speltkorns) geschieht. Wenn wasserdichte Unterlagen angewendet werden, so lassen sich die etwaigen Nachtheile für die Gesund= heit durch Anwendung von alten Wolldeckstücken heben.

6. Die Bettstellen (Bettladen) können entweder aus Holz oder aus Eisen angefertigt werden. Die eisernen gewähren nur dann den zuverlässigen Schutz gegen Ungeziefer, wenn sie wiederholt lackirt und die Ecken und Winkel mit Sorgfalt ge= reinigt werden.

7. Das Binden unruhiger Kinder im Bett ist (namentlich bei Epileptikern) mit den größten Gefahren verbunden.

8. Wenn auch die Erfahrung gemacht wird, daß Kinder, die ohne Erfolg geweckt und auf den Nachtstuhl gesetzt wurden, gleich darnach das Bett beschmutzen, so darf es doch nicht unter= bleiben, sie zur Verrichtung ihrer Nothdurft zu wecken. Eine Wache, die dies besorgt, ist nothwendig.

9. Die Wärter und Wärterinnen dürfen beim Zubettgehen der Kinder nicht fehlen, sie auch nicht gleich verlassen, wenn das letzte Kind im Bette ist. Am Morgen dürfen sie das eigene Ankleiden nicht gleichzeitig mit dem der Kinder besorgen.

§ 59.

Bei den größeren, kräftigeren Kindern ist die Regelmäßigkeit der Entleerungen zu erstreben. Vor dem Zubettgehen, nach dem Auf= stehen, in den Schulpausen, vor oder nach den Mahlzeiten sind sie ab= theilungsweise zur Verrichtung derselben anzuhalten. Das Einzel=Aus= treten stört Arbeit, Unterricht, Spiel u. s. w., verursacht Aufsichtslosigkeit, die zu allerhand Unzuträglichkeiten führt. Die kleinen Pfleglinge dürfen nicht in den Wohnzimmern die Gelegenheit haben, sich zu entleeren, auch nicht über die Gebühr auf dem Nachtgeschirr sitzen. Bei den nächtlichen Entleerungen ist darauf zu achten, daß die Kinder vor Erkältungen ge= nügend geschützt werden. Diejenigen, welche Kothbeschmierer oder Koth= fresser sind, dürfen nie ohne die genügende Aufsicht zum Privet gelassen werden. Die an unfreiwilligen Entleerungen leiden, bedürfen des ge=

nügenden Kleiderwechsels. Bei den Bettnässern ist der Grund des Uebels zu erforschen und zu versuchen, daß derselbe gehoben, beziehungsweise das Uebel beschränkt werde.

1. Dadurch, daß den Kindern abtheilungsweise Gelegenheit geboten wird, sich zu entleeren, läßt sich allein die dabei nöthige Aufsicht ermöglichen. Dennoch wird das Einzel=Austreten nicht ganz verhindert werden. Zwar werden einzelne Kinder es aus der Neigung, zeitweilig von Dem, was die Tagesordnung vor= schreibt, frei zu kommen, oder aus Hang zu Unfug beanspruchen; andere aber werden aus zeitweiligem Unwohlsein, aus Schwäche das Bedürfniß haben. Diesen gebe man eine zuverlässige Be= gleitung mit, wenn sie sich selber nicht zu helfen vermögen. Kann man nur Kinder zu Begleitern wählen, so kommt es auf eine vorsichtige Auswahl an.

2. Ein allzu langes Sitzen auf dem Nachtgeschirr verursacht Schwächungen der Organe, Mastdarmvorfälle, Erkältungen. Nachtstühle im Aufenthaltszimmer verderben die Luft.

3. Werden des Nachts Zöglinge auf ein Nachtgeschirr ge= setzt, so sind sie — auch wenn der Schlafraum geheizt ist — vorsichtig zu bedecken, auch dürfen sie nicht mit bloßen Füßen den Fußboden berühren.

4. Bei allen Nachtgeschirren ist die gehörige Desinfection (Chlorkalk) nicht zu versäumen, dasselbe gilt von den Privets, Pissoirs 2c.

§ 60.

Das Wart= und Lehr=Personal hat auf etwaige Veränderungen in dem Gesundheitszustande der Zöglinge genau zu achten. Wenn die wahr= genommenen Krankheitssymptome dem Arzt gemeldet sind, hat dieser zu bestimmen, ob die Patienten als Revier= oder als Hospital= Kranke zu behandeln seien. Die ersteren verbleiben in ihren Abthei= lungen, die letzteren werden entweder auf die Krankenstation der Anstalt oder in ein Krankenhaus übergeführt.

1. Eine Abtheilung darf nur dann Revierkranke behalten, wenn dieselbe ihnen die genügende Aufwartung und Pflege bieten kann. In Aufenthaltszimmern, die fast den ganzen Tag unbenutzt, in Schlafsälen, die stets unbesucht sind, dürfen die Kranken sich nicht aufhalten.

2. Die Krankenstation muß den Patienten Alles, was der

Arzt ordinirt, bieten können. Wo dies nicht der Fall ist, oder wo der Patient an einer ansteckenden Krankheit leidet, auch in solchen Fällen, wo die Behandlung durch einen Special-Arzt wünschenswerth ist (Augen-, Ohrenleiden 2c.) empfiehlt sich, wenn die Anstalt in der Nähe einer Großstadt ist, die Ueberführung in ein Hospital, mit dem abseiten der Anstalt eine Uebereinkunft zu treffen ist. Doch ist nicht unerwogen zu lassen, daß der Aufenthalt Schwach- und Blödsinniger in Hospitälern für diese und für die Patienten mit mancherlei Unzuträglichkeiten verknüpft ist.

3. Die Anstalt hat darauf zu sehen, daß sich unter ihren Angestellten solche befinden, die mit der Anlegung von Verbänden und anderen chirurgischen Manipulationen einigermaßen bekannt sind. Auch muß der Führer der Krankenstation mit einer Instruction über die erste Hülfe bei Unglücksfällen versehen sein (z. B. mit „Dr. Pistor, Die Behandlung Verunglückter bis zur Ankunft des Arztes." Berlin. Verlag von F. C. F. Enslin).

4. Ob und welche Leichen secirt werden sollen, bestimmt der Arzt. Ob dieselben auf einem eigenen oder dem allgemeinen Begräbniß-Platze zu bestatten sind, hängt von Verhältnissen ab.

5. Allgemeine Beachtung verdienen folgende Paragraphen, welche sich in der „Dienstanweisung" für die Angestellten der Langenhagener Anstalt hinsichtlich des Krankenwesens finden.

„§ 22. Krankenwartdienst.

Bettlägrige Zöglinge kommen zwar in der Regel unter die besondere Aufsicht der Krankenpfleger, für welche hauptsächlich folgende Anleitung bestimmt ist; da es aber von Wichtigkeit ist, auch den Beginn frischer Erkrankungen zu bemerken und zu beobachten, da ferner viele Zöglinge sich nicht selbst beobachten und nicht einmal klagen können, da endlich sich Niemand weigern darf, in schweren Krankheitsfällen Krankenwärterdienste und Nachtwachen zu übernehmen, so muß sich Jeder mit folgender Anweisung bekannt machen.

„§ 23. Was bei Kranken zu beobachten ist.

Einen Zögling oder Kranken hin und wieder flüchtig ansehen und nach seinem Befinden fragen, heißt noch nicht denselben beobachten. Viele der Kranken sind nicht im Stande, ihren eigenen Zustand zu empfinden, noch viel weniger über denselben Auskunft zu geben. Dazu gehört, daß man den Kranken unausgesetzt im Auge behält, um auch selbst kleinere Veränderungen desselben zu bemerken. Zu beobachten ist:

1. Die Haut, ob sie trocken oder feucht ist, ob nur einzelne Stellen schwitzen, ob sie geröthet oder bleich aussieht, ob ihre Farbe wechselt, ob sich auf derselben Schuppen, Flecken, Bläschen, Pusteln zeigen, ob sie an manchen Stellen wund oder geschwürig wird, ob irgendwo dieselbe schwillt, ob sich Hühneraugen ·bilden, ob die Nägel in das Fleisch wachsen. Ob dieselbe wärmer oder kühler als gewöhnlich ist, zeigt der Thermometer, zu dessen An= wendung besonders aufgefordert oder angeleitet wird;

2. der Kopf, ob derselbe sich heiß anfühlt, ob er leicht ge= tragen wird, oder nach einer Seite sinkt oder gezogen wird, ob die Haare rein sind, ob dieselben leicht aus= gehen, ob der Haarboden viele Schuppen oder Ausschlag hat, ob das Gesicht roth oder blaß aussieht oder die Farbe wechselt, ob einzelne Theile des Gesichts zucken oder zittern, ob Morgens die Augen verklebt sind, ob dieselben rollen oder nach einer Seite gezogen werden, ob Ausfluß aus den Ohren stattfindet, ob die Nase trocken ist oder und was für einen Ausfluß zeigt, ob der Athem besonders riecht, ob viel Speichel abgeschieden wird, ob die Zunge belegt ist, ob die Zähne knirschen oder krank und locker werden, ob das Zahnfleisch leicht blutet, ob das Schlucken Beschwerden macht;

3. die Brust, ob der Athem schneller als gewöhnlich erfolgt, ob es dabei pfeift und rasselt, ob Husten und Auswurf vorhanden ist (letzterer muß zum Vorzeigen aufbewahrt werden), ob das Herz stärker und schneller als gewöhnlich pocht;

4. der Unterleib, ob der Leib dicker und fester als ge= wöhnlich, aufgetrieben oder eingezogen ist, ob Schlucksen, Aufstoßen, Würgen oder Erbrechen da ist, ob der Kranke ißt und vorzüglich, ob er mehr trinkt als gewöhnlich, ob regelmäßige Stuhlausleerung da ist, oder Verstopfung, oder dünner Stuhl, ob es öfter im Bauche kollert, ob häufig Blähungen, ob Würmer abgehen, ob mehr oder

weniger Urin als gewöhnlich gelassen wird (das Erbrechen,
Stuhlgang und Urin sind nicht unzugedeckt und so auf=
zubewahren, daß sie den Zöglingen unzugänglich sind);
5. der Schlaf, ob der Zögling mehr oder weniger als ge=
wöhnlich schläft, ob er lebhaft träumt, im Schlafe zu=
sammen schrickt, sich umherwirft, schlaftrunken aufsteht,
Zuckungen des ganzen Körpers oder einzelner Theile
während desselben zeigt, ob er leicht oder schwer zu
wecken ist;
6. ob der Kranke bei Berührungen oder ohne dieselben
Schmerzen im Allgemeinen oder an einzelnen Theilen
äußert;
7. ob der Kranke weniger gut sieht, hört, schmeckt, fühlt,
ob er empfindlicher ist als gewöhnlich, ob er Dinge oder
Personen zu sehen, zu hören oder wahrzunehmen glaubt,
die nicht vorhanden sind;
8. ob die Bewegungen langsamer oder rascher als gewöhnlich
sind, ob Zuckungen oder Steifwerden des ganzen Körpers
oder einzelner Theile auftreten;
9. ob er mehr oder weniger als gewöhnlich schreit, weint,
spricht, singt; was er spricht und singt;
10. ob er heiterer oder finsterer als gewöhnlich ist, ob er
sich im Allgemeinen wie gewöhnlich benimmt, oder ob
sein ganzes Benehmen eine auffällige Veränderung zeigt.
Ueber die Beobachtungen während der Nacht ist dem
Director bei dem Frühbesuche, während des Tages bei
dem Abendbesuche Meldung zu machen.

„§ 24.

Sofortige Meldung bei dem Director ist nöthig:
1. bei plötzlich eingetretenem Unwohlsein oder plötzlicher
Verschlimmerung der Krankheit, bei plötzlicher Veränderung
der Gesichtsfarbe, des ganzen Wesens, bei Ohnmachten,
bei lauten Schmerzensäußerungen;
2. bei außergewöhnlich heftigen und andauernden Zuckungen
und Steifwerden;
3. bei heftigem Erbrechen, starkem Abweichen, Mastdarm=
vorfall, Vordringen eines Bruches;
4. bei Urindrang, ohne daß Entleerung erfolgt;

5. bei Blutungen jeder Art;

6. bei Ausbrüchen heftiger Aufregung und Tobsucht;

7. bei Versuchen zum Entweichen und zum Selbstmord;

8. bei Unglücksfällen jeder Art;

9. bei entschiedener Nahrungsverweigerung.

„§ 25. Krankenpflege.

Zur Krankenpflege gehört nicht blos, daß man den Kranken zu bestimmten Zeiten Essen, Trinken, Arznei reicht, ihm die verordneten Umschläge macht, ihm früh das Bett lockert, ihn rein legt, es gehört auch dazu, daß man ihn fast unausgesetzt beobachtet, um ihm seine oft unbewußten Wünsche abzulauschen, daß man ihm die heißen Lippen netzt, den Schweiß abtrocknet, so oft nöthig, reine Wäsche giebt, sein Lager, so oft es in Unordnung gerathen ist, verbessert, seine Lage verändert, Geräusch, Licht und Alles, was ihm unangenehm ist, entfernt. Namentlich ist es bei Kranken mit heftigem Fieber nöthig, denselben, auch ohne daß sie es verlangen, öfter Getränke anzubieten.

Alle vom Arzt getroffenen besonderen Bestimmungen müssen genau und pünktlich mit der größten Gewissenhaftigkeit ausgeführt werden.

In keinem Falle dürfen dem Kranken ohne besondere Verordnung Arzneimittel verabreicht werden. Sogenannte Geheimmittel sind niemals anzuwenden.

5. Der Verkehr.

„§ 61.

Was den Verkehr der Zöglinge untereinander betrifft, so ist der zwischen den verschiedenen Geschlechtern durchaus zu verhindern. Solche, die nachtheilig auf Andere influiren können, sind möglichst zu isoliren. Die, bei denen man Neigung zu unsittlicher Gemeinschaft merkt, sind mit doppelter Sorgfalt zu überwachen. Läßt sich zu Zeiten ein Durcheinander der Abtheilungen nicht verhindern, so haben die Aufsichtführenden zu bedenken, daß sie nicht blos für die Zöglinge der eigenen Abtheilung verantwortlich sind.

1. Es kommen Fälle vor, wo die Gerichte größere Knaben oder Mädchen verurtheilten, wo sich aber in der Haft oder dem Gefängniß herausstellt, daß ihnen die volle Zurechnungs-

fähigkeit abgeht. Wenn solche, namentlich nachdem sie bereits einige Zeit im Gefängniß zubrachten, der Idioten-Anstalt über= wiesen werden, so geben sie für die Abtheilungen, denen sie einverleibt werden, gewöhnlich kein günstiges Ferment ab. Sie fordern eine gesonderte Erziehung. — Ob, freilich aus einem andern Grunde, auch die Epileptiker abzusondern sind, ist eine offene Frage. Unsere Erfahrung hat uns noch keine nicht= epileptische Schwach= und Blödsinnige vorgeführt, die durch das Zusammenleben mit Epileptikern epileptisch wurden. Wenn sie sich etwa verleiten ließen, Anfälle zu simuliren, so kommt dies ja auch bei wirklichen Epileptikern vor. Diese simulirten Anfälle geben sich dem geübten Auge bald zu erkennen und werden alsdann wie das Annehmen übler Gewohnheiten von Anderen pädagogisch behandelt.

2. Wie man unter den blöden Kindern rührende Freund= schaften findet, die auch durch gegenseitige Hülfleistungen sich thätig beweisen, so auch Verbindungen, die durch geschlechtliche Triebe und falsche Annexionsgelüste sich bildeten. Je mehr man sich der ersteren freut, desto mehr hat man die letzteren zu stören, was bei der oft mit ihnen verbundenen Verschmitztheit nicht immer leicht ist. Kinder, die sich von dem Verkehr mit anderen zurückziehen, sind der Selbstisolirung möglichst zu entreißen.

3. „Der gehört nicht in meine Abtheilung,“ ist eine Aus= rede, mit der sich Niemand entschuldigen kann, wenn er das gethane oder erlittene Unrecht eines Knaben, das er wahrnahm, nicht zur Anzeige brachte.

§ 62.

Wenn die Zöglinge von ihren Angehörigen Besuche er= halten, so haben diese Besuche das Anstaltsleben nicht zu stören. Das Zusammensein ist, wo möglich, von einem oberen Angestellten zu über= wachen; jedenfalls ist zu verhüten, daß sich durch diese Besuche ein Um= gang mit dem Wärter anbahne. Von diesem darf keine Auskunft ertheilt, kein Trinkgeld oder anderweitige Remuneration ohne besondere Erlaubniß angenommen, auch, was die Angehörigen mitbrachten, nicht selbständig aufbewahrt und verwendet werden. — Besonders festgestellte Besuchstage für die in der Nähe wohnenden Angehörigen haben ebensoviel gegen, wie für sich.

1. Wenn eine Anstalt viele Zöglinge aus ihrer Nähe hat, so haben feste Besuchstage das Gute, daß diese Besuche sich

nicht über alle Tage vertheilen und fast jeden Tag Störungen des gewöhnlichen Betriebes verursachen. Andererseits aber wird an den einzelnen Besuchstagen oft der Zusammenfluß zu groß, als daß er genügend überwacht werden könnte und veranlaßt nicht selten auch das Zusammentreffen Conspirationen, die bei dem Einzelkommen vermieden wären.

2. Zu vermeiden ist, wenn irgend möglich, daß die Besuche in den Abtheilungen gemacht werden. Ein größeres Besuchs= zimmer ist ein Bedürfniß. Durch dasselbe werden aber doch nicht alle Uebelstände beseitigt werden, da, namentlich wo Gärten sind, die Besuchenden sich gern mit den Ihrigen im Freien er= gehen. — Es liegt den Angehörigen so nahe zu meinen, daß der Wärter, da er speciell mit dem Kinde zu thun habe, am besten, besser als die Hauseltern, die Direction über dasselbe Auskunft geben könne. Ihnen wird man die aus dieser Mei= nung hervorgehenden Fragen weniger verübeln, als dem Wärter, wenn er auf diese Fragen eingeht, obgleich er weiß, daß er das Kind doch nur von Einer Seite kennen zu lernen Ge= legenheit hat.

3. Wenn die Anstaltsordnung auch durch das Verbot der Trinkgelder verhüten will, daß ein Wärter dadurch sich parteiisch machen lasse, so wird doch die Direction nicht umhin können, den Eltern, welche dazu im Stande sind, es zu gestatten, daß sie ihrer Anerkennung der ihrem Kinde zu Theil werdenden Dienste einen thatsächlichen Ausdruck geben. Solche Gaben sind zu personell gemeint, als daß sie in Büchsen, deren Inhalt dem ganzen Personal zu gleichen Theilen zu Gute kommt, werden gelegt werden. Daher können wir diesen Büchsen nicht das Wort reden.

4. Nicht selten sind es höchst unpassende, schädliche, von den Eltern als werthvoll angesehene und doch sehr werthlose Dinge, die den Kindern bei den Besuchen mitgebracht werden. Die Wärter sichern sich selbst gegen vielerlei Unannehmlichkeiten, wenn sie die Annahme von sich ab= und den Hauseltern zuweisen.

5. Sind in der Nähe der Anstalt Wirthshäuser und die Besucher äußern den Wunsch, das Kind auf einige Stunden dahin mitnehmen zu dürfen, so wird mancherlei Unannehmlich= keiten entgangen, wenn alle dahingehenden Bitten abschlägig beschieden werden.

§ 63.

Besuche der Kinder bei den Ihrigen können in gewissen Fällen gern gestattet werden. Solchen Kindern aber, die erst zu kurze Zeit in der Anstalt waren oder deren Pflege große Behutsamkeit fordert oder deren Familienhäuser keine Garantie bieten, daß sie der Anstalt in die Hand arbeiten, ist die Erlaubniß ganz zu versagen, oder nur in Noth= fällen zu gewähren. Wenn die Gefahr der Einschleppung ansteckender Krankheiten mit diesen Besuchen verbunden ist, sind sie in keinem Falle zu gestatten. Auch sind die Erlaubniß=Gesuche abzuschlagen, wenn bei früheren Besuchen Mißbräuche vorkamen.

1. So lange keine triftige Gründe dawider sind, kann die Anstalt das Band mit der Familie nur aufrecht zu erhalten bemüht sein. Wenn sie die Forderung stellt, daß die Eltern nicht zu bald nach der Aufnahme das Kind besuchen oder sich von ihm besuchen lassen, so will sie es damit dem Kinde nur erleichtern, sich in das Anstaltsleben hineinzufinden und Heim= weh zu verhüten.

2. Hat man es mit einem zarten Pflegling zu thun, dessen Verdauung erst mit Mühe geordnet, der durch die größte Sorg= falt zur Sauberkeit gewöhnt wurde, so zerstört mancher Besuch im Elternhause, wo man es dem Kinde besonders gut geben wollte, was in Monaten mit größter Noth erreicht wurde, und die Anstalt muß wieder von vorn anfangen. — Ebenso stören die Besuche, die über die bewilligte Zeit hinaus ausgedehnt werden, die Ordnung der Anstalt. Größere Zöglinge, die in sexueller Hinsicht besondere Aufsicht fordern, dürfen nur dann nach Hause beurlaubt werden, wenn man die Gewißheit hat, daß diese Aufsicht dort fortgesetzt wird.

3. Ist es der Direction bekannt, daß sich in dem Hause, wo das Kind seinen Besuch machen soll, Fälle von Diphtheritis, Keuchhusten, Masern, Scharlach und anderen ansteckenden Krank= heiten finden, so kann die Beurlaubung nicht stattfinden. — Bei herrschenden Epidemien hat die Direction in ernste Er= wägung zu ziehen, ob nicht überhaupt die Annahme von Be= suchen und die Beurlaubung ganz zu sistiren sei.

§ 64.

Fremde, welche die Anstalt zu dem Zwecke besuchen, um sie kennen zu lernen, sind nur von solchen oberen Angestellten herumzuführen, welche die genügende Auskunft ertheilen können. Besprechungen über die Kinder in Gegenwart derselben sind zu vermeiden. Die Fremden haben, wie alle Anstaltsbesucher, ihre Namen in ein eignes Fremdenbuch einzutragen.

1. Die Fremden sind durch die Anstaltsschriften zu instruiren. Je nachdem sie aus allgemeiner Theilnahme für Wohlthätigkeitsanstalten oder im wissenschaftlichen Interesse oder um eine Anstalt kennen zu lernen, der sie selbst ein Kind zu übergeben beabsichtigen, ihren Besuch machen, sind sie mit dem Prospect, der Beschreibung oder Berichten der Anstalt zu versehen. Der Zweck des Besuches wird auch auf die Herumführung influiren; von ihm wird es abhängen, ob die ganze Anstalt oder nur einzelne Theile dem Besucher vorzuführen sind. — Die zur Herumführung berechtigten Personen bestimmt der Director, unter Umständen mit Beziehung auf den einzelnen Fall.

2. Schon mancher Zögling, dem man die dazu erforderliche Capacität nicht ansah, wurde durch Fragen, die über ihn gethan, durch Urtheile, die über ihn gefällt wurden, unnöthiger Weise deprimirt; mancher Andere schlug für sich Capital aus den Aeußerungen, die er über sich hörte. Um deswillen sind die Fremden zu ersuchen, mit Fragen über Einzelne zu warten, bis die Antwort unter vier Augen gegeben werden kann.

3. Die Vorführung von Paradepferden kann wohl den oberflächlichen Anstaltsbesucher bestechen, hinterläßt aber bei dem Fachmann und Sachkenner widerliche Eindrücke.

6. Die Lokalitäten.

§ 65.

Viele Anstalten werden bei ihrem Beginn nicht in der Lage sein, sich ein bestimmtes System für die Construction ihrer Bauten anzueignen. Sie werden vorgefundene Gebäude ihren Zwecken möglichst aptiren müssen. Erst bei ihrer Erweiterung tritt die Frage an sie heran, ob sie sich für den Linear- oder Pavillons-Bau, für möglichst kasernenmäßige Einheit oder koloniale Vielheit von Gebäuden entscheiden wollen. Sofern mit der ersteren der Etagenbau verbunden ist, während die letztere, wenigstens vorherrschend, über Parterren verfügt, hat die letztere bei einer Idioten-Anstalt auf dem Lande entschieden den Vorzug.

1. Die Anfertigung eines Normal-Entwurfs zum Bau von Idioten-Anstalten ist ein vergebliches, nutzloses Unternehmen.

Gefeßt, man machte ihn für eine auf 50 Zöglinge berechnete Anstalt, so müßten die Anmeldungen schon genau den Zahlen entsprechen, die für die Pfleglinge jedes Geschlechts, für die Bildungsfähigen und -Unfähigen angenommen sind, wenn die Lokalitäten zu den Bestimmungen, für die sie gezeichnet wurden, sollen verwendet werden oder es muß sofort eine anderweitige Verwendung der Räumlichkeiten eintreten. Dasselbe ist bei der geringsten Erweiterung der Fall. Sie wirft die Bestimmungen über den Haufen, die der Entwurf den einzelnen Lokalen gab. Die bisherigen Idioten-Anstalten fanden meistentheils Räumlich= keiten vor, die vorher anderen Zwecken gedient hatten, und da sie auch nicht gleich mit einer Normalzahl in's Leben traten, sondern mit einer kleinen Zahl gerade gemeldeter Zöglinge be= gannen, so hatten sie es leicht, diese Räumlichkeiten ihren be= scheidenen Anfangszielen anzubequemen. Die Erweiterung fand denn auch nach denjenigen Seiten statt, die das Bedürfniß her= vorkehrte. Waren diese Bedürfnisse an verschiedenen Orten verschieden, so nahmen auch die Bauten andere Gestalten in der einen oder anderen Form an. Die ökonomischen und finan= ziellen Verhältnisse redeten wesentlich mit.

2. Da sich in den Bauten die Geschichte der Anstalt dar= stellt, so ist es eine Frage des Unverstands, ob man nicht, wenn man die verwendeten Baugelder zusammen hätte, andere als die vorhandenen Bauten herstellen würde. Man würde es ebenso gewiß thun, wie man mit seiner auf die eigne Bekleidung ver= wendeten Gesammtsumme anders verfahren wäre, wenn man gleich als ausgewachsener Mann und nicht als Kind in die Welt geboren wäre.

3. Wenn es bei einer Erweiterung sich um die Frage handelt, ob sie durch Aufsetzung einer Etage auf ein vorhandenes Gebäude oder durch ein neu zu bauendes Parterre zu beschaffen sei: so kommt oft der für den Aufbau sich günstiger stellende Kostenpunkt, auch der Arealmangel in Betracht. Vorausgesetzt aber, daß der letztere nicht vorhanden ist, kann doch der Etagen= Aufbau nur befürwortet werden, wenn es sich um die Erlangung von Lokalen zu sekundären Anstaltszwecken (Wohnungen für Angestellte, Lagerräume u. s. w.) handelt. Wohn=, Schlaf=, Arbeits= und Schulräume für die kräftigeren Zöglinge, Kranken=

Zimmer, Aufenthalts= und Wohnlokale für gebrechliche Pfleg=
linge haben stets den Vorzug, wenn sie ohne Treppensteigen zu
erreichen sind. Die idiotischen Kinder sind unbeholfen und ihre
Rettung bei etwaiger Feuersgefahr wird durch den Aufenthalt
in oberen Hausräumen erschwert.

4. Was Feuersgefahr anlangt, so hat das Vorhandensein
von Extincteurs und Feuerspritzen, die durch Angestellte und
größere Zöglinge bedient werden, keinen geringen Werth —
doch nur dann, wenn bei jedem Gebäude die Möglichkeit gegeben
ist, sie mit dem genügenden Wasser zu versehen. Von fast noch
größerem Werth ist das Vorhandensein eines Rettungscorps
und nothwendiger Rettungsapparate. — Auch darf es bei grö=
ßeren Gebäuden an Noththüren und Nothausgängen nicht fehlen
(namentlich bei größeren Schlafräumen). Der Vorstand hat bei
der Versicherung der Häuser und des Inventars gegen Feuers=
gefahr auch die Habe der Angestellten zu bedenken, damit die=
selben zur Zeit der Noth keinen Grund haben, zuerst an ihr
Eigenthum zu denken.

5. Das coloniale System erleichtert manche Trennungen,
die für das Ganze von Wichtigkeit sind, so z. B. die Scheidung
der Pfleglinge von den bildungsfähigen Zöglingen, die Abson=
derung der für Wasch= und Küchenzwecke bestimmten Lokale,
der Werkstätten, der Schulklassen. Man kann durch den Vor=
bau von Veranden den Gebrechlichen es ermöglichen, die frische
Luft gehörig auszubeuten, durch die Anlage von Spielplätzen
bei den Wohnungen der kräftigeren denselben Gelegenheit geben,
sich in der Nähe des Hauses zu tummeln, der Küche es thunlich
machen, daß sie ihre Abfälle, ohne das Anstaltstreiben und das
wohlthuende Gesammtbild der Anstalt zu stören, absondere, den
Schulräumen und Krankenlokalen ihre Ruhe zu sichern. Nicht
blos um den Besuchern einen freundlichen Anblick zu gewähren,
sondern auch um auf den Schönheitssinn der Kinder einzuwirken,
sind die einzelnen Häuser der Colonie mit Gartenanlagen zu
umgeben, die wieder mit ihrer Anlegung und Erhaltung den
Gärtnerei=Abtheilungen einen erwünschten Arbeitsstoff liefern.

6. Wie jedes Haus selbst für die Reinlichkeit seiner Räume
sorgt, so hat es auch das Reinigen und das Harken und Un=
krautausgäten seiner Umgebung zu beschaffen.

§ 66.

Die einzelnen Räume der Anstalt, von denen manche nach Bedürfniß mehrfach vorhanden sind, manche in kleineren Anstalten fehlen können, sind

1. Wohnzimmer. Wände mit Oelanstrich. Tische und Bänke der Größe der Bewohner entsprechend, mit Schränken versehen, welche die im Zimmer gebrauchten Utensilien aufnehmen. Hänge= oder Wandlampen nach Bedarf. Passende Bilder als Wändeschmuck.

2. Schlafzimmer entweder für mehrere Abtheilungen oder nur für eine. Betten so gestellt, daß die Uebersicht leicht ist. Zu jedem Bett ein Bock für die abgelegten Kleidungsstücke. Eigne Schränke für Zahnbürsten, Kämme zc. Wenn kein eigner Waschraum, mit Waschtischen versehen. Waschgeschirr von Zinn, Blech oder Papiermaché. Nachttöpfe für mehrere Betten gemeinsam. Nachtstühle, wenn sie im Schlafsaal sein müssen, mit festem Verschluß. Außer der Zeit der Benutzung sind die Schlafsäle verschlossen.

3. Schulzimmer. Mit Subsellien, deren Sitze das Anlehnen möglich machen. Schulschränke sichern das Unterrichts= material. Statt der Subsellien gewöhnliche Tische und Bänke, wenn die Schule in den Wohnzimmern gehalten wird. Separate Schulzimmer heben das Ansehen der Schule, vermeiden auch manche Unordnungen.

4. Speisesaal, in dem gleichzeitig von Allen oder schicht= weise gespeist wird, mit Ausnahme der Pfleglinge, die der Mehrzahl nach gefüttert werden müssen und ihre Kost in ihren Aufenthaltszimmern erhalten. Daß auch die anderen Zöglinge in ihren Wohnräumen ihre Mahlzeiten halten, erschwert die Oberaufsicht und begünstigt Unordnung. Die Speisetische sind mit Wachstuch zu belegen. Es empfiehlt sich, daß die Brod= kammer, in der auch das Brod bestrichen wird, und ein eigner Raum zum Serviren an den Speisesaal angrenzt.

5. Krankenstation, mehrere Zimmer, welche die Tren= nung der Patienten nach ihrem Geschlecht und Alter und nach der Leichtigkeit und Schwere ihrer Krankheit ermöglichen. Medicamentenschrank und unterhaltender Wändeschmuck. Oel= farben=Anstrich der Wände. Angrenzend Ruhezimmer der Krankenpflegerin mit Bett und Sopha oder Lehnstuhl und

Badezimmer, auch Rumpelkammer, wohin die Nachtstühle mit den Entleerungen gebracht werden und die Auswaschungen statt= finden können.

6. Badezimmer für Reinigungsbäder. Zink= oder Mar= morwannen. Rohrleitung über denselben für kaltes und warmes Wasser resp. Douche. Cementfußboden überlegt mit einem höl= zernen Lattengefüge. Genügender heizbarer Vorraum zum Aus= und Wiederankleiden.

7. Closets. Water=Closets wegen der Aufzüge, die leicht verdorben werden, für die unbeholfenen Idioten nicht zu em= pfehlen. Privets mit Eimern oder Kasten unter dem Sitz, die regelmäßig geleert werden und ihren Inhalt an Composthaufen, die von den Häusern abgelegen sind, abgeben. Für das männ= liche Geschlecht Pissoirs, deren Inhalt durch unterirdische Röhren in eine Schwindgrube, welche mit der Jauche=Pumpe geleert wird, abzuleiten ist. Privets und Pissoirs sind mit Chlorkalk zu desinficiren. Die Wände der Pissoirs, wenn sie nicht aus Steinplatten bestehen, sind mit Holztheer, die der Privets mit Oelfarbe zu streichen, die letzteren oftmals abzuwaschen. Wo die Lage der Anstalt es ermöglicht, ist das Erd=Closet=System für Idioten=Anstalten gewiß das empfehlenswertheste. S. Dr. J. Bockendahl, Das Erd=, Gruben=, Eimer= und modificirte Wasser=Closet in England. Kiel. Schweers'sche Buchh. 1871.

8. Lager und Vorrathskammer. Wo der Engros= Einkauf von Vortheil ist, bedarf es größerer Lagerräume, die nach Qualifikation der Waare entweder auf den Böden oder im Keller anzubringen sind. Von dort wird der Handbedarf der Küche an die Speisekammer abgegeben, die in unmittelbarer Nähe der Küche ist.

9. Küche. Das Kochen geschieht am zweckmäßigsten mit Dampf. Die Küche hat alsdann freistehende Kessel (dem Ein= schluß in einen Herd vorzuziehen), Trocken=Apparat und Wärme= tisch, kann aber eines mit Feuer zu erwärmenden Herdes wegen des Bratens und Backens nicht entbehren. Kupfergeschirr, auf dessen Reinigung aber die allergrößte Sorgfalt zu verwenden ist, hat vor anderem Geschirr wesentliche Vorzüge.

10. Gemüsezimmer. In nächster Verbindung mit der Küche. Hier geschieht von Zöglingen das Gemüseputzen, Kar= toffelschälen. Cement= oder Fliesen=Fußboden, wie in der Küche.

Auf die Sonderung der Abfälle ist streng zu achten, damit die vegetabilischen dem Viehstand zu Nutzen kommen können.

11. **Aufwaschküche.** Mit gehöriger Wasserversorgung und genügende Gelegenheit zum Trocknen der Geschirre bietend.

12. **Waschküche.** Waschmaschinen, Wringmaschinen (Centrifugal=), Mangel (Rolle) werden am vortheilhaftesten mit Dampf getrieben. — Angrenzend ein Trocknen=Apparat für die Wäsche, der besonders seine Anwendung findet, wenn das Trocknen im Freien nicht möglich ist. — Für die durch die Bettnässer verunreinigten Kleidungs= und Bettstücke muß ein besonderer Trocknenraum da sein.

13. **Plättstube,** angrenzend an den Waschraum.

14. **Kleiderzimmer** (Garderobe) zur Aufbewahrung der Oberkleidung nach Nummern der Zöglinge.

15. **Wäschelager,** Aufbewahrung der Unterkleidung in Fächern, die mit den Nummern der Zöglinge versehen sind, der Bettwäsche ꝛc. nach Abtheilungs=Nummern.

16. **Nähstube,** womöglich in der Nähe von 14. und 15. Hier werden die Ausbesserungen, soweit sie nicht in den Abtheilungen beschafft werden konnten, vorgenommen und das Neue angefertigt.

17. **Werkstätten** der verschiedenen Handwerke, die theils den einzelnen Handwerkern eignen, theils zu mehreren Industrie=Arbeiten alternirend benutzt werden. Mit hinreichenden verschließbaren Geschirr=Schränken versehen.

18. **Turnhalle,** um das Turnen auch in der Jahreszeit, wo es nicht im Freien getrieben werden kann, zu ermöglichen.

19. **Corridore** von gehöriger Breite bei längeren Gebäuden bieten bei ungünstiger Witterung Gelegenheit zu Bewegungen, ersetzen auch, wenn die Tische beim Nichtgebrauch zusammengeklappt und in die Wand eingelassen werden können, den Speisesaal.

20. **Betsaal** (Kapelle) einfach und würdig ausgestattet. Den Speisesaal oder einen anderen Saal für die Gottesdienste zu benutzen, ist nur ein Nothbehelf, wenn jene auch für die täglichen Andachten zweckmäßig sind. Durch die Hinführung der Zöglinge zu den Gemeindegottesdiensten müssen zu viele von denselben ausgeschlossen werden. Auch gewähren eigene Anstaltsgottesdienste den Anstaltsgenossen mehr als der Gemeindegottesdienst.

21. **Bibliothek.** Dieselbe umfaßt die Fachliteratur für die Angestellten und Material für die Unterhaltung und Belehrung der Zöglinge.

22. **Leichenhalle** (event. mit Sections-Zimmer).

23. **Wohnungen der Angestellten;** Zahl der Zimmer bei Verheiratheten dem Bedürfniß der Familie entsprechend, in der Bel = Etage (erstem Stockwerk) belegen, ohne Mobiliar-Ausrüstung. Unverheirathete Lehrer und Lehrerinnen erhalten je ein möblirtes Zimmer, das zugleich als Wohn= und Schlafzimmer dient. Von demjenigen Personal, das bei den Zöglingen schläft, haben mehrere ein gemeinsames Aufenthaltszimmer, das sie in dienstfreien Stunden benutzen können.

24. **Directionszimmer.** Der Director hat innerhalb der Anstalt ein Arbeitszimmer, mit dem ein Conferenzzimmer, das Archiv der Anstalt und das Bureau verbunden ist.

25. Die **Oekonomie**= oder landwirthschaftlichen Räume umschließen die Wohnung des Oekonomen, die Tenne, Lagerräume des Getreides, des Futters u. s. w., die Viehställe, sowie die Wohn= und Schlaflokale derjenigen Zöglinge und Angestellten, die ständig bei der Landwirthschaft beschäftigt. sind.

26. **Lagerräume des Erleuchtungs= und Heizungs= Materials.** Wo zur Erleuchtung Petroleum verwendet wird, ist dasselbe in keinem Wohngebäude zu lagern. Die Aufbewahrungsräume für das Brennmaterial sind verschiedenartig (bedacht oder unbedacht), je nachdem mit Holz, Torf, Braun= oder Steinkohlen geheizt wird.

27. **Isolirzimmer,** wohin Zöglinge für stundenweise Absonderung von Anderen geführt werden, darf nicht zu abgelegen von den bewohnten Lokalitäten, nicht finster, muß aber ohne Gefahr für Selbstbeschädigung der Detinirten und für Entweichung sein und, wenn es besetzt ist, mehrfach controllirt werden.

28. **Conservatorium** für außer Gebrauch gestellte Kinderwagen, Möbeln, Haushaltungsgegenstände, Spielsachen u. s. w. Als **Rumpelkammer** betrachtet, giebt man dorthin die Gegenstände nur ab, um sie unter den Füßen los zu sein und läßt sie dort verkommen. Aber der Ort als **Conservatorium,** d. h. Erhaltungsmittel angesehen, sichert ihm seine Ordnung.

In jedem Raume, wo es thunlich ist, hängt eine Tabelle, die das Inventarium der zu ihm gehörigen Möbel= und

Geschirrstücke angiebt, diejenigen eingeschlossen, welche niet= und
nagelfest sind (z. B. Oefen, Herde, Rohrleitung, Gardinen=
bretter u. s. w.)

§ 67.

Genügendes Sonnenlicht, hinreichende Sonnenwärme und
steter Zufluß guter, frischer Luft sind Haupterfordernisse der Räum=
lichkeiten, in denen die Anstaltsgenossen sich aufhalten. Im Winter ist
mit einer ebenmäßigen Heizung zu helfen und mit einer Beleuchtung,
die den Augen nicht schädlich wird. Die Heizungs= und Beleuchtungs=
Apparate sind so anzubringen, daß sie den Kindern keinerlei Gefahr
bringen. Sowohl wegen der Erhaltung der Gebäude und des Inventars,
als auch im Interesse der Gesundheit und des schönen Anblicks ist für
die größte Sauberkeit und Reinlichkeit in allen Lokalen Sorge zu tragen.

1. Wo es auf eine rasche Erwärmung der Zimmer nicht
ankommt und das ihnen entsprechende Brennmaterial vorhanden
ist, sind Kachelöfen besonders zu empfehlen. Von den eisernen
haben diejenigen den Vorzug, die mit Regulatoren und einer
Umwandung versehen sind, in der die von unten einströmende
kalte Luft erwärmt und als erwärmte oben ausgeströmt wird,
sofern ihre Wärme=Abgabe nicht blos in einer Ausstrahlung
der Hitze in nächster Nähe besteht. Eiserne Oefen sind übrigens
mit Schutzgittern zu versehen. Heizvorkehrungen, die keine
Regulirung gestatten und vielfachen Regulaturen unterworfen
sind, sowie solche, die dem Zimmer eine zu trockene Wärme
geben (wenn der Uebelstand auch durch Erzeugung von Wasser=
dämpfen in etwas gemildert werden kann), sind zu vermeiden.

2. Die Erleuchtung durch Gas wird nur in wenigen
Idioten=Anstalten hergestellt werden können und auch hier nur
in einigen Räumlichkeiten vortheilhaft sein. Geschieht die Er=
leuchtung durch mit Oel oder Petroleum gefüllte Lampen, so
sind diese so anzubringen, daß sie nicht umgerissen werden
können. Die Benutzung des Petroleums zur Anheizung der
Oefen ist aufs Strengste zu inhibiren. — Auch die Schlaf=
lokale müssen mit Nachtlampen an ungefährlichen Orten ver=
sehen sein. — Liegen die einzelnen Anstaltsgebäude in Anlagen,
so ist auch für eine Beleuchtung der Umgebung in hinreichender
Weise zu sorgen.

3. Das Trocknen von ausgewaschenen oder naß gewordenen

Kleidungs= oder Bettstücken an den Heizungsröhren oder Oefen in den Wohn= oder Schlaflokalen ist durchaus nicht zu gestatten.

4. Zur Gewinnung frischer Luft sind die nach den Corri=doren ꝛc. führenden Thüren nie zu verwenden, sondern nur die Fenster (ganz oder theilweise) und die in den Außenwänden befindlichen Ventilations=Vorkehrungen. Der Abneigung gegen die Lüftungen, die sich oft beim Personal findet, ist entschieden entgegenzutreten.

5. Zur Erschwerung der Wandbeschädigungen, zu denen manche Zöglinge sehr geneigt sind, ist entweder die untere Wand mit Cementputz oder einer Holzverkleidung zu versehen.

6. Wenn die Fußböden einen Oel= oder Oelfarben=Anstrich haben, so ist derselbe oft zu erneuern, damit dieselben beim Reinigen kein Wasser einsaugen.

7. Die Zöglinge sind daran zu gewöhnen, daß sie beim Eintritt regelmäßig die Matten oder die gefahrlos angebrachten Fußkratzer zur Reinigung der Sohlen ihres Fußzeugs benutzen.

8. Uebelriechende Dünste sind nicht durch die Erzeugung von besser riechenden zu beseitigen, sondern durch Zulassung guter Luft.

§ 68.

Tagesordnungen für diverse ausländische und deutsche Idioten=Anstalten.

1. Gamle Bakkehus zu Kopenhagen (1865).

6½—7½ Uhr: Ankleiden und Baden. (NB. Baden nur im Sommer. Anfang und Aufhören bestimmt der Director);

7½—8: Morgenbrod (Biersuppe);

8—10: Unterricht (incl. Turnen);

10—10½: Frühstück (geschmiertes Roggenbrod mit Käse, dazu Bier oder Milch);

10½—11½: Spiel unter Aufsicht;

11½—12½: Unterricht;

12½—1: Spiel unter Aufsicht;

1—2: Spaziergang;

2—2½: Mittagessen (2 Gerichte warme Kost);

2½—3: Spiel unter Aufsicht;

3—4 Uhr: Klasse 1 A und B abwechselnd Handarbeits=
übungen; 2.—5. Klasse Spiel unter Aufsicht;

4—6: Unterricht;

6—6½: Abendessen (Feinbrod mit Butter nebst warmer Milch);

6½—7: Klasse 1 A und B abwechselnd Handarbeitsübungen.
Klasse 2—5 Spiel unter Aufsicht (NB. Klasse 1 A nimmt
Theil an den Handarbeitsübungen von 3—5, während
B von 4—5 die Schule besucht; B hat Handarbeit von
5—7, während A von 5—6 die Schule besucht; A und
B wechseln wöchentlich mit dem Anfang des Handarbeits=
Unterrichts;

7—8: Klasse 1 und 2 verschiedene Beschäftigungen; 3.—5.
Klasse Spiel unter Aufsicht;

8—9: Klasse 1 und 2 verschiedene Beschäftigungen, Auskleiden,
Baden (nur im Winter, Sonnabend Abends); Klasse 3—5
Auskleiden, Baden.

2. Nach Duncan und Millard für England.

6 (im Winter 8 Uhr): Aufstehen. Die sehr schwächlichen Kin=
der bekommen vor dem Aufstehen einen Imbiß. Im
Winter wird beim Ankleiden für die Schwächeren geheizt.
Im Sommer Bewegung im Freien.

8: Frühstück. Darnach Ausruhen oder Spiel im Spielraum
oder im Freien, während die Schwächeren zum Water=
Closet gebracht werden;

9: Hausandacht. (Kurz, aber nicht eilig, so anziehend wie
möglich);

9½: Turnen;

10: Die besseren Zöglinge den Einen Tag Schreiben, den
andern Rechnen;

10½: Lesen;

11: Einfaches zweites Frühstück;

11¼: Beschäftigung in der Werkstatt oder im Garten;

12: Spiel;

Die weniger geförderten Zöglinge turnen bis 10 Uhr und
haben dann Nachahmungs=, Sprach= und Fingerübungen
bis 11¼ Uhr, wo die besseren die Schule verlassen;

12½: Die weniger Geförderten waschen sich und machen sich
zum Mittagessen fertig;

12³/₄ Uhr: Dasselbe thun die Besseren;

1: Mittagessen;

1¹/₂: Erholung;

2 Uhr 40 Min.: Arbeit in der Werkstatt oder im Garten für die Besseren; Nachahmungs=, Sprech= und Ankleide= Uebungen für die Schwächeren. In der Mädchenschule weibliche Handarbeit.

4¹/₂: Allgemeine Singstunde;

5: Spiel;

5¹/₂ (im Sommer 6): Thee mit Butterbrod, kurz vor dem Er= scheinen im Speisesaal Waschen, Kämmen u. s. w.

6¹/₂ (im Sommer): Uebungen im Ball=, Cricketspiel u. s. w. Die Mädchen Gehübungen, Croquet u. s. w.

6 (im Winter): Verschiedene Unterhaltungen im Zimmer, z. B. Montags und Donnerstags Instrumental = Musik, ab= wechselnd mit Vorlesung einfacher, heiterer Erzählungen; Dienstags: Laterna magica unter Musikbegleitung; Mitt= wochs: Kleinigkeiten, Handharmonika, Bilderbesehen; Freitags: Handels=Uebungen mit Zucker, Reis u. s. w., wägen, messen. Die dazu nicht Befähigten werden mit Spielzeug beschäftigt;

7¹/₄ (im Sommer 7¹/₂): Hausandacht. Die Schwächeren gehen zu Bett, die Aelteren beschäftigen sich mit Harmonika, Lesen, Bilderbesehen;

8 (im Sommer 8¹/₄): ein leichtes Abendbrod für die Zöglinge, die noch auf sind;

8¹/₄ (im Sommer 8¹/₂): allgemeines Zubettgehen mit Ausnahme von 2 oder 3 erwachsenen Zöglingen, die sich durch Auf= bleiben noch nützlich machen können.

3. Alsterdorf.

S. = Sommer, W. = Winter.

5 S., 5¹/₂ W.: Aufstehen;

7: Morgenbrod, Morgenandacht;

7¹/₂—9: Unterricht, Arbeit;

9: Frühstück;

9¹/₂—11¹/₂ (12): Unterricht, Arbeit;

12: Mittagessen;

12¹/₂—1¹/₂: Spiel;

1¹/₂: W. Unterricht, Arbeit, S. Arbeit;

4: Vesper, Spiel;

4¹/₂—6¹/₂: Arbeit, W. Fortbildungsschule;

7: Abendessen, Abendandacht;

7¹/₂—8¹/₂ (9): Spiel, Selbstbeschäftigung, Schlafengehen.

4. Nach Reichelt (Hubertusburg).

Winterplan. Zeitschr. III, pag. 2.

A. = 1. 2. obere Klassen, B = 2. 3. untere Klassen.

6—7: Aufstehen, Ankleiden, Waschen, Bettmachen, Reinigen der Kleider, des Schuhwerks, der Schlafzimmer, Tischdecken;

7—7¹/₂: erstes Frühstück;

7¹/₂—8: Abräumen und Aufwaschen des Kaffeegeschirrs, Reinigen der Wohnzimmer, bezw. freie Zeit;

8—9: Theilnahme aller Zöglinge am Morgengebet und am Schulunterricht;

9—9¹/₂: zweites Frühstück;

9¹/₂—11: A. Schulunterricht ⎫ an 4 Tagen;
      B. Beschäftigung ⎭

      A. B. Schulunterricht an 2 Tagen;

11—11¹/₂: Turnen für Alle;

11¹/₂—12: Tischdecken bezw. Freizeit;

12—12¹/₂: Mittagessen;

12¹/₂—1: Abräumen und Aufwaschen des Eßgeschirrs, Reinigen der Speisezimmer bezw. Freizeit;

1—2: gemeinschaftlicher Spaziergang bezw. Spiel und Unter= haltung der Zöglinge in den Wohnzimmern;

2—3¹/₂: B. Schulunterricht ⎫ an 4 Tagen,
      A. Beschäftigung ⎭

      Reinigen der Kleider, des Schuh= ⎫ an 2 Tagen;
      werks, Hausarbeit ⎭

3¹/₂—4: Vesperbrod;

4—6: an 4 Tagen Beschäftigungen für die 3 oberen Klassen, Spiel und andere leichte Bethätigung für die untere Klasse. An 2 Tagen Baden;

6—6¹/₂: Tischdecken bezw. Freizeit;

6¹/₂—7: Abendbrod;

7—7³/₄: Abendgebet;

7³/₄—8 bezw. 8¹/₂: Hausarbeit bezw. Selbstbeschäftigung.

Register.

*

**

www.ingramcontent.com/pod-product-compliance
Lightning Source LLC
Chambersburg PA
CBHW020511270326
41926CB00008B/826